梁漱溟论东西文化

人心与人生

梁漱溟 著

商务印书馆
The Commercial Press

在 1975 年 3 月 28 日致香港友人周植曾先生信中,梁漱溟先生提到:

  我以拒不批孔,政治上受到孤立,但我的态度是独立思考和表里如一,无所畏惧,一切听其自然发展。

独立思考,表里如一,这八个字是梁漱溟先生始终坚守的座右铭。

《人心与人生》第一版封面，1984年，学林出版社

钦东用心绎读

人心与人生

梁漱溟 著

学林出版社 出版

一九八四年十月

《人心与人生》第一版扉页，梁漱溟先生为其孙梁钦东题字

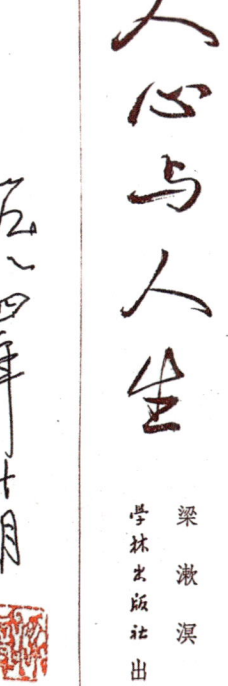

梁漱溟先生1950年春在山东视察时摄于青岛中山公园。中间为梁漱溟，左一为先生长子梁培宽，右二为李渊亭

梁漱溟先生 1951 年初摄于颐和园

梁漱溟先生1951年初与黄艮庸先生合影于颐和园

梁漱溟先生1959年在颐和园与友人合影。左起陈亚三、黄艮庸、梁漱溟,右一李渊亭

梁漱溟先生1959年全家福。梁漱溟与夫人陈树棻坐于前排,后排左半为长子培宽和夫人张颂华,右半为次子培恕和夫人胡真

梁漱溟先生1980年代中期摄于复兴门外寓所

目 录

自序一 ··· 1
自序二 ··· 5
日文译本序言 ······································ 18
第一章　绪论(上) ································· 19
第二章　绪论(下) ································· 25
第三章　略说人心 ································· 31
第四章　主动性 ··································· 36
第五章　灵活性 ··································· 43
第六章　计划性 ··································· 53
　第一节　人心之基本特征(上) ················· 53
　第二节　人心之基本特征(下) ················· 57
　第三节　理智与本能(上) ······················ 62
　第四节　理智与本能(下) ······················ 68
　第五节　人类生命之特殊 ······················ 73
　第六节　略说自觉及意识(上) ················· 79
　第七节　略说自觉及意识(下) ················· 84

第八节　知识与计划 …………………………………… 87

第七章　我对人类心理的认识前后转变不同 …………………… 96

　　第一节　意识与本能比较孰居重要 ……………………… 96

　　第二节　理性与理智之关系 ……………………………… 107

第八章　自然与人、人与自然之间的关系 ……………………… 118

第九章　人资于其社会生活而得发展成人如今日者 …………… 128

第十章　身心之间的关系（上） ………………………………… 132

第十一章　身心之间的关系（中） ……………………………… 142

第十二章　身心之间的关系（下） ……………………………… 151

第十三章　东西学术分途 ………………………………………… 170

第十四章　人的性情、气质、习惯，社会的
　　　　　礼俗、制度（上） ……………………………………… 180

第十五章　人的性情、气质、习惯，社会的
　　　　　礼俗、制度（下） ……………………………………… 192

第十六章　宗教与人生 …………………………………………… 214

　　第一节　世界文明三大系 ………………………………… 215

　　第二节　有关宗教问题的疏释 …………………………… 220

　　第三节　世间、出世间 …………………………………… 234

第十七章　道德——人生的实践（上） ………………………… 251

第十八章　道德——人生的实践（下） ………………………… 260

第十九章　略谈文学艺术之属 …………………………………… 269

第二十章　未来社会人生的艺术化 ……………………………… 276

第一节　宗教失势问题 …………………………… 277
　第二节　以美育代宗教 …………………………… 279
第二十一章　谈人类心理发展史 …………………………… 292
书成自记 …………………………………………………… 299

自序一[①]

在民国十年出版的《东西文化及其哲学》自序中，我曾自白，我起初实在没有想谈学问，没有想著书立说；而且到现在还是不想。并且也不能，谈学问和著书立说。我只是爱有我自己的思想，爱有我自己的见解——为我自己生活作主的思想和见解。这样子，自然免不了要讨论到许多问题，牵涉到许多学问。而其结果，倘若自己似乎有见到的地方，总愿意说给大家。如此，便是不谈学问而卒不免于谈学问，不著书而卒不免于著书之由。现在要为这本《人心与人生》作序，依旧是这个意思。

这个意思要细说起来，是须得把我三十年来的历史叙出，才可以明白当真是如此。所以我曾经说过要作一篇《三十自述》，却是四五年来始终不曾做出，并且不知几时才得做他。目前只能单就这本书去说：为什么有《人心与人生》这本东西出来？——我为什么要谈心理学？

我们应当知道，凡是一个伦理学派或一个伦理思想家，都有

[①] 早在1926年，作者立意将撰写《人心与人生》一书后，即先写成此书序言，并作为附录刊载于《东西文化及其哲学》序言之后。——编者

他的一种心理学为其基础；或说他的伦理学，都是从他对于人类心理的一种看法，而建树起来。儒家是一个大的伦理学派；孔子所说的许多话都是些伦理学上的话；这是很明显的。那么，孔子必有他的人类心理观，而所有他说的许多话都是或隐或显地指着那个而说，或远或近地根据着那个而说；这是一定的。如果我们不能寻得出孔子的这套心理学来，则我们去讲孔子即是讲空话。盖古人往矣！无从起死者而与之语。我们所及见者，惟流传到今的简册上一些字句而已。这些字句，在当时原一一有其所指；但到我们手里，不过是些符号。此时苟不能返求其所指，而模模糊糊去说去讲，则只是掉弄名词，演绎符号而已；理趣大端，终不可见。如何不是讲空话？前人盖鲜不蹈此失矣！然欲返求其所指，恐怕没有一句不说到心理。以当时所说，原无外乎说人的行为——包含语默思感——如何如何；这个便是所谓心理。心理是事实，而伦理是价值判断；自然返求的第一步在其所说事实，第二步乃在其所下判断。**所以倘你不能寻出孔子的心理学来，即不必讲什么孔子的伦理学**。进而言之，要问孔子主张的道理站得住站不住，就须先看他心理学的见解站得住站不住。所以**倘你不能先拿孔子的心理学来和现在的心理学相较量、相勘对，亦即不必说到发挥孔子道理**。但这两方的心理学见解明明是不相容的；稍有头脑的人都可以觉得。现在流行的几个心理学派，在他们彼此间虽然分歧抵牾，各不相下，却没有一个不是和孔子的心理学见解相反对者。——假如今日心理学界有共同趋势，或其时代风气可言，那么就是和孔子的心理学见解适不相容的一种趋势、风气。所以倘你不能推翻今日的心理学，而建树孔子的心理学，亦即不必来相较量、勘对！

明白这一层，则知我虽然初不曾有意要讲心理学，而到现在没有法子避心理学而不谈。虽然西文程度太差，科学知识太差，因而于现代学术几无所知，原无在现代学术界来说话的能力；而心难自昧，理不容屈，逼处此际，固不甘从默谢短也。《人心与人生》之所为作，凡以此而已！

更有一层是这本书所以要作的原故，即对自己以前讲错的话，赶须加以纠正修改。从前那本《东西文化及其哲学》原是讨论人生问题，而归结到孔子之人生态度的。自然关于孔子思想的解说为其间一大重要部分，而自今看去，其间错误乃最多。根本错误约有两点。其一，便是没把孔子的心理学认清，而滥以时下盛谈本能一派的心理学为依据，去解释孔学上的观念和道理；因此就通盘皆错。其二，便是讲孔学的方法不善，未曾根本改掉前人以射覆态度来讲古书的毛病。除于十一年原书付三版时，有一短序对第二点稍致声明外，忽忽五年，迄未得举悔悟后的见解，改正后的讲法，整盘地或系统地用文字发表过。直到今日才得勉成此书以自赎；——然亦只就第一点有所改正，其关于第二点则将另成《孔学绎旨》一书。故尔，此书之作，不独取祛俗蔽，抑以自救前失，皆不容已也。

此书初稿本是《孔学绎旨》的一部分。——原初只是《孔学绎旨》一部书而已。《孔学绎旨》在民国十二年秋迄十三年夏的一学年（1923—1924），曾为北京大学哲学系讲过一遍。凡此大意，尔时约略已具。但当时只系临讲口授，虽粗备条目，未曾属文。是秋赴曹州办学，遂从搁置。（外间有以笔记流传者，概未得我许可，抑且未经我寓目，全不足据。）及今动笔，睹时人言心理者率从俗学，一世耳目皆为所蔽，念非片言可解；而旧讲于此，亦复发挥未尽。因划取其间涉论心理之部分，扩充附益，自成一书，别取今名。所余部分还如旧制，亦将继此写定出版。是虽裂为二制，而譬则本末一气，前后所言相为发明；读者双取，可资互证。

一九二六年五月三十一日
漱溟记

自序二

一九五五年七月着手起草《人心与人生》一书，特先写此自序。

于此，首先要说我早在一九二六年五月就写过一篇《人心与人生》自序了。——此序文曾附在一九二九年印行的《东西文化及其哲学》第八版自序之后刊出。——回首不觉已是三十年的事，这看出来此书在我经营规划中是如何的长久。

事情经过是这样的：在一九二一年《东西文化及其哲学》出版后的第二年，我很快觉察到其中有关儒家思想一部分粗浅不正确。特别是其中援引晚近流行的某些心理学见解来讲儒家思想的话不对，须得纠正。这亦就是说当初自己对人类心理体会认识不够，对于时下心理学见解误有所取，因而亦就不能正确地理会古人宗旨，而胡乱来讲它。既觉察了，就想把自己新的体认所得讲出来以为补赎，于是从一九二三年到一九二四年之一年间在北京大学哲学系我新开"儒家思想"一课，曾作了一种改正的讲法。在一年讲完之后，曾计划把它分为两部分，写成两本书，一部分专讲古代儒家人生思想而不多去讨论人类心理应如何认识问题，作为一书取名《孔学绎旨》；而把另外那一部分关涉到人类心理的认识者，另成《人心与人生》一书。这就是我最初要写《人心与人生》的由来。

一九二六年所写那篇序文，主要在说明一点：一切伦理学派总有他自己的心理学作基础；所有他的伦理思想（或人生思想）都不外从他对人类心理或人类生命那一种看法（认识）而建树起来。儒家当然亦不例外。只有你弄清楚孔子怎样认识人类，你才能理解他对人们的那些教导；这是一定的。所以，孔子虽然没讲出过他的心理学——孟子却讲出了一些——然而你可以肯定他有他的心理学。但假使你自己对人类心理认识不足，你又何从了解孔子具有心理学见解作前提的那些说话呢？此时你贸然要来讲孔子的伦理思想又岂有是处？我在《东西文化及其哲学》中便是犯了此病。在一九二三——一九二四年开讲儒家思想时，自信是较比以前正确地懂得了孔子的心理学，特地把先后不同的心理学见解作了分析讨论，再来用它阐明儒家思想，其意义亦就不同于前。但我所相信孔子的心理学如是者，无疑地它究竟只是个人对于人类心理或人类生命的一种体认——一种比较说是最后的体认罢了。所以将它划出来另成《人心与人生》一书是适当的。

那次同这次一样，书未成而先写了序，手中大致有些纲领条目，不断盘算着如何写它。一九二七年一月我住北京西郊大有庄，有北京各高等学校学生会组织的寒假期间学术讲演会来约我作讲演，我便提出以"人心与人生"作讲题。那时我久已离开北大讲席,而地点却还是借用北大第二院大讲堂。计首尾共讲了四星期,讲了全书的上一半——全书分九章,讲了四章。当时仍只是依着纲领条目发挥,并无成文讲稿。记得后来在山东邹平又曾讲过一次,至今尚存留有同学们的笔记本作为今天着手写作之一参考。

为什么着笔延迟到今天这样久呢?这便是我常常自白的,我一生心思力气之用恒在两个问题上:一个是人生问题,另一个可说是中国问题。不待言,《人心与人生》就是属于人生问题一面的。而自从一九三一年的"九一八"事件后,日寇向中国进逼一天紧似一天,直到"七七"而更大举入侵,在忙于极端紧张严重的中国问题之时,像人生问题这种没有时间性的研究写作之业,延宕下来不是很自然的吗?

以下试把上面所说我当年对人类心理的体认前后怎样转折不同,先作一简括叙述。

首先说在《东西文化及其哲学》中所表见的我对人类心理的那种体认。而这一体认呢,却又是经过一番转折来的,并非我最初的见解。我最初正像一般人一样,以意识为心理,把人们有自觉的那一面,认作是人类心理的重要所在。这是与我最初的思想——功利派思想不可分的。如我常常自白的那样,我的思想原先倒很像近代西洋人,亦就是《东西文化及其哲学》所菲薄的墨子思想那一路。及至转到出世界想,即古印度人的那一路,又是其后的事。再转归到中国固有思想上来,更是最后的事了。因为我少年时感受先父影响。先父平素最恨中国旧式文人，以为中国积弱都是被历来文人尚虚文而不讲实用之所误；论人论事必从实用、实利作衡量；勉励青年后进要讲求实学。因而在我就形成了最初以利害得失来解释是非善恶的那种功利派思想。在这种思想中总是把人类一切活动看成是许多欲望，只要欲望是明智的那就好（正像近代西洋人那样提倡开明的利己心）。欲望不就是在我们意识上要如何如何吗？所谓明智不又是高度自觉吗？意识、自觉、欲望……这就是（我）当初的人类心理观。

自己好久好久运用不疑，仿佛是不易之理的，慢慢生出疑难问题，经过反复思考卒又把它推翻，这才进入《东西文化及其哲学》那一时期。《东西文化及其哲学》一书表面上好像站在儒家一面批评墨子，站在中国一边批评西洋，其实正是我自己从一种新的体认转回头来指摘其旧日所见之浅薄。

那么，此时所有新的体认是如何呢？那恰是旧日所见的一大翻案。人类一切活动不错都是通过意识来。——不通过意识的是例外，或病态。然而人类心理的根本重要所在则不在意识上，而宁隐于意识背后深处，有如所谓"本能"、"冲动"、"潜意识"、"无意识"的种种。总之，要向人不自觉、不自禁、不容已……那些地方去求。因此，人生应该一任天机自然，如像古人所说的"廓然大公，物来顺应"那样；若时时计算利害得失而统驭着自己去走路，那是不可能的，亦是很不好的。——这便是《东西文化及其哲学》中的思想。

如上所说由人心体认到人生思想这样前后一个翻案,好像简单的很,却概括了那全书大旨;一本《东西文化及其哲学》就从这里来。这在原书中曾不惜再三指点出。

原书第五章指证世界最近未来将从西洋文化转变到中国文化的复兴,分了三层来说明。其中一层就明白地说是由于现在心理学见解变了之故。

（上略）如果单是事实（社会经济）变迁了,而学术思想没有变迁,则文化虽有转变之必要,而人们或未必能为适当之应付。然西洋人处于事实变迁之会（资本主义经济要变为社会主义经济）,同时其学术思想亦大有改变迁进,给他们以很好之指导,以应付那事实上的问题,而辟造文化之新局。这学术思想的变迁可分为见解的变迁（或科学的变迁）和态度的变迁（或哲学的变迁）之二种。见解的变迁,就是指其心理学的变迁说,这是最大的,根本的。（中略）差不多西洋人自古以来直到最近变迁以前,有其一种心理学见解,几乎西方文化就建筑在这个上面;现在这个见解翻案了,西方文化于是也要翻案。（中略）这就是一向只看到人类心理的有意识的一面,忽却那无意识一面;……不晓得有意识之部只是心理的浅表,而隐于其后无意识之部实为根本重要。（中略）以前的见解都以为人的生活尽是有意识的,尽由知的作用来作主的,尽能拣择算计着去走的,总是趋利避害去苦就乐的……如是种种。于是就以知识为道德,就提倡工于算计的人生。自古初苏格拉底直到一千九百年间之学者,西洋思想自成一种味调态度,深入其人心,形著而为其文化,与中国风气适相反对者盖莫不基于此。

这下面举出麦独孤(W. McDougall)《社会心理学绪论》之盛谈本能,罗素(B. Russell)《社会改造原理》之盛谈冲动,以及其他一些学者著作为例,证明好多社会科学社会哲学的名家学者们通都看到了此点,而总结说:

> (上略)虽各人说法不同,然其为西洋人眼光从有意识一面转移到另一面则无不同。于是西方人两眼睛的视线乃渐渐与孔子两眼视线之所集相接近到一处。孔子是全力照注在人类情志方面的,孔子与墨子不同处,孔子与西洋人的不同处,其根本所争只在这一点。西洋人向不留意到此;现在留意到了,乃稍稍望见孔子之门矣。我所怕者只怕西洋人始终看不到此耳。但得他看到此处,就不怕他不走孔子的道路。

其中最明白的例是罗素。罗素这本著作是第一次世界大战后写出的,他开宗明义的一句话,就说他从大战领悟了"人类行为的源泉究竟是什么"这个大道理。自来人们总把人类行为看作是出于欲望；其实欲望远不如冲动之重要有力。如果人类活动不出乎种种欲望，那么，他总是会趋利而避害的，不至于自己向毁灭走。而实际上不然。人类是很可以赴汤蹈火走向毁灭而不辞的；请看大战不就是如此吗？酿成战争的都是冲动——不管怒火也罢，野心也罢，都是强烈的冲动。大凡欲望亦为有一种冲动（罗素名之为"占有冲动"）在其中才有力。冲动不同，要事先注意分别调理顺畅，各得其宜；抑制它，或强行排除它，不是使人消沉没有活气，就是转而发出暴戾伤害人的冲动来。"要使人的生机顺畅而不要妨碍它"，我认为这就是罗素终会接近于孔子的根本所在了。

其他类此，不再多说。

这种改变不独见之于当代西洋人，而且同时还见之于中国主张学西洋的人——"五四"新文化运动的首脑人物陈独秀先生。在他主编的《新青年》中和他本人的文章中均供给了我很好的例证，原书也一同作了征引，这里且从略。

以上只是说出了从我最初的见解到《东西文化及其哲学》时期见解的转变，而要紧的还在此后的第二个转变，以下将进而叙明它，亦即指出我对人类心理最后作何认识。

为了说话简便易晓，我每称此第二个转变为"从二分法到三分法"的转变。什么是二分法？二分法就是把人类心理分作两面来看：本能一面较深隐，而冲动有力；理智一面较浅显，却文静清明。人类行为无不构成于这两面之上，不过其间敧轻敧重各有不同罢了。除此两面之外不可能更有第三面,所以是"二分法"。

所谓三分法不是通常所说的"知"、"情"、"意"那种三分,而是指罗素在其《社会改造原理》中提出的"本能"、"理智"、"灵性"三分,恰又是对"不可能更有第三面"来一个大翻案的。在《东西文化及其哲学》中我曾表示不同意罗素这种三分法。罗素建立灵性,说它是宗教和道德的心理基础,我以为远不如克鲁泡特金所说的正确。克氏著《互助论》一书,从虫类、鸟类、兽类以至野蛮人的生活中,搜集罗列许多事实,指出像人类社会所有的母子之亲、夫妇之情、朋友之义等等早见于生物进化的自然现象中,而说之为"社会本能"。这不恰和孟子"良知良能"之说相发明相印证吗?他还同孟子一样把人们知善知恶比作口之于味、目之于色,从切近平实处来说明道德,而不把它说向高不可攀,说向神秘去。何需乎如罗素那样凭空抬出一个神秘的"灵性"来呢?我恐怕由于"灵性"在人类心理上缺乏事实根据,倒会使得宗教、道德失掉了它的根据吧!

当年既如此斩截地否定了罗素的三分法,其后何以忽然又翻转来而肯定它?这不是随便几句话可以说明得了的,要看完我这全书才得圆满解答。看完全书亦就明白"三分法"并不是一句正确的说法,《人心与人生》所为作亦绝不只是为了阐明三分法有胜于二分法。然而在此序文中却不妨姑就此问题引一头绪。

我们要从二分法的缺欠处来认识三分法,那么三分法虽不是一句正确的说话[法?],它还是胜于二分法的。二分法的缺欠在何处呢？其根本缺欠在没有把握到人类生命的特点，首先它远不能对人类社会生活予以满意的说明。

人类在生物界所以表见突出者，因其生命活力显然较之一般生物是得到一大解放的。其生命重心好像转移到身体以外：一面转移到无形可见的心思；一面转移到形式万千的社会。人类生命所贵重的，宁在心而不在身，宁在群体而不在个体。心思和社会这两面虽在生物界早有萌芽，非独见于人类，然而心思作用发达到千变万化，社会生活发达到千变万化，心思活动远超于其身体活动，群体活动远超于其个体活动，则是人类最为突出独有的。它虽从两面表现，但这两面应当不是两事。发达的社会生活必在发达的心思作用上有其依据；无形可见的心思正为形式万千的社会之基础。那么，就要问：从二分法来看，这里所谓心思主要是理智呢，还是本能？

头一个回答，似乎应该便是理智。因为谁都知道只有物类生活还依靠着先天本能，而人类所特别发达的正在理智。然而我那时（写《东西文化及其哲学》时）意见恰不如是。导致我那时意见的则有三：

第一，我看了近代西洋人——他们恰是以理智胜——由其所谓"我的觉醒"以至个人主义之高潮，虽于其往古社会大有改进作用，但显然是一种离心倾向（对社会而言）；使我体会到明晰的理智让人分彼我，亦就容易只顾自己，应当不是社会的成因。

第二，曾流行一时的，"社会契约说"，正由近代西洋人理智方盛，不免把人类行为都看作是有意识的行为而想像出来的。其于历史无据，已属学者公论；社会构成不由理智，于此益明。

第三，从克鲁泡特金的《互助论》上，知道人类之一切合群互助早在虫类、鸟类、兽类生活中已有可见，明明都是本能。于是我便相信了发达的人类社会是由于所谓"社会本能"的特殊发达而来。

这是符合当时我重视本能的那种思想的。然而到底经不起细思再想，不久之后，就觉察出它的不对。第一，本能在人类较之物类不是加强而是大为减弱；我们之说人类生命得到解放的，即指其从那有机械性的本能中得解放。今若以其优于社会者归功于其所短之本能，如何说得通？再看物类如何合群，如何互助，乃至有的如何舍己为群，种种不一而莫不各有所限定。像这样恒各有所限而不能发展的，说它是一种本能自然没有错。但若人类社会之日见开拓，变化万千，莫知其限量的，焉得更以本能看待？

既不是理智，又不是本能，人类社会之心理学的基础必定在这以外另自有说。那么，是不是就在罗素所说的"灵性"呢？

在经过考虑之后，还是发现罗素在本能、理智之外提出灵性来确有所见，并不是随便说的。罗素说灵性"以无私的感情——impersonal feeling——为中心"，这就揭出了他之所见。我们要知道，本能在动物原是先天安排下的一套营谋生活的方法手段，因之其相应俱来的感情冲动——皆有所为，就不是无私的感情。到了人类，其生活方法多靠后天得来，既非理智代替了本能，更不是于本能外又加了理智，乃是在本能中有了一种反乎本能的倾向，本能为之松弛减弱，便留给后天以发明创造和学习的地步。原从降低了感情冲动而来的理智，其自身没有动向可见，只不过是被役用的工具；虽然倒可说它是无所私的，却又非所谓"无私的感情"了。因此，罗素提出的灵性确乎在此两者（本能、理智）之外，而是很新鲜的第三种东西。问题只在看是不是实有这种东西。

老实讲，第三种东西是没有的；但我们说来说去却不免遗忘了最根本的东西，那便是为本能、理智之主体的人类生命本身。本能、理智这些为了营生活而有的方法手段皆从生命这一主体而来，并时时为生命所运用。从主体对于其方法手段那一运用而说，即是主宰。主宰即心，心即主宰。主体和主宰非二。人类生命和人心，非二。罗素之所见——无私的感情——正是见到了人心。

人类社会之心理学的基础不在理智，——理智不足以当之；不在本能，——本能不足以当之；却亦不是在这以外还有什么第三种东西，乃是其基础恰在人类生命本身，——照直说，恰在人心。

我们为什么竟然忽略遗忘了它呢？因为你总要从生活来看生命，来说生命，而离开人的种种活动表现又无生活可言；这些活动表现于外的，总不过一则是偏动的本能，二则是偏静的理智罢了；还有什么呢？特别是生命本身在物类最不易见。而我们心理学的研究之所以由意识内省转入本能活动者，原受启发于观察动物心理,那就也难怪其忽略。

　　物类生命——一物类的心——因其生活大靠先天安排好的本能,一切为机械地应付便与其官体作用浑一难分,直为其官体作用所掩蔽而不得见。在物类,几乎一条生命整个都手段化了,而没有它自己。人类之不同于物类,心理学何尝不深切注意到。然而所注意的只在其生活从靠先天转变到靠后天,只在其本能削弱、理智发达;此外还有什么呢?理智!理智!这就是人类的特征了。而不晓得疏漏正出在这里——正在只看到生活方法上的一大变动,而忽略了与此同时从物类到人类其生命本身亦已经变化得大不相同。请问这生命本身的变化不较之生活方法的改变远为根本,远为重要吗?无奈它一时却落在人们的视线外。

　　这根本变化是什么呢?这就是被掩蔽关锁在物类机体中的生命,到了人类却豁然透露(解放)。变化所由起,还是起于生活方法之改变。当人类生活方法转向于后天理智之时,其生命得超脱于本能即是从方法手段中超脱出来而光复其主体性。本能——是有所为的;超脱于本能,便得豁然开朗达于无所为之境地。一切生物都盘旋于生活问题(兼括个体生存及种族繁衍),以得生活而止,无更越此一步者;而人类却悠然长往,突破此限了。他(人心)对予任何事物均可发生兴趣行为而不必是为了生活——自然亦可能(意识地或无意识地)是为了生活。譬如求真之心、好善之心只是人类生命的高强博大自然要如此,不能当作营求生活的手段或其一种变形来解释。

盖理智必造乎无所为的冷静地步而后得尽其用,就从这里不期而开出了无所私的感情。——这便是罗素说的"灵性",而在我名之为"理性"。理智、理性不妨说是人类心思作用之两面：知的一面曰理智；情的一面曰理性；二者密切相联不离。譬如计算数目,计算之心属理智,而求正确之心便属理性。数目算错了,此心不容自昧,就是一极有力的感情。这感情是无私的,不是为了什么生活问题。——它恰是主宰而非工具手段。

本文至此可以结束。关于人类社会之心理基础问题,书内将有阐明,此不详。旧著《东西文化及其哲学》有关儒家思想一部分所以粗浅、不正确,从上文已可看出,那就是滥以本能冒充了人心,于某些似是而非的说法不能分辨。其他,试看本书可知。

一九五五年七月着笔而未写完,一九五七年八月十二日续成之。

梁漱溟记

日文译本序言

拙著《人心与人生》一书如一九七五年"书成自记"之所云：早在一九二六年春即以此为标题，曾为一次公开讲演，兹于一九八四年乃始以积年底稿付印出书，求教于国人，盖慎之又慎矣。今复承池田笃纪先生翻译成日文，景嘉先生审定之，将更得友邦人士之指教写，曷胜感激。谨志衷心感谢之忱如右。

一九八五年七月八日
梁漱溟识于北京

第一章　绪论（上）

吾书旨在有助于人类之认识自己，同时盖亦有志介绍古代东方学术于今日之知识界。

科学发达至于今日，既穷极原子、电子种种之幽渺，复能以腾游天际，且即攀登星①，其有所认识于物，从而控制利用乎物者，不可谓无术矣。顾大地之上人祸②方亟，竟自无术以弭之。是盖：以言主宰乎物，似若能之；以言人之自主于行止进退之间，殆未能也。"人类设非进于天下一家，即将自己毁灭"（One world, or none）；非谓今日之国际情势乎？历史发展卒至于此者非一言可尽，而近代以来西方人之亟亟于认识外物，顾不求如何认识自己，驯致世界学术发展之有偏，讵非其一端欤。当世有见及此者，非无其人：或则以"人类尚在未了知之中"（Man, the Unknown）名其书③，或则剖论晚近学术上对人的研究之竟尔落空④。盖莫不有

---

① 此书着笔时美国初有地球卫星上天之事。
② 曰"人祸"者，人为之祸，盖对天灾而言之也。
③ 此为法国人亚历克西·卡雷尔（Alexis Carrel）所著书，有胡先骕译序一文，见于1946年上海《观察》杂志，第一卷，第三期。
④ 潘光旦有《人的控制与物的控制》一文剖论学术上对人的研究竟落于三不管地带，见于1946年上海《观察》杂志，第一卷，第二期，值得一读。

慨乎其言之矣！及今不求人类之认识自己,其何以裨助吾人得从一向自发地演变的历史转入人类自觉地规划创造历史之途邪？①

讲到人,离不开人心。要必从人心来讲,乃见出人类之首出庶物。非然者,只从其机体构造、生理运行乃至大脑神经活动来讲,岂非基本上皆无以大异于其他许多高等动物乎？纵或于其间之区别处一一指数无遗矣,抑又何足以言认识人类？更要知道：所有这些区别看上去都不大,或且极其细微,一若无足轻重者,然而从其所引出之关系、所含具之意义则往往甚大甚大。诚以些小区别所在,恰为人对动物之间无比重要巨大的区别——例如人类极伟大的精神气魄、极微妙的思维活动——所从出也。质言之：前者实为后者之物质基础,亦即其根本必要的预备条件；前者存于形体机能上,为观察比较之所及,或科学检验之所可得而见者；后者之表见虽亦离开形体机能不得,然在**事先**固不可得而检验之,只可于**事后**举征而已。前者属于生理解剖之事,后者之表露正所谓人心也。人之所以为人,独在此心,不其然乎。

讲到心,同样地离不开人心。学者不尝有"动物心理学"、"比较心理学"之研究乎？心固非限于人类及有之者。然心理现象毕竟是一直到了人类才发皇开展的；动物心理之云,只是从人推论得之。离开人心,则心之为心固无从讲起也。

总结下来：说人,必于心见之；说心,必于人见之。人与心,心与人,总若离开不得。世之求认识人类者,其必当于此有所识

---

① 此请参看恩格斯著《社会主义从空想到科学的发展》一文末一大段。

取也。

　　心非一物也，固不可以形求。所谓人心，离开人的语嘿动静一切生活则无以见之矣。是故讲到人心必于人生求之。而讲到人生又不可有见于个体、无见于群体。群体谓始从血缘、地缘等关系而形成之大小集团，可统称曰社会。人类生命盖有其个体生命与社会生命之两面。看似群体不外乎个体集合以成，其实个体乃从社会（种族）而来。社会为本，个体则其支属。人类生命宁重在社会生命之一面，此不可不知。即人生以求人心，若只留意在个体生活上而忽于其社会生活间，则失之矣。（于体则曰生命，于用则曰生活；究其实则一，而体用可以分说。）

　　动物界著见其生命在群体而不在个体者，莫如蜂、蚁。蜂蚁有社会，顾其社会内部结构、职分秩序一切建筑在其身之上。说身，指其生来的机体暨本能。人类生命重在其社会生命之一面，皆不异乎蜂蚁也。顾所以形成其社会者，非同蜂蚁之在其身与身之间，而宁在人心与心之间焉。试看蜂蚁社会惟其从先天决定者如是，故其社会构造形态乃无发展变化，而人类不然。人类社会自古及今不断发展变化，形态构造随时随地万千其不同。夫人类非无机体无本能也，然其机体本能曾不足以限定之矣。是知人类社会构成之所依重宁在其心也（详后）。说心，指人类生命从机体本能解放而透露出来那一面，即所谓理智理性者，将于吾书后文详之。

　　"生物学者达尔文是在同兽类密切关系上认识人类，而社会学者马克思则进一步是在同兽类大有分别上认识人类。"——语出谢姆考夫斯基。应知：达尔文之认识到人兽间密切关系者是从人的个体生命一面来的，而马克思之认识到其间大有分别者却从人的社会生命一面来的。此所以恩格斯在悼念马克思时曾说：正如达尔文发见自然界中有机体的进化法则一样，马克思发见了人类社会历史的进化法则。达尔文所观察比较的对象是在人身。马克思所观察比较的对象在古今社会，虽不即是人心，然须知人心实资藉于社会交往以发展起来，同时，人的社会亦即建筑于人心之上，并且随着社会形态构造的历史发展而人心亦将自有其发展史。

达尔文马克思先后所启示于吾人者，有其共同处，亦有其不同处。其共同处则昭示宇宙间万物一贯发展演进之理，人类生命实由是以出现，且更将发展演进去也。其不同处：泯除人类与其他生物动物之鸿沟，使吾人得以观其通者，达尔文之功也；而深进一层，俾有以晓然人类所大不同于物类，亟宜识取人类生命之特征者，则马克思（和恩格斯）之功也。设非得此种种启示于前贤，吾书固无由写成。

吾书既将从人生（人类生活）以言人心，复将从人心以谈论乎人生（人生问题）。前者应属心理学之研究；后者则世所云人生哲学，或伦理学，或道德论之类。其言人心也，则指示出事实上人心有如此如此者；其从而论人生也，即其事实之如此以明夫理想上人生所当勉励实践者亦即在此焉。

人心，人生，非二也。**理想要必归合乎事实。**

在学术猛进之今世，其长时间盘旋不得其路以进，最最落后者，莫若心理学矣。心理学的方法如何？其研究对象或范围如何？其目的或任务如何？人殊其说，莫衷一是。即其派别纷杂，总在开端处争吵不休，则无所成就不亦可见乎！盖为此学者狃于学术风气之偏，自居于科学而不甘为哲学；却不晓得心理学在一切学术中间原自有其特殊位置也。心理学天然该当是介居哲学与科学之间，自然科学与社会科学之间，纯理科学与应用科学之间，而为一核心或联络中枢者。它是最重要无比的一种学问，凡百学术统在其后。

心理学之无成就与人类之于自己无认识正为一事。此学论重要则凡百学术统在其后；但在学术发达次第上则其他学术大都居其先焉。是何为而然？动物生存以向外求食、对外防敌为先；人为动物之一，耳目心思之用恒先在认识外物，固其自然之势。抑且学术之发生发展，恒必从问题来。方当问题之在外也，则其学术亦必在外。其翻转向内而求认识自己，非在文化大进之后，心思聪明大有余裕不能也。此所以近世西方学术发展虽曰有偏，要亦事实之无足深怪者；而古代东方学术如儒家、道家、佛家之于人类生命各有其深切认识者，我所以夙昔说为人类未来文化之早熟品也。——关于此一问题后有专章，此不多谈。

晚近心理学家失败在自居于科学而不甘为哲学；而一向从事人生哲学（或伦理学或道德论）者适得其反，其失乃在株守哲学，不善为资取于科学。

科学主于有所认识；认识必依从于客观。其不徒求有所认识，兼且致评价于其间者便属哲学；而好恶取舍一切评价则植基在主观。人生哲学既以论究人在社会生活中一切行为评价而昭示人生归趣为事，其不能离主观以从事固宜。然世之为此学者率多逞其主观要求以勖勉乎人，而无视或且敌视客观事实，又岂有当乎？资产阶级学者较能摆脱宗教影响矣，顾又袭用生物学观点，对于人生道德以功利思想强为生解，非能分析事实，出之以科学精神也。秉持科学精神，一从人类历史社会发展之事实出发，以论究夫社会理想、人生归趣者，其惟马恩学派乎。马克思、恩格斯资藉于科学论据以阐发其理想主张，不高谈道德而道德自在其中，虽曰"从头至尾没有伦理学气味"[①]，要不失为较好的一种伦理学也。其得失当于后文论及之。

[①] 列宁曾说："不能不承认桑巴特的断言是正确的，他说'马克思主义本身从头至尾没有丝毫伦理学的气味'，因为在理论方面，它使'伦理学的观点'从属于'因果性的原则'；在实践方面，它把伦理学的观点归结为阶级斗争。"——见《列宁全集》第一卷《民粹主义的经济内容及其在司徒卢威先生的书中受到的批评》一文，北京1955年版，第398页。

第二章 绪论(下)

吾书盖不啻如一篇《人性论》也。客有以人性论为疑者,辄因其致问而申论之如次。然其中某些问题非此所能毕究,读者必待全书看完,乃得了然也。

自1957年"反右"运动以来,人无敢以人性为言者。盖右派每以蔑视人性、违反人性诘责于领导,领导则强调阶级性,指斥在阶级社会中离阶级性而言人性者之非。客之所疑,即在人性、阶级性之争如何斯为其的当之解决也。兹设为几个问题进行分析,试求其解答。

一、何谓人性?——此若谓人之所不同于其他动物,却为人人之所同者,即人类的特征是已。人的特征可得而言者甚多,其见于形体(例如双手)或生理机能(例如巴甫洛夫所云第二信号系统)之间者殆非此所重;所重其在心理倾向乎?所谓心理倾向,例如思维上有彼此同喻的逻辑,感情上于色有同美,于味有同嗜,而心有同然者是已。其他例不尽举。

二、何谓阶级性?——此谓不同阶级便有其不同的立场、观点、思路等等。而阶级立场、观点、思路云者非他,即其阶级中人处在社会上对于问题所恒有的心理活动倾向也。

三、阶级性其必后于人性乎？——人类原始社会无阶级，阶级为后起，则阶级性必后于人性而有，是可以肯定的。时下不有"阶级烙印"一语乎？正谓阶级性是后加于人者。

四、人性果出于先天乎？——通常以为与生俱来者即属先天，所以别于后天学习得来的那种种。凡言"人性"者似即有"先天决定的人类心理活动倾向"之涵义。然此从生物进化而来的人类，即其远者——人类从猿的系统分离出来时——言之，既一千万年以上乃至三千万年以上①，即其近者——能制造工具的人出现时——言之，亦经一百万年。像我们今天这样的人类，无论从体质形态、生理机能或其心理倾向任何方面来说，自都是又在此百万年间逐渐发展形成的。其发展形成也，大抵体质、形态、生理机能，或总云身的方面，多为在自然界斗争中从生产劳动愈用而愈有所改进；而意识、语言、心情，或总云心的方面，多为在社会共同生活中彼此之交往相处愈用而愈发达。又不待言，身心之间自是交相促进，连带发展的。既明乎百万年间人类在其活动改造外界的同时改造着其自身；其自身且为后天产物矣，则人性又焉得有先天之可言邪？不可见其此时仿佛"天生来如此"而遽认为先天也。世俗一般之人性论，殆非通人之见欤？

或问：与生俱来，不学而能者，且未足以言先天，则更将向何

---

① 人类从猿的系统分离出来的时间，现今一般都认为是在地质时期的第三纪中新世，或其前后；就绝对年代来说，至少在一千万年以上。美国耶鲁大学自然博物馆古脊椎生物学馆馆长西蒙斯教授，是关于灵长目进化方面的专家，据他证明在三千四百万年前就存在大猩猩和人类的分别派系。又学者称能制造工具的人之出现，直到现代人，为"真人阶段"。

处求先天？难道一切一切罔非后天，根本就无所谓先天吗？答之曰：是亦不然，请于吾书后文详之。

五、果有所谓人性否乎？——此一问题宜从两方面各申其说，乃得透彻：

（一）难言有人类一致之人性存在。——人类从形体以至心理倾向，无时不在潜默隐微演变中，积量变而为质变，今既大有变于古矣，且将继续变去，未知其所届；而其间心理倾向尤为易变与多变，其将何所据以言人性乎[①]？非第其今昔前后之莫准也。横览大地，殊方异俗。在不同的肤色种族，不同的洲土方隅，非皆有所不同乎？人种血缘关系而外，或受变于自然风土之异，或从各自宗教、政治、经济、文化历史演来，而有所谓民族性者，表见其不同。说人类，信乎不失为同属人类，而见于其社会生活心理倾向间者，则求所谓一致之人性盖难言之矣。

然而此犹未若阶级性之掩蔽乎人性之为甚也。前既言之，人类生命实重在其社会生命一面；而阶级则发生于历史发展一定阶段的社会生活中，成为其社会所必不可少的结构者。此一定阶段，盖指人类历史上有国家出现以至国家卒又归消亡之一阶段。国家——信如恩格斯所云——"是社会陷入自身不可解决的矛盾中，并分裂为不可调和的对立方面而又无力摆脱这种对立情势的表现"。结构之云，正谓其在经济上同时又在政治上皆为既互相

[①] 马克思在其《哲学的贫困》一书中，曾有"蒲鲁东先生不晓得整个历史，正无非人类本性的不断改变而已"一语。

对立(剥削与被剥削、统治对被统治),恰又互相依存,以构成此一社会内缺一不可的两个方面也。此为一社会中的两大基本阶级,其他阶级、阶层则从属于此。虽论其人时代、地区曾非有异,而生死利害彼此处境不同,则其立场、观点、思路,一切心理倾向为其行动所从出者,夫何能不异其趣而相为矛盾斗争乎?此即阶级性之所由来。除原始社会外,从过去之奴隶社会而封建社会而近代至今之资本社会,既无超外于阶级而生活之人,便无超外于阶级性之人性。乃至走向消除阶级之路如中国者,作为阶级的经济基础(生产关系)几已不存,而其人之种种活动仍见有阶级性(阶级斗争性质)。若在修正主义出现情况下,且可复反于阶级分化之局焉。甚矣哉,阶级性之顽固而人性之难言!

(二)人性肯定是有的。——毛泽东在其强调人的阶级性时,必先肯定说:人性"当然有的"①;其立言可谓确当得体。人性所以当然是有者,约言之其理有三:

1. 生物有相同之机体者,必有相同之性能;其在人,则身与心之相关不可离也。在不同时代、不同种族、不同阶级的人,果其身的一面基本相同矣,岂得无基本相同之心理倾向?虽曰意识、心情之发展与陶铸来自社会,而社会是不相同的(不同时代、不同种族、不同阶级)。但其发展总是在基本相同的机体基础之上的。发展到后来可能大异其趣,而当其开初则有此身即有此心,不可否认还有基本相同的心理功能为其发展之心理基础或素质。

---

① 《毛泽东选集》,第三卷,第871页。

古语"性相近也,习相远也",其谓此乎?

或问:此只是一种推论耳;此最初所有相同之心理基础或素质者亦可得而指实之乎?应之曰:可,请于吾书后文详之。

2. 阶级性后于人性而有,既肯定于前;抑且人性将在阶级性消灭之后而显现,不亦为论者所公认乎?则人性当然是有的了。

或曰:原始社会之人性远在往古,吾人未曾得见;共产社会之人性远在未来,吾人复不及见之;则此又是一推论耳。其亦有及今可得而见之人性否乎?应之曰:有,兹试言之如次。

3. 阶级性之在人者,纵许烙印深重,然其人性未尝失也。于何见之?此于其可能转变见之,或出此(阶级)而入乎彼(阶级),或出彼而入乎此。彼此之间苟无其相通不隔者,其何能为此转变耶?马克思、恩格斯固皆资产阶级之人也,而为国际工人运动之先导,是其显例矣。今吾国之资产阶级分子,有的已得到改造,有的不正在改造乎?领导党以自觉地转变期之,而在彼亦以此自勉。即**此自觉转变即人性也**。《论持久战》等文中早曾指出人之所以区别于物的特点在此,而名之曰"自觉的能动性",又或曰"主观能动性"[①]。不相信人之有此人性,何为而期望其转变?不自信其能转变,何为而以此自勉?阶级性之不足以限制人,而人之原自有人性也,固早在彼此相喻而默许中矣。

又观于一向之国际工人运动、当前之世界革命运动,不同国度、不同肤色种族之人而共语乎一种思想主义,协力于同一理想

[①] 《毛泽东选集》第二卷,《论持久战》及《抗日游击战争的战略问题》两文。

事业，则人类所有种种分异举不足以限隔乎人性也，不既昭昭矣乎？

最后，吾愿说阶级性之被强调固自有理。人类从生物进化而来，后于高等动物而出现。其进化也，非因有所增益，而转为其逐渐有所剥除（剥除一些动物式本能），是以人性生来乃无其显著（色彩）可见者。譬如说：虎见其性猛，鼠见其性怯，猪见其性蠢，如是种种；物性各殊，颇为显然，而人却不尔。人类盖不猛、不怯、不蠢，亦猛、亦怯、亦蠢，可猛、可怯、可蠢者也。试看：虎与虎之分别不大，鼠与鼠之分别不大，猪与猪之分别不大也，而人之与人其分别往往却可以很大很大；不是吗？人性显著可见者独在其最富有活变性（modifiability）与夫极大之可塑性（plasticity）耳。是则所以为后天学习与陶铸留地步也。阶级性以及其他种种分异之严重，岂无故哉！

然而无谓人性遂如素丝白纸也。素丝白纸太消极，太被动，人性固不如是。倘比配虎性猛、鼠性怯、猪性蠢而言之，我必曰：人性善。或更易其词，而曰：人之性清明，亦无不可。凡此当于后文指出之。

第三章　略说人心

说人心,应当是总括着人类生命之全部活动能力而说。然一般说到人心却多着眼在人之对外活动的一面。实则人类生命之全部活动能力,应当从其机体内外两面来看它。(一)所谓对外一面即:人在其自然环境和社会环境中,即有所感受,复有所施为,既有所施为,复有所感受的那些活动能力。在此对外一面的心理活动,主要是依靠大脑皮质高级神经活动通过感官器官来完成的。这未能举人心之全。(二)还有其另一面在,即:个体生命所赖以维持其机体内部日夜不停的活动能力。凡此种在人死之前,恒时不停的生理上——有时兼病理上——一切机能运转,统属植物性神经系统之事,一般无待大脑来指挥;然大脑仍为其最高调节中枢,大脑和内脏之间固息息相联通,以成其一个完整的活体。通常将此后一面内部生活划归生理学、病理学去讲,但在吾书却定须涉及它,而不划分出去。要知生理学上消化系统的机能、生殖器官的机能等等,是直贯到心理学上的各种本能活动而为其根本,事实上原分不开的。

这里又须知:(一)并非所有一切对外应付之事,无例外地都要通过大脑以高级神经活动出之,而是亦有不少直接出自机体生理的反射或本能的对外应付活动。所以只说对外应付主要在大脑。(二)说对外,虽主要是指身外的自然环境或社会环境而说,但有时机体内部感受刺激亦通过大脑而起着内脏功能种种调整应付作用。说大脑主要在对外者,此外非定指身外;从生命来说,一切所遇莫非外也①。

说人心,虽应当是说人类生命的全部活动能力,然此生命活动能力既从进化发展而来,还在不断发展之中,未知其所届,所谓"全部"是很难讲的。而且发展到人之后再向前发展,总不过是可能性的更发展——更发展出有可能如何如何——而非发展出一定的新面貌,所以又是很难讲的②。因此吾书于此只是简略地就一般人的一般情况有所阐说而已。所谓一般人的一般情况者,即略去了如下种种不同:

略去人类初现尚在未开化之时和其后社会文化发展下的很大不同;

略去各不同肤色种族的多少有些不同;

略去人的个体从初生婴儿到童年到少壮到衰老的种种不同;

略去男女两性的不同(有些处亦谈到,顾不及详);

略去有失于健康生理时(病变)的许多不同。

此外则人的天资不同,智愚贤不肖之间个别差距有时甚突出,亦为言人心者所不可不知,而此亦不及详也。这里点明这些

---

① 然而同时从生命来说,一切问题又莫非内也;容后详之。
② 读者或不明我此言之所指,且待全书读竟自可明了。

不同出来，意在提醒读者莫忽忘人心之**发展不住、变化不定**而已。读者诚不忽忘于其恒有发展变化，而又能把握其间共同一贯之处，则吾书致力以求者为不虚矣。

一般之言人类心理者，大抵着眼在个体生命上，虽亦有所谓社会心理学之类，而于人类社会发展史中随有之人心发展顾未之及。人类生命既重在其社会生命一面（见前），是岂非重有所遗漏乎。如我所见：人类在其个体生命一面固然随着身体从幼小成长起来的同时而有其心理之开展成熟的过程，在社会生命亦复同样有之。原始社会正像一个幼儿，社会发展到末后共产主义成功，便像是其长大成人。在此社会发展过程中，正亦有其身的一面和心的一面之可见，并且亦是随着身一面的发育成长而心一面开展成熟的。吾书于此，行将具言我之所见以就正于读者。

任何一种学问均必由浅入深，由近及远，由常人所及知者引入其所不及知。普通心理学所研究的人心，是在现前实际生活上起作用的人心，吾书自当亦由此入手。然吾书虽在起首，即不能不有哲学意味。上文固曾说过心理学不同其他科学，它是介于科学与哲学之间的一种学问。哲学似为深远之谈，而其实则眼前随处就遇到，避免不得。虽无可避免，却不作深谈。必待末后乃引入形而上学①，有所透露。尤其在介绍古东方学术时，势须谈得

---

① 此处"形而上学"一词，沿用自古希腊哲学家，盖以讨究宇宙本体等问题为事者。其作为一种与辩证唯物主义相对立的思想方法，为今时所讥称的"形而上学"一词，根据《反杜林论》，盖源于"最近四百年"（恩格斯文内语）自然科学知
（接下页）

稍多。此即是说：吾书言人心，将从知识引入超知识、反知识，亦即从科学归到形而上学，从**现实生活上起作用的人心归到宇宙本体**。——此愿为预告于读者。

认识人心，既须照顾全面，又贵乎得其要领。否则，博而寡要，斯亦不足取也。此即上文之所云必在不忽忘人心恒在发展又变化多端的同时，要能把握其共同一贯之处。又上文所云，为当从现实生活上起作用的人心来讲起者；下文即试为之。

扼要地问一句：何谓心？心非一物也；其义则**主宰**之义也。主谓主动；宰谓宰制。对物而言，则曰**宰制**；从自体言之，则曰**主动**；其实一义也。心之与物，其犹前之与后，上之与下，左之与右，要必相对待而有见焉。如非然也，**心物其一而已矣**，无可分立者。

客有以如何认识人心为问者，吾辄请读《毛泽东选集》。毛泽东善用兵亦善言心。选集中《抗日游击战争的战略问题》、《论持久战》两文，人见其言用兵也，我则见其言心。前后两文中，一皆列举主动性、灵活性、计划性之三点以言用兵，而要归于争取主动。实则此三点者，非即人心之所以为人心乎？用兵要归于争取主动，同样地，**整个人生亦正是要归于争取主动**而已。盖人生大道即在实践乎人心之理，非有他也。

（接上页）
识初盛之时一般习用之观察自然事物的方法而来，既有所不同于古时本义。在恩格斯且曾说：形而上学的思维方法依所研究的对象在一定领域中是合用的甚至是必要的。（见《马克思恩格斯文选》，[两卷集]，卷二，第131页）

今我之言心，即将从此三点者入手而申说之。当然，我借取他的话来讲我的话，如其有不合之处，其责任在我；读者识之。

《论持久战》等两文非有意乎讲人心也，却在无意中指点出人心来，此即其所云"**自觉的能动性**"是已。主动性、灵活性、计划性三点是自觉的能动性之内涵分析。同时，又无妨把自觉的能动性简化而称为"主动性"。说主动性，是又可以涵括灵活性、计划性两点在其内的。

人心非一物，不得取来放在面前给大家去认识。但人莫不有心，凡我之所云云，却可各自体认之。心为主宰之义，以主动、宰制分析言之，是一种方便。其又曰自觉的能动性者，是另一最好的说法，来说明此主宰之义。以下分三点次第进行。虽分三点而各点相通，仍在说明一事也。凡此皆为说话方便，俾易有所体认而已。幸读者识之！

第四章　主动性

宇宙间森然万象,莫不异中有同,同中有异。自其异者而言之,显有区分,一若鸿沟不可逾越;而实则万殊同出一本。其异也,不过自微之著,由隐而显,不断变化发展而来;追踪原始,界划不立。故尔为学既须分别精审,又贵善观其通。人心非他,即从原始生物所萌露之一点生命现象,经过难计其数的年代不断地发展,卒乃有此一伟大展现而已。人类之有人心活动,同于其他生物之有生命表现,虽优劣不等,只是一事。应当说:**心与生命同义**;又不妨说:**一切含生莫不有心**。这里彻始彻终一贯而不易者即后来所见于人心之主动性是已。认识人心之主动性要先从生物生命作理会①。

---

① 生物学家之说生物有云:生物具有自动发展的能力,能够精确反映外界条件的变化,并适应于这些条件;能够维持自己的完整性,恢复遭受损伤的部分;能够生长,并能够繁殖与自己相像的后代。——语见施密特所著《复苏》一书之中译本。又中译本之汤姆生《科学大纲》第二十篇说生物特性有云:生物在地球上凡是可以容身之处它们没有不去的,好像不要给自然留下真空。在一万英尺高峰的冰雪中可以发现它们,又见到它们存在于六英里深的海底,且有的生息在热可炙手之温泉。有的鱼类竟能缘木而活。有的蜘蛛竟亦存活水中。它们似没有不能战胜的困难,亦巧于利用各不同环境而移居,更能以应付不同的天时气候而

(接下页)

第四章 主动性

似乎植物植立一处而不动,微生物随处飘散以生存,类乎此者岂有主动之可言？然而不然也。一切生物皆有其生命现象之可见。生命现象首先是它的新陈代谢；即它能不断地吸收外界一些物质而消化之,以变成自己的成分；复时时分解体内一些成分释放出"能"来,好作活动。它由此而得生活,同时它就能生长和生殖。它有内外即有自己,则主动之**主体**在此矣。当其吸收同化,分解异化,以至生长生殖,是何得谓为不动耶？其主动性于此明白不可否认矣。再从反面来看：譬如风也,水也,何尝不见其动；然风也水也谁得而为之分内外,指出其自己来？谁得而说为主动耶？

风之动,水之动,**是无心的,是非生命的动**,是不由自主的动,亦即是被动的。

然而说主动,所以别于被动；说被动所以明其未得而主动也。非生物既无主动之可言矣,则亦无所谓被动。**真正的主动,真正的被动,皆就有生命者而且富有生命者言之**。风也水也固不足以语此；即微生物、植物,一切弱劣生命,要不过乍见出主动性的一点朕兆,亦无多可说。

《论持久战》等文何为独于讨论两军作战时提出主动性来说耶？原文既明白言之：

（接上页）

蛰伏（或冬眠或夏眠）。它们寻栖息于每一隙穴,从而就展布拓殖到广水大陆。总之,生物实具滋蔓、侵占、抵抗、适应、图存等能力；这就是我们所得的印象。以上所引两则均大可理会得生物生命之主动性。

自觉的能动性是人类的特点。人类**在战争中特别强烈地表现**出这样的特点。①

盖作战是人类——最富生命力者——的事，而且是人类集团间彼此争强斗胜的事，此时正在较量谁更富有生命活力，即**看谁更善于发挥人类的特点**，争取得主动也。战争双方都在力争主动，**力避被动**，其能制人抑或制于人将于此取决，而谁胜谁负亦即由之而决。

此非谓战争中一切得胜者，皆从其主动性之高强得来。例如以优势兵力取胜者，即不足算也。此但谓战争双方不问其有利条件、不利条件之如何，皆**必经由力争主动、力避被动而致胜**。不过其中有利条件居多之一方，其争取主动就容易了，其主动性即无多可见。主动性最有可见者莫如不利条件甚多，显然处于劣势，而卒能着着取得主动之一方。盖主动性要必在争取主动的争取上见之也。

战争胜负是有许多因素的；然总不外客观存在的旧因素加上主观努力的**新因素**。旧因素种种非一，双方各有其有利条件与不利条件，综合计算下来，彼此对比可能一方占有优势而另一方处于劣势。新因素即指主观努力之**努力**，亦即争取主动之**争取**，亦即各方主帅于其所拥有之条件如何运用。此在事后较论之，其间彼此举措可能有善巧有不善巧，亦种种之非一。然而归结下来，

---

① 见《毛泽东选集》第二卷，第467页。

第四章 主动性

胜负之所由分,往往不在前者——旧因素,而在后者——新因素。此即所以说"事在人为"也。

事在人为者,人的主动性为之也。在旧因素中除地势天时等自然条件不计外,其他种种亦何莫非人为之者?何莫非出于生命之创造?但以其属于过去事,为今日**所凭借**而非**能凭借**之一面便不得再算入主动性。主动性是只见于当下生命上的,此所以称之为新因素也。

一切生物的生命原是生生不息,一个当下接续一个当下的;每一个当下都有主动性在。而这里所说人心的主动性,则又是其发展扩大炽然可见的。曰努力,曰争取,曰运用,总都是后力加于前力,**新新不已**。

我们知道"主动"与"能动"与"自动",其词意是可以相通的。主动所以别于被动,能动所以别于所动,自动所以别于他力之动。其相通之处即在:其动也,皆非有所受而然,却正是**起头**的一动。起头又起头,**不断地起头**,其曰新新不已,正谓此耳。

当然,生命是有其连续性的。然而其连续性世俗之所易见也,而于其刻刻创新则少留意①,必须强调指出之。从一般说,生物的生命虽刻刻创新,却总在**相似相续**中,难有创新之可见。惟人类生命最为高强,其创新乃最有可见。人类社会文化的进步,不就是无数创新的积累增高吗?在人类中,人们才智又大不相等

---

① 佛家说生命是"非断非常",即指此。前后非一,故非常恒;相续而转,故非断灭。

的。伟大的天才,其创新往往更有可惊。此在两军作战中见之,在其他事业活动中莫不见之也①。

认识人心的主动性,宜先从其生命自发地(非有意地)有所创新来体认;然后再就人们自觉的主动精神——人们的意志来认取。

所谓生命自发地有所创新者,例如一切文学艺术的上好作品——不拘是诗人的、画家的,或是其他的——总在其精彩,总在其出尘脱俗;此非创新乎?这创新却不出于有意求新。有意求新,又是内里生命主动性不足之征了。主动性非他,即生命所本有的**生动活泼有力**耳。力气充沛便能于素日见闻广为吸收消化,因而取精用宏,到临时不拘什么都成了他的工具,他的材料,供其驱遣运用,一个创作就出手了。力气单薄贫弱者,素日既少吸收消化,纵有工具、有材料而不能活用,反为工具所累、所压,只落得满纸陈词滥套,因袭堆砌了。这就是下劣作品。

人在思想上每有所开悟,都是一次翻新;人在志趣上每有所感发,都是一次向上。人生有所成就无不资于此。语云"文章本天成,妙手偶得之"。此不惟适用于文艺作家,亦适用农、工百业的发明创造,和军事、政治的事功成就。"文章天成"是说自有合理性在其中。"妙手偶得"是说灵机触动,非所意料。诗人巧得

---

① 斯大林1924年1月在军校演说列宁的为人,其中讲列宁的革命天才一段,颇能揭出天才人物的出奇创新来。我曾读其俄语原文,大有启悟,爱玩不置。惜译为中文后,便不能尽其妙致耳。其文见于《斯大林全集》(中译本),第六卷,第55—57页。

第四章 主动性

妙句，画家有神来之笔，不惟旁人所不测，他自己亦不能说其所以然。若究问其致此之由，一切可说的都是**外缘**，都是凑成乎此的条件，而不是能用这些外缘条件的**主体**——生命本身。生命是自动的、能动的，是主动的，更无使之动者。**凭空而来**，前无所受。这里不容加问，无可再说。问也，说也，都是错误①。

生命本性可以说就是莫知其所以然的无止境的向上奋进，**不断翻新**。它既贯串着好多万万年全部生物进化史，一直到人类之出现；接着又是人类社会发展史一直发展到今天，还将发展去，继续奋进，继续翻新。——体认主动性当向此处理会之。

如上所说的主动性，是从本源上指点。至于所谓人们自觉的主动精神，亦即人们的意志（连行动在内）者，恒必涵括了主动性、灵活性、计划性三点，则是从此本源发展扩大的。除其中灵活性、计划性容后分别申说外，这是再就其中主动性之一点试为指明。

---

① 巴甫洛夫高级神经活动之研究是很有价值的，其自称为生理学而非心理学，亦复甚是。顾其以条件反射、无条件反射立言，不免予人以一种不正确印象，好像生命不是在主动之动，只是在反应 reaction 而已。实则生命本性固是 action 而非 reaction 也。此不可避免之一缺点，当吾人注意它是生理学时，便亦不成严重问题。盖生理学属科学，心理学则介于哲学科学之间，性质上不同。

从刺激在先，反射在后，有感受而后施为以言之，似乎是 reaction，而其实不然。要知吾人种种感觉器官皆从最低生物之感应性逐渐进化而来。感应之向于高度发达，岂不充分见出生物生命的主动性？我旧著《东西文化及其哲学》曾说过，"吾人感官为对外探问之工具，每一感觉即一探问，而所感觉即其所为答或报告也"。进一层说，凡取得经验者即是取得心灵向世界所发问题的答案；如其没有发问的活动，即没有知识成就出来。所以知行之"知"，早已是"行"了，不是被动的。

自觉是人心的特点（后详）。通过自觉的主动性不是别的，就是人们意识清明中的刚强志气。譬如有人对于外界环境的困难险阻未尝不看得分明，且在奋斗中再三再四受到挫折，而卒能不屈不挠坚持到底，以制胜于最后五分钟的那种坚毅精神，即其好例。再则对于强敌，如所谓"在战略上藐视敌人"而在战术上却能针对敌人不稍轻忽的那种豪迈精神，即其又一好例。

眼前具体事例，莫如开发大庆油田中的人们的精神。他们兼具着以上所说两种——坚毅、豪迈——精神的。读者试细玩其前后经过事迹，当必于体认人心之主动性大有所获。

第五章 灵活性

《论持久战》文中讲灵活性说：灵活性就是具体地实现主动性于作战中的东西。又说：古人所谓"运用之妙，存乎一心"，这个"妙"，我们叫做灵活性。当然，指挥作战不能灵活运用，即无从得以实现主动性；主动性是有赖于灵活性的，我们借此引入谈灵活性之在人心。

何谓灵活性？不循守常规而巧妙地解决了当前问题，是谓灵活性；在一时一时形势变幻中而能随时予以适当应付，总不落于被动，是谓灵活性；出奇制胜是灵活性；闪避开突如其来的袭击，亦是灵活性。总之，灵活性就是生命不受制于物而恒制胜乎物的表现。此从生物界过去的进化不已，充分可见。灵活虽是不可能前定的，然却可以**避免前定的**不灵活，而为灵活预备好条件；从过去生物进化所见于其形体构造和机能间者，正是这样——正是从机构蠢笨不灵活步步向着求灵活而开展前进。

然而生物进化不可遏的大势如过去之所见者，却非所语于今天的生物界。在过去的进化途程中，其向灵活前进之度，各物种高下相差，等级甚多；但它们今天一一止于其所进之度了。宇宙间代表此生命本性尚在前进未已者惟有人类耳。其他生物一般都落于其各自生活的刻板文章中,恍如机械在旋转着,殆无复灵活性之可言。为要说明人类生命何以独保有灵活性,还须追溯生物界历来进化之迹,一为指点。

试先来看原始单细胞动物(protozoa),它是既不灵又不活的代表。一个生物是一个活动中心,恒在刺激反应之间活动不已。说不灵,是指其感受刺激的迟钝,没有耳目感官以觉知稍远距的环境,而必待有外力刺激迫近于它;且只能在刺激的强弱上有分别,其他则不辨。说不活,是指其当刺激迫来,只能出以简拙的反应,如遇弱刺激则向前,遇强刺激则退避,遇可食物则摄取,如斯而已。盖以其形体构造简单之极,在其生活上初无分理机关,感受刺激者同时即是施出反应者,浑沦一处,则从受刺激到施反应之间,便无回旋余地、无延宕时间,而被迫成为一种机械性的直接反应。所谓前定的不灵活,即指此也。

在进化的途程中,生物的形体构造、生活机能显见是一贯地由简单渐次趋向繁复;此皆从多细胞动物次第发展出各种各样之分工而来。分工是分别各有职司,于其同时必有以联合统一之,神经即于此肇端。譬如动物机体表皮细胞职司感觉(感受刺激),皮内伏处细胞(筋肉)职司运动(施出反应),于此介居其间以行传导整合作用(integration)者即神经细胞也。原始简单直接的反应即由是变为神经系间接的反应,而名曰反射。此在动物反

第五章 灵活性

应活动上即高出于前者,而为避免不灵活、走向灵活迈进之第一步。①

又如一个动物机体,必须一面照应环境随时来的问题而有所施为,另一面为维持自身生活又恒时有其例行事务而不停。借喻军事:前者有如前方作战,后者有如后方勤务。前方作战信必有赖后方勤务做得好,但若于此兼营而不分工,精神不得集中在指挥作战上,势必有失灵活。反之,若分工而不统一于最高统帅,势必多受牵碍,乃更为不利。内外分工是必要的,分工而不失统一尤为必要。故尔,动物机体构造于此迈进于分工者,其同时即为神经系统的发达。

分工实为生物进化的第一重要方针、步骤。必分工而后功能各得进于专精,乃更有所分化,更以精细。譬如初步分工的感觉细胞,对于不同刺激应于其物种各自生活需要,乃更分出嗅觉、味觉、视觉、听觉……种种是。凡此感觉之发达实与其神经系统之发达相缘俱来。有分工即有整合,**分工与整合不断地繁复发展即是进化**。如前所言神经细胞之出现,即为后此高等动物发达的中枢神经、大脑皮质之萌始,亦即为后此人心有其物质基础之本。要知道灵活就出在这繁复发展的分合之上,前所谓为灵活预备好条件者即指此也。

---

① 朱洗著《智识的来源》一书,有云:"生物心理亦跟着生物形态渐次进化的:由最简单的反应渐进至神经系的反射;由反射进至本能;由本能进至联合记忆,然后及于最高心理生活——抽象的境界。"见该书第55页,又同见于第158页。

这里略为申说其中之理。

从原始单细胞动物一直数到现代人类，其活动力量的大小强弱等差繁多，差距绝大，有不待言。若问其力量大小强弱以何为衡？可以说：即以其所生活的世界广大或狭小和内容的繁富或贫乏为衡准。要知生物界物种不同，其知觉所及的广狭贫富是各不相同的。而知觉所及的广狭贫富，则各视乎其机体感官的进化、神经脑髓的发展程度如何而定。如感官以分工而专精，则知觉灵敏可及于远，可入于细者是。一个动物是一个活动中心，其知觉是为活动而预备的，亦即通过感官神经而此一中心乃与环境发生其可能有的活动关系。凡为其知觉感受所不及者，自无反应活动之可言也。若其发生关系的面愈广，发生关系的点愈多，斯即其世界愈以广大，内容愈以繁富，而为活动力愈以升高增大之征。

于此，应当指出：人类所生活的世界，其广大繁富是莫得而限量的。此以人类不徒依恃乎其天生的耳目等感官，而于后天更发明创造种种所以增扩其耳目之用的资具，如望远镜、显微镜、有线电或无线电的接收设备以收视收听者，方未有已也。（此依重后天创造而不依恃其生来的器官和本能，是人心最大特征，亦即人心的计划性，后文随详。）人类知觉之所及既无限，斯其活动力的强大亦无限。

灵活性即寓乎活动力而随之以见者。活动力愈强大，即愈超越不灵活以近于灵活。从知觉所及之广狭贫富固有以知其活动力之大小强弱，实则其灵活性如何亦从可知也。知觉不灵，斯行

第五章 灵活性

动活；**灵是活的前提**。观于原始单细胞动物所以为不灵不活的代表者，其理可晓。

再则，分工之涵义不可不察也。生物机体率以细胞为其结构单位又机能单位。自机体望于细胞，盖由浑一而辟分为多个；由细胞望于机体，则又为多个组合而成一体。分工者，原初即细胞之分工，其后乃进为不同之组织分别、器官分别等等。在单细胞动物，其一个细胞固是一生命。多细胞动物所有之个别细胞，亦非无生命者，乃若组合起来又形成一集体之大生命。生物之逐步进化于高等动物也，必始于细胞分工。分工之事，在细胞言之，当其专守一职，即邻于机具而不自主，地位降低；在机体言之，则通过神经系统总揽大权于上，整个生命却由之以提高一步。往往分工愈进于繁密，细胞地位愈降居微末，然其同时整个生命则愈以提高，活动力大增。**整体的灵活性实以其分子成员之趋于机械化换得来的**。（分工涵有集权之义。）

三则，神经系统发达之云，其涵义又不可不察也。神经系统发达见于动物者，不一其途径；而卒得见高度发达者，必数脊椎动物有人类出现之一途。学者言神经系统之演进，尝有"发头"、"发脑"、"发皮质"之说。此次第升进之"三发"，固非一一于脊椎动物肇其端；然脊椎动物一途实皆经历之，而特著于发皮质，由是以达于高峰。何谓发头？低等动物初无头尾之可言。自蠕虫以上乃有头尾判然可见，行动时其头向前，有向前看的倾向。且以头端数节，控制身体之余部。由此，感受环境刺激的器官（眼耳等）即于其头部分化出来，主司联系全身各部的神经成分亦逐渐集中在此，终于有脑髓出现。此一过程，在进化史上名曰发头（cephalization）。发脑者，如鱼类、两栖类皆以中脑为其行动上主要的控制中枢，是其例也。发脑（encephalization）一词涵括有发中脑（mesencephalization）、发间脑（diencephalization）、发端脑（telencephalization）之各级；此不及详析。若哺乳类以上至于人类，则其主要进程在发皮质（corticalization）。世所习知，人类大脑皮质发达特著，人心活动之所以优越资于是焉。一言以括之：**神经系统发达者，头脑之发达是已**。① 头脑发达的**必要性**，从全身来看果何在乎？通常全身各部分一切大小机构各事其事，固无待于发动督促也，头脑要在**收集情报**（主要是身外的，亦间或有身内的），而为**行动**（主要在对外，亦有时对内），**作出抉择**耳。当其抉择也，对内恒在统一调节以求**平衡**，对外恒在统一控制以求**准确**。或一经抉择而有关机构顺从之以各事其事；或则时时在抉择，时时顺从以各事其事焉。总之，头脑对于全身各部分机构正为直接地或间接地控制与顺从之关系。动物愈进于高等则头脑之为用愈见其重在控制（或调节），远过于发动。

此一义也，从苏联专治高级神经活动之科学家所明白指出之人类生活事实得到印证而益信。

---

① 请参看《神经系的演化历程》一书，臧玉淦编译，北京：科学出版社，1958年版。

第五章　灵活性

大脑皮质愈来愈发达，控制的作用显然愈来愈增加，而本能（自发）作用则愈以减弱①。因此，在行为中有计划的活动愈来愈多地代替了本能的反应。

简单的观察已使我们得以确认：抑制过程的减弱是老年人精神状态的重要特征。巴甫洛夫曾指出老年人主动性内抑制的损害（衰损）②及各种神经过程灵活性的减低③。

实则寻常所见，所谓"主动性内抑制"（巴甫洛夫学说中之专门术语）在有病之人即每见缺乏，视健康无病之人颇为不如；在一般女性亦复不如男性；在孩童似可云未成熟，而在老年人则衰损矣。俗常说人年纪老了反近于孩童，盖即谓此。遇事沉稳，不动声色，惟成年人神经健强为能尔。

人心的灵活性必以此所谓主动性内抑制者为前提。躁动非灵活，情急最误事。必也，不动则已，动必准确达到预期效果，斯真表见了灵活性。——所谓神经系统的发达实指向于此。

以上所为申说，不外证实前文"灵活就出现在此繁复发展的分合之上"一句话。然不可误会此繁复不已的分合，便为顺一条直线而发展者。应当晓得，生物进化初非有目的有计划地前进，第从其一贯争取灵活若不容已之势而观之，**恰似有个方向耳**。然

---

① "自发"二字系著者所加，用以助显原文之意。
② "衰损"二字系著者所加，用以矫正原译"损害"一词之未善。
③ 《精神病学》（苏联高等医学院校教学用书），第20页，北京：人民卫生出版社，1957年版。

在进程中始终未曾迷失方向者,亦惟脊椎动物有人类出现之一脉;其他物种所以形形色色千差万别,正不妨说是种种歧误之先后纷出。前说它们一一止于其所进之度者,盖既陷于歧误乃往复旋转其间耳。

至今在独自前进未已之人类,非徒表见日新于其社会文化间也,即其形体构造亦复未成定型。据专治此学之科学家云:

> 人类神经系统发皮质的过程,仍在推进。它是,也要继续是,最高的生理控制中枢。附属、供应它的下级结构,在各样的方式不同的程度上,也进行连带的发展。大家知道,丘脑、纹状体和小脑都有进化上属于后起的部分,所谓新丘脑(外侧、后侧各核)新纹状体(尾状核的一部分和壳核)和新小脑(半球的大部)。这些是与大脑皮质联系发展起来的,品级比较崇高。脑干,甚至脊髓一般的组合程度,在人类亦高出其他动物。——自然,有些个别部分是退化的。[①]

人类——作为生物之一——是今天惟一无二能以代表生物进化的了。此正以人类还在争取主动、争取灵活而未已。假如不再争取了,那便没有灵活性,亦且没有一切。此又见人心是从全部机体机能不断演进而来;说人心寄于大脑皮质之发达者,特举

---

① 请参看《神经系的演化历程》一书,臧玉淦编译,北京:科学出版社,1958年版,第204页。

其重要一端而突出言之耳。无形的人心之出现,实缘此有形的演进。乃有些宗教家贱形体而贵精神,甚至敌视此身,殊非通人之见也。独中国儒家之学旨在"践形尽性",故其言曰:"形色,天性也;惟圣人然后可以践形。"(见《孟子》)此非谓人果能充分发挥人类身心所有作用,便是圣人乎?

人心要缘人身乃可得见,**是必然的**;但从人身上得有人心充分表见出来,却只**是可能而非必然**。此又从上文所言分工整合之繁复发展细察之,而其理可得也。从分工以言之,则各事其事于一隅,而让中央空出来不事一事。从整合以言之,则居中控制一切,乃又无非其事者。"空出"一义值得省思。遇事**有回旋余地,有延宕时间**,全在此也。又分工则让其权于中央,而后整合可因地因时以制其宜。权者权衡,亦即斟酌、选择,可彼可此,不预作决定之谓。是即灵活之所从出也。人身只给人心开出机会来,**有灵活之可能而已**;灵活固不可以前定者。机体构造之进化,只能为灵活预备好条件,而避免前定的不灵活;此既言之于前矣。

不灵活不足以为人心。因为原来是预备它灵活的。然而临到事实上体现灵活,却只居其许多可能分数之一,则其事盖非易。因此,从人身上所表见出来的,往往难乎其言人心。并且可以说,在机体构造上愈为高度灵活作预备,其表见灵活也,固然愈有可能达于**高度**;然其卒落于不够灵活的分数,在事实上乃且愈多。此以其空出来的高下伸缩之**差度愈大**,故也。儒家必曰"惟圣人然后可以践形",其谓此乎?

大声地说一句：灵活是有待争取的！——人心不是现成可以坐享的。

然而灵活又不可求也，求则失之。灵活是生命之一种流露或无意中表现于外者，其根本还在生命本身。不求其本，而齐其末，宁可得乎！若是，其将如何？姑言其浅近易晓者：如在战略上藐视敌人，不为强敌所慑，而在战术上不稍轻敌，无疑地必且动作灵活，而胆小无勇者不能也。胸有成竹，对前途满怀信心者必能措置裕如，灵活前进，而失去信心者不能也。舍己为人，热情所注，灵机大开，而猥屑自私者往往顾此失彼，进退罔措矣。即此等事例而善推之，当必有悟。

此章开首曾言，灵活性盖所以实现主动性者。——主动性有赖于运用上的灵活乃得实现，今于章末，却又可以说：灵活性复有赖于主动性；饱满的主动精神恰为手脚灵活之所自出也。

第六章 计划性

第一节 人心之基本特征（上）

上来讲人心，既缕缕言之计五章之多矣，然于人心之基本特征尚未曾明白揭出，将留在此讲计划性一章中阐明之。于此，以环绕关联于计划性而有待一一剖说之事之多也，将不得不分为数节次第进行。

《论持久战》一文中说：

> 现在来说计划性。由于战争所特有的不确实性，实现计划性于战争，较之实现计划性于别的事业，是要困难得多的。然而，(中略)不是没有某种程度的相对的确实性。我之一方是比较地确实的。敌之一方很不确实，但也有朕兆可寻，有端倪可察，有前后现象可供思索。这就构成了所谓某种程度的相对的确实性，战争的计划性就有了客观基础。

即此已够我们据以阐发之用，其下文不多引录。

（一）由此可见计划性恰恰不同于灵活性：灵活是不可得而前定的，计划性却正是要前定的。

（二）计划要前定，而作战计划辄有难于前定者。因为作战计划要以敌我两方各种实际情况为准据而设计出来，我之一方或不难周知详计，而敌方恒保密不使我知其虚实，且每以伪装欺惑，不可为据。同时，战争常在推移发展，敌我情况随以变化不定，计划亦就时时要改而定不住。困难在此。兵家所贵于"知己知彼"者，其掌握情况之谓乎？

（三）所谓实现计划性不这样困难的别的事业，又是哪些事业呢？此即其情况比较容易掌握之事业耳。如非两军作战而是猎取鸟兽，则其事在实现计划性来说便容易得多；以对方情况及其事进行中可能有的变化，均比较易掌握故也。又假如不是猎取鸟兽，而是植树造林。又假如不是植树造林，而是采取土石而运输之。显然在实现计划性上，一事又比一事更无困难。以对方一层比一层将更少发生变动而接近于固定，则其情况之掌握较之两军作战容易多多也。是故固定少变之事乃于人心的计划性最为适合。

（四）然而在战争中必求其逼真又且固定的情况而掌握之既无可能，不得已而思其次，则从其朕兆迹象间以求其大致不差约略相当者（某种程度的相对的确实性），亦就可以为我作战计划的客观基础，而卒能以取得胜利了。

以上四层与后文分析讨论有关，必须预为记取。

第六章　计划性

兹当先问:所云计划者何谓乎？计划是人们在其行事之前,却不即行动,而就其所要解决的问题中那些对象事物,先从观念上设为运用措置一番或多番,以较量其宜如何行动,假定出一方案或蓝图之谓也。是故识取事物而预有其一一之观念、概念罗列胸中,乃为计划所由设订之前提。

人类最大本领——此本领为一切其他本领之所从出——即在其能以外在事物(自身亦其一)摄入心中,通过思维,构成观念和概念,从而离开其事物犹得据有其相当的代表,而随时联想运用之。此代表事物之观念、概念,即所谓知识也。语言、文字则又其代表,俾得更方便于其联想运用者也。上文"识取事物"云者,即此化客观事物为主观知识,乃至纳于语言文字系统之谓也。

知识之构成始于各种感觉、知觉直接经验,固求不失事物之真;然却本于生命立场出发,一切要识得其与我(生命——主体)之关系意义如何,各事物彼此间之关系意义如何(包涵其相关规律)。凡此关系意义未明者,即其观念、概念未明,未成其为知识;而其关系意义既明者,亦即接纳到我固有知识系统中来了。此既非一事一物之经验,更非一次一时之经验;经验累积愈多愈久,而构成之知识(观念、概念)乃愈精确深入,愈以联成系统。它是辗转不断发展前进的。

知识系统之发展,非徒赖于生活经验之累积也;更以人之禀赋知识欲,进而为汇集、检查、实验,力促其发展。其一门深入,循序探讨前进者,即成科学。客观事物原非一一分离孤立者,比经汇集、检查、实验,透过现象窥悟本质,乃益见其密切相联,变化相通。科学与科学之间互相启导而其理益明。在时时化具体为抽象,不断概括又概括之下,一伟大的知识网络遂以组成;宇宙之大,万有之繁,一若不出吾了了之一心。

语云"知识就是力量"(knowledge is power);缘何知识就是力量耶?正为任何改变客观局势达成主观意图之事,**必资于计划**;而一切计划之产生端赖知识为其张本故耳。试看动物园豢养百鸟百兽,大都活捉得来。此皆猎人准据其对于一鸟一兽之知识而以计划取之者。假非人心有计划性,而徒恃主动性、灵活性以相较量,则鸟飞兽走其敏捷灵活固人所不及,人又将何从达成其意图?一些高等动物,论其机体构造直逼近于人类矣,其所以卒不如人者岂有他哉,只在进化途程中其心智活动未得造于此计划性之一境耳。夫自然界原为人类之所从出也,然人类今日竟能以改造自然,操纵乎一切,俨若跃居主人地位者,岂有他哉,亦惟人心具有此计划性之故耳。

近世以来,学者公认人之所特异于动物要在其能制造工具而用之①。信如恩格斯所云"任何一只猿类的手,都未曾制造过一把哪怕是最粗笨的石刀"是已。然试问此裁石制器一事意味着什么?这岂不就是人心计划性之一最初表现。后此人类文明日进,任何大事小事莫不有人心计划性之施展运用在内,要皆资始

---

① 恩格斯既说从劳动创造出了人类本身,又说真正劳动是从制造工具开始的;见于其《劳动在从猿到人转变过程中的作用》一文。又富兰克林曾指出人类特征即在能制造工具一点。

第六章 计划性

于此也。

且试看所谓人类文明日进者,其间任何一步前进有非系于人们知识学问之增进者乎?抑且往往资于生产工具、生活用具、交通工具、科学实验工具等等之进步,而凡百事业乃相缘以俱进。故虽谓自古及今全部人类文明史,即一部人心计划性的发挥运用史无不可也。

若然,此计划性当即是人心之基本特征耶?

第二节 人心之基本特征（下）

说计划性是人心之基本特征,自未为不可;顾吾意别有所属而不在此。

观于恩格斯在其名著《劳动在从猿到人转变过程中的作用》一文中之所云云,计划性乃若非人类所独有。其原文云：

> 我们并不想否认动物有能力从事有计划的,预计的行动。（中略）但是一切动物的一切有计划的行动,都不能在自然界上打下它们意志的印记。这一点只有人才能做到。简言之,动物仅仅利用外面的自然界,并且只是由于自己在场乃使自然界中有些变化;而人则以自己所作出的改变来迫使自然界服务于他自己的目的,支配着自然界。这便是人跟

其他动物不同的最后一个重大区别,而这个区别也是由于劳动的结果①。

　　此其为说得毋与我上文所说者不相合乎?其实无不合也。彼此所说原非一事耳。恩格斯所云"一切动物的一切有计划的行动",盖指其计划之出于天者,亦即出于种族遗传的**本能**,非**个体有意识之行动**②;而我据《论持久战》论作战计划之所阐发则在行动计划之出于人者,恰指其人行动之**有意识**。

　　远从生物进化全部历程以言之,固非有目的有计划者。但某一物种觅食图存或传种繁殖之所为,往往奇妙地表现出有目的有计划来,则博物学家言之者多矣。其事尤多见于昆虫类、鱼类,其情节曲折尽妙,迹近深谋远虑;却在高等动物转未见此。高等动物所表见者,不过一些狡狯黠智而已。此何为而然耶?应知动物界在演进上实有本能与理智两大脉路之不同。于虫、鱼所见之计划性,出自天演,虽迹近思深虑远,却非有意识,不过率循本能之路以发展,达于高致耳。另一路归趋在发展理智,即脊椎动物之所循由,必待人类出现而后造于高致,乃有意识而擅长计划。其他高等动物之于此路也,只是理智初萌,意识犹在暧昧微弱者,其计划性之短绌固宜。鱼类同属脊椎动物一路,胡乃著其计划性

---

　　① 引自恩格斯:《劳动在从猿到人转变过程中的作用》一文,1955年莫斯科外文书籍出版局版。

　　② 恩格斯文中谈计划性甚且说及植物之捕虫为食,并点明其完全无意识,更可见其与人心无涉也。

于本能？盖理智、本能第为生命活动之两不同倾向,彼此互为消长,相反而不相离。鱼类虽同此路向而进程太浅,犹自依重在本能故也。即如各高等动物亦未尝不依本能为活,第以其较偏于理智一侧矣,既不得更著其计划性于先天本能,亦复未及迈进于后天理智的计划性。上固不足比于人类,其下视虫、鱼亦为短绌在此。

凡以上就计划性问题所为辨明本能、理智脉路之不同者,若虫、若鱼、若高等动物、若人类,在其间或出或入,或彼或此,一一皆可在生理解剖学上检认得其脑系神经不同发展之迹,非第比较推论于其行为、心理间也。读者请详科学专籍,此不备陈。

试寻绎恩格斯原文论旨,盖亦正在辨明基本上此两种计划性之不相同耳。其指出动物不能在自然界打下它们意志的印记,而人类却能以其劳动迫使自然为他自己目的服务,支配着自然界者,非即以人类特征属之于其意识明强(具有自觉意图)的计划性行动耶?是其言非但与我不相抵牾,而且彼此实相印合也。读者察之。

然任何一个计划必经许多心理活动复合以成,其性质殊不单纯。论人心之基本特征,若以计划性当之,略亦同于以"意识"或以"理智"当之;其词意似尚不如后二者之简单扼要,通俗易晓。如此等等皆非我之所取。吾意宜且从浅近处说起,而后引入深奥,多方以指点之,暂不必固定在某一概念上。试为言之如次。

吾以为人心特征要在其能静耳。何谓能静?浅言之,此即相对于动而说。设非人心之能静也，两军对峙，立即投入战斗，尚何有作战计划之可言乎？暂时保持冷静，不立即行动而犹豫思考如何应付，将一切以计划出之；此即人类理智之活动，有异乎本能动作之一触即发，如在动物生活中所习见者。此所云暂时，即谓其延宕之时，非必指片时一刻；凡蕴蓄待发之时，即一日二日，一年二年皆暂时也。在此时中，非无活动，不过其活动往往不形于外，主要在心思而不在肢体。此即上文所云人们于其行动之前，不即行动，而就其所要解决的问题中那些对象事物，先从观念上设为运用措置一番或多番，以较量其机宜如何者是也。

一计划之设订必资于知识。以作战计划为例：其将帅之胸怀韬略则夙蓄之知识系统也，其在敌我间知己知彼之知，则其掌握当下要解决的问题中那些对象事物之知识也。非静以观物，知识无由得成。且当其根据知识以思索设计也，又非头脑冷静不可。则谓计划性出于人心之能静，谁曰不宜。

兹取科学家研究动物心理之两小故事，用以助明此义。故事见于汉译汤姆生《科学大纲》第七篇《心之初现》文中（商务印书馆1933年版）。其一为黑猩猩莎立之事，略述如次：

> 罗蔓内斯博士教莎立以数草茎之法，向其索某数则以某数应，至五而止。莎立求五数时，将草茎一一拾取，含之于口，至五数乃握以呈之于人。教六数至十数乃鲜成绩。似在莎立，六数以上即为多矣。最奇者，如求五数以上，每见其折

第六章 计划性

一草而露其两端,作为二草。可见其计数之智或不止于五,惟其**忍耐则尽于此**焉。(于原译文有删略润饰。)

计数为理智之事,于此颇见端倪。要必头脑冷静,乃得尽理智之能事,此即寻常人事而可验。所谓莎立"忍耐尽于此"者,谓计数至五数以上时,其心气即不能更静持以从事也。

又其一则为荷谟兹教授所豢养印度猕猴栗齐之事。略述如次:

取花生米几粒纳入玻璃瓶,则随落于瓶底,加软木塞于瓶口,以授栗齐。栗齐从其夙习以齿啮塞而启之,顾乃不知倒转瓶口以倾出花生米。惟摇舞其瓶,于不意中偶然得出之耳。虽示以倒转瓶口之法,而栗齐终不悟。盖彼方**注目瓶底急切其所欲得**,努力过殷,不复能从容理会人所以达到目的之方法也。(于原译文有改动修饰。)

此见栗齐之心未能稍静。不能静则猛于施力,无由取得知识,而绌于计划矣。

吾谓人心特征要在其能静,不其然乎?

第三节　理智与本能（上）

于是当问：人心能静之所从来，其亦有可得而言者乎？此盖生物进化脊椎动物与非脊椎动物分途，乃有理智生活一路，从而发展出之结果也。

为了说明人心，必须一谈理智（intellect）与本能（instinct）的问题。

从生物界言之，则见有植物、动物两大分派。植物为自养生物，恒就一地资取营养而不移动；动物为异养生物，恒游走觅取植物或其他动物以为食。两派同出一源，只在营求生活的方法上有其不同趋势而已。再从动物界言之，亦见有两大分派，其不同亦在生活方法上：节肢动物依循乎本能，而以蜂若蚁为其代表；脊椎动物则趋向乎理智，惟人类乃信乎其有成就，其他高等动物谓之半途而废可也。

理智对于本能而说，实为后起之一种反乎本能的倾向。俗常非以"人为的"、"天然的"对待而言之乎？本能正是所谓天然的；而人之有为也，必以意识出之，意识即从理智开展出来。犹乎植物、动物同出一源，虽异其趋向而终不相离也，理智、本能亦复一源所出，**势若相反而不相离**。脊椎动物之在理智上发展不足者，仍必依重本能以生活。说高等动物废于半途者，即谓此耳。

第六章 计划性

吾书之言人心，浑括通常所谓生理现象者在内。诚以生理现象、心理现象一出于生命表现，恒相联贯，强为分别非宜也[1]。由此而言之，人类生活秉自先天，有赖本能，殆无以异乎动物；何以说人类独成就得理智，而高等动物乃废于半途？此其分判何在？其所以有此分判的关键又何在？

试就巴甫洛夫学说具体指点之：其所谓无条件反射者概属本能；其所谓条件反射则不离本能而向于理智发展之见端。凡此皆其所谓第一信号系统，为人类与高等动物所同具。其所谓第二信号系统，亦即信号之信号者，则理智之能事，而为人类所独擅矣。此即其分判之所在也。理智对于本能，原不过是生活方法上趋向不同的问题，然其反本能的倾向发展到末后突变时，却变成人类**生命本身性质根本不同了**（不再仅仅是生活方法上比较的不同）。由此一根本性的变化，遂使人类成就得理智，而其他动物概乎其未能焉。语其关键所在，即在此。——凡此当于下节详之。

这里将为理智与本能做一些比较，先声叙几句话。理智、本能皆近几十年自外输入之译名。理智或译智慧，或译理性，而吾书于兹三词各有其不同用场，不相混同；其所具意义分别，必就吾书前后文求之，不可与俗相滥。本能一词虽鲜异译，然在国外先多滥用，国内随之不免；其涵义出入莫准，亦望读者细审之吾书，

---

[1] 机体内在的生理变化，恒引起心理上的变化而表见于外在行为；而凡事一经行动起来亦立即影响到机体内部生理上而有变化。两面循环互为因果，殆难究诘。

乃得其旨。以下试行比较。比较之，即所以说明之也。

本能、理智为心理学上两个名词，分指其性质上方式上彼此相异的生命活动而说。虽两者在高等动物和人类同见有之，然理智特著见于人类生活中，因即以所见于人类者为其代表型；动物生活特依恃乎本能，言本能应即以动物式本能为准。

本能、理智之异趣，皆缘生物机体构造及其机能之有异而来。此即是说：凡心之不同皆缘身之不同而来；生命表见之不同，恒因生理解剖学上有其条件之不同在也。但本能活动紧接于生理机能，十分靠近身体；理智活动便不然，较远于身体，只主要关系到大脑而已。

本能是个体生命受种族遗传而与生俱来的生活能力（或其动向），既不能从个体生命中除去之，亦非可于其一生中而获得。心理学上所说本能与生理学上所说反射，虽要区别方好，却有时实难于区分之[①]。高等动物头脑相当发达，理智有所萌启，其本能之僵硬化（机械性）即有所减轻，而接受后天生活经验影响。巴甫洛夫条件反射的研究所得以进行者在此；狗马之属可加以种种训练者在此。到人类，大脑特见发达，理智大启，其衍自动物祖先的种种本能更大大冲淡、松弛、削弱，甚且贫乏，恒有待后天模仿练习乃得养成其生活能力。是故应知纯粹本能在高等动物已经不多，在人类更难得见之。凡言本能者，不过指其基本上还是

---

① 请参看《大脑两半球机能讲义》中第一讲，巴甫洛夫著，戈绍龙译，上海：文通书局，1953年出版。

第六章　计划性

种族遗传下来的而已,固非无后天经验影响于其间。凡不言本能者,其中又非无本能因素在,只不过它在基本上是从经验学习而得建立耳。

从与生俱来而言,理智固亦本能也。我们说理智为后起之一种反本能的倾向者,果何谓乎？本能是生来一项一项专业化的能力,各项本能在生活上各有其**特定用途**或命意;而理智反之,倾向于有普泛之用。虽其势相反,而一源所出,固不相离。当生物生命向理智发展之时,即其本能或淡褪,或松弛,或削弱之时。此一长一消,即是智能——指其出自天然非思虑者,亦即指生命——一向用于专途者改向普泛有用而转化。此一转化过程,势必消融、弛解了那些预先铸定的机括,而为后天留下空来以因事制宜多方创造之可能。本能生活无藉于经验,而理智生活顾必资于经验者在此。

一个动物是一个活动中心,其知觉是为活动而预备的,亦即通过感官、神经而此一中心乃与其环境发生其可能有的活动关系。在本能是即知即行,知行合一,不分不隔。此即是说:此一活动中心一旦与其某些特定有关环境相接触,便立时地、直接地、紧切地发生其恒定不易之关系而活动起来。其知、情、意(行)一贯而下,颇似一通电流,机械即行旋转者然。在其特定有关(此云有关兼括后天形成之条件反射关系)的活动对象之外,漫不经心,既鲜有所行,亦鲜有所知。人为动物之一,同样是一个活动中心,且无疑是一个活动力更大更大,大到不可比拟的活动中心。

其知为行的预备,基本上是不变的。第以其优于理智,知行之间往往很有间隔。间隔涉远者,**离知于行**,**为知而知**,自成一种活动而单独行之。凡所谓科学知识以至一切学问悉出于此。仿佛初不为行的预备,而实际上仍不外储备起来,以为后此行动计划之用;而其无可比拟的伟大活动力亦即出于此焉。

于此际也,必当注意:吾人之有知与许多高等动物之有知,虽同始自视、听等感觉,但因其感官构造机能不同,其物种生活不同,乃各异其所反映①;更且由于理智、本能之异趣,而有其性质上之基本不同。试为比较如次:

动物本能中之所感知好像具体的一个点,吾人理智中之所感知好像一个面;前者是集中的,后者则大大**放宽放远**去,而有广大**空间展现于其前**;

动物本能中之所感知,情味浓烈,立即引发行动,动向决定,似完成其活动即所以完成其知识;吾人理智中之所感知,一般说来情味不无而比较平淡,动向似有而未云决定,故不必即有行动,而要在联属于过去经验,纳入自己知识系统中,得一明确之观念、概念而后其知识乃云完成;

本能所得可说为**实体**之知识,理智所得则为**空式**之知识;

本能之知对于生命活动可说为直接的、断定的,理智之知,对

---

① 动物品种不同,生活各异,其感觉境界各自为一事,未可相比况。略言之:狗之嗅觉特见灵敏,然其视觉却只能看到物体形象大小明暗和运动,而不辨物形细目,亦无真正色觉;鸟类视力一般极敏锐,其调节视距的能力尤可惊,而在生理实验上却证明鸟是有色觉的。

于生命活动可说为间接的设定的①；

本能的对象以其特定故有限，理智之用则普泛及于一切而无限。

此中一个要点，即在吾人生命中便带来**静以观物**的态度（所谓"离知于行，为知而知"）。静观亦即客观，说可云物观。从吾人感觉、知觉开始，即若有"物质"观念之形成，用以概括乎其所接触到一切。即遇有不大适用者，亦方便假借用之于一时。此与广大空间之展现有关。物体既占有空间位置，物体移动亦借空间而得辨。物质观念之形成与空间观念之形成要不可分。宇宙万象方在变化流转不定，殊难加以掌握。然不求逼真而举其大略，节取一时所现者固定化之，以便掌握为规划设计之所资，实属必要②。物质一若必为固体者，其观念形成殆本于此。

往者柏格森倡论：理智不知有真时，恒假借空间以比拟时间；理智不知有真动，恒假借连续微变之固定状态以代表不容截断之动流。又尝谓"理智的知识（被约制于其对象），其内容与形式实乃互相适应以成；**理智固模楷乎物质，物质亦顺应乎理智**"。凡此皆至理名言，值得举出。现附其英译文备考。

Matter and form of intellectual knowledge (restricted to its own object) are seen to be engendering each other by a reciprocal adaptation,

---

① 设定云者设其如是定将如何如何也。
② 此处应参看上文讲解《毛泽东选集》中《论持久战》一文论作战计划一段话内之各点。

intellect modelling itself on corporeity and corporeity on intellect.①

第四节　理智与本能（下）

人类生活倚重理智而非倚重本能，于何征之？此不难从下列三事取征。其一，依本能以生活者，其生活中所需工具即寓乎其身体，若不假外求而自足。但人类非于身外制造种种工具而用之，几乎不能生活。其二，依本能以生活者，一生下来（或于短期内）即具有其生活能力，然毕生亦即如其所能者而止。人之生也，初若无一能，其卒也乃无所不能。此即依重先天本能抑或倚重后天学习之分异。凡脊椎动物自鱼类以讫于各高等动物，视其幼体未成熟期之若长若短，而其物种在理智发展上孰优孰绌可知也。然即其中此期最长者如灵长类，以视人类犹远远不得相比；人类儿童期之长，盖十数倍之不止也②。其三，依本能以生活者

---

① 见柏格森著《创化论》（英译本），第381页。
② 参看卡萨特金著《婴儿高级神经活动概论》（中译本，1957年北京科学出版社出版）。其中指出婴儿初生大脑形态和机能均简单，其发育成熟是一长期复杂过程。又大脑皮质在肢体运动发展中所起作用愈大者，新生幼体（哺乳类以至人类）的运动能力就愈差，其有待逐渐发展的时间就愈长，而当其末后成熟时亦即愈富有多样复杂变化。——此就运动而说。
　　再参看荆其诚著《知觉对实践的依赖关系》一文（见1964年4月15日《人民日报》学术研究栏）。文中阐明人类的知觉是在生活实践中发展形成起来的，不是同感觉一起生就的。如生盲而复明之人，开始只见明暗和颜色，却分不清物体的大小形状和远近。在他看来外界是模糊一片，好像要接触到自己的眼睛。如此之例甚多。——此就知觉而说。

第六章　计划性

未脱离自然状态,只须身体长成即能自营生活,而人类不然。虽在远古初民社会未有文字者,亦必有其语言;未有宗教法制者,亦必有其禁忌风尚;乃至饮食起居、器物、宫室,一切总出人为,非复自然,因而皆必待学习乃能适应其群的生活。此社会学所谓"超有机体界"(super organism)者,社会文化虽浅稚亦必存在。一个人固非徒身体发育成熟,即可为其社会一成员而生活也。一言总括:人类的生活能力、生活方法,必倚重后天养成和取得,是即其倚重理智之明征。

上节曾言:

> 理智对于本能,原不过是生活方法上趋向不同的问题,然其反本能的倾向发展到末后突变时,却变成人类生命本身性质根本不同了(不再仅仅是生活方法上比较的不同)。由此一根本性的变化,遂使人类成就得理智,而其他动物概乎其未能焉。语其关键所在,即在此。

此节即就此关键问题一为阐说。

所谓生活方法,非所用以解决生活问题者乎?而所谓生活问题者,从一切生物所有生活看去,要不外个体生存、种族繁衍两大问题而已。围绕此两大问题预为配备所需用之种种方法手段,随动物生命以俱来者,即所谓本能也。动物藉本能以生活,其所知所行囿止乎此,莫能有外。毕生所事,惟有图存而传种于后;传种亦只是重复乎此而不已，更无其他。此所以巴甫洛夫所为高级神经活动之研究，舍动物生命中先天生来恒定不易之刺激反应关系（即本能），即无所藉以建立其条件反射，而首要之刺激物即饮食也。从条件反射上反复研究之所得，固见高等动物生活有某些训练或拓展之可能规律，然又何曾越出两大问题之外耶？

其所发见若稍远于两大问题者，如探究之本能、游戏之本能、自由冀求之本能①，非能外也，只是高等动物生命增强而理智启萌之显示耳。理智启萌，即从本能之狭隘而稍稍向远开拓去。

高等动物理智启萌之表征，即在其大脑发达。大脑之发达，即智力之发达也。其生命之所着重，即从行而移于知。顾其知乃所以为行之性质依然不改。顷所谓若稍远于两大问题者，即其兴趣之所及，或云关心留意者，稍广泛耳。兴趣（或关心留意）其贯乎知与行而为其骨髓者乎。无兴趣不可能有知；无兴趣不可能有行。低等动物兴趣至隘，其知与行牢锢在两大问题上。高等动物探究之本能密接于其防卫本能而来，其去两大问题未云远也。若灵长类（猿猴、猩猩）之有好奇心②，乃似稍远。至于人类而有知识欲焉，兴趣广泛，无所不到，斯可谓之远矣。

知识欲泛及于一切与两大问题渺无干涉之事物，而在科学家、哲学家却莫不可为之忘寝废食。此其兴趣之无边拓展果由何而来？即由理智反本能倾向之发展来也。动物的本能生活，于其

---

① 参看《大脑两半球机能讲义》一书，第13页。
② 参看《科学大纲》（商务印书馆出版）第七篇《心之初现》中"猿猴之心"一段及其前后之所论述。

第六章 计划性

特定相关之事物情味浓烈,而于此外则漠不关心。世界自广大、自富丽,全与它无预也。理智反之,渐从特定关系中松弛以至最后脱开。惟其不拘定在有限关系上,而后其可能有之关系乃无边际之可言。或关注于此,或关注于彼。对于任何事物均可发生兴趣,正为其对于任何事物亦可没有一定兴趣,甚至一些兴趣不生。兴趣不生者,谓此心之能静也。正为其能静,是其所以能动。静也动也,各能臻乎其极,生命发展至人类而境界大辟。世界之广大富丽实随人类生命之发展而来者,此不可不知。

动物是要动的,原无取乎静也;然静即从动中发展出来。本能急切于知后之行,即偏乎动;理智着重乎行前之知,即偏乎静矣。理智发达云者,非有他也,即是减弱身体感官对于具体事物近似机械的反应作用,而扩大大脑心思作用;其性质为行动之前的犹豫审量。犹豫之中自有某种程度之冷静在;更加延长发展,卒达于纯静。设若其静也,不离乎生活上一种方法手段,则亦变形之动耳。然若突破局限,更与生活问题无涉,非复可以任何方法手段目之者,则是其本质不同,不谓曰纯静不得也。

或问:一切生物的生活不外两大问题;人亦生物之一耳,人类虽有富丽堂皇之文化生活,总不过或直接或间接关系于两大问题而已;要亦何能出其外耶?答之曰:人为一种生物是其一面,人大不同乎一般生物是其又一面;人类生活同样地萦回于两大问题是其一面,人类生活卒非两大问题所得而限之者是其又一面。

从现存生物之生活事实看去,信莫能有外于图生存与繁殖之两事者,然不可遂谓生命本性惟在以解决此两大问题为事也。此两大问题在植物可不谓有其解决之道乎?何为过去进化程中尚有动物之别出?在动物走本能之路者,可不谓得其解决之道乎?何为犹有理智反本能倾向之后起?两大问题在生物界各不同物种,虽谓自始既各得其解决无不可也。顾过去生物界犹层层创新,进化之不已,岂不充分证明**生命本性之不在此乎**?生命本性是在无止境地向上奋进;是在争取生命力之扩大,再扩大(图存、传种,盖所以不断扩大);争取灵活,再灵活;争取自由,再自由。试一谛视生物进化之历史讵不跃然可见。然此在现存生物界盖已不可得见矣。惟一代表此生命本性者,今惟人类耳。——**人之大不同乎一般生物者在此**;人类生活卒非两大问题所得而限之者在此。

人类果何从而得突破两大问题之局限乎?此即以理智之反本能,而两大问题固寄托于种种本能之上也。本能活动无不伴有其相应之感情冲动以俱来。例如斗争与愤怒相俱,逃避与惊恐相俱,慈柔之情从属于父母的本能,而两性的本能则与其固有一种感情冲动不可分。如是可以类推。然而一切感情冲动皆足为理智之碍。理智恒必在感情冲动屏除之下——换言之,即必心气宁静——乃得尽其用。于是一分之理智发展,即屏去一分之感情冲动而入于一分之宁静;同时对于两大问题亦即**解脱**得一分之自由。继续发展下去,由最变达于质变,人类生命卒乃根本发生变化,从而突破了两大问题之局限。

理智之发展也，初不过在生活方法上别辟蹊径，固将更有以取得两大问题之解决。然不期而竟以越出两大问题之外焉。此殆生命本性争取灵活、争取自由有不容已者欤。柏格森尝于此设有譬喻云："自最低级以至最高级之生命，自由好像是紧系于链索之上，个体最多只能伸张至其链之长度为止。但到了人类却似突然一跃而链索亦断"①。此紧系之链索盖指生物图生存与繁殖之两事，而以链之长度不等借喻自由余地之不等。其链折断，即悠然长往无得而限之矣。

第五节　人类生命之特殊

生命发展至此，人类乃与现存一切物类根本不同。现存物类陷入本能生活中，整个生命沦为两大问题的一种方法手段，一种**机械工具**，浸失其生命本性，与宇宙大生命不免有隔。而惟人类则上承生物进化以来之形势，而不拘泥于两大问题，得继续发扬生命本性，至今奋进未已，巍然为宇宙大生命之顶峰。

关于宇宙大生命的话，这里要讲一讲。

在生物界千态万变，数之不尽，而实一源所出。看上去若此一生命彼一生命者，其间可分而不可分。说"宇宙大生命"者，是

---

①　见于柏格森论文集《心力》中《生命与意识》一文。文集为胡国钰译，1923年，商务印书馆出版。

说生命通乎宇宙万有而为一体也[①]。讲到生命,舍生物无以见之;而生物之为生物也,其必对照无生物而后见乎!请试对照来看。

任何一种无生物(石、金、柴等)如其与外界环境各种因素(空气、水分、阳光乃至其他)的影响隔绝,是可以保存着的。但生物则相反。它在这种隔绝情况下,就会死亡,不再成其为生物。生物一定要不断吸收同化其外界环境各种因素,以合成生活物质(此谓同化作用),又不断分解之,释放出"能"来(此谓异化作用)以活动。必如是,它才是活生生的生物。因此,最要领会到:**说生物是不可能以其机体为限的**。把生物有限的机体指目为生物之所在,是庸俗观点,不科学的,不合实际的,至多算一种方便说法。此即是:实在应该把这陈旧观念扩大,**联系着机体和其环境当成一个总体来看**,而不应该脱离那关系着生物机体所赖以生存的环境一切条件而孤立地看它。若能这样看,既不是孤立地看,同时,亦就不是静止地看。因为当我们联系着机体和环境时,岂不就是从其生物的生长、变化、活动过程来看了吗?生物既不可以其有限之**机体体积**为限矣,则亦岂可以其机体之有限**生存期间**为限?此在生物机体从其生殖机能而繁衍不绝,固已显示

[①] 尝闻一农家老妇云:"别看我人笨,我的身体可真聪明。节气来到了,或是天气要变,它都先知道"(指筋骨瘦痛不适等)。中国古医家每言人身病变与天地造化之气运节候息息相连通、相应知。大抵有宿疾在身者皆有此经验。是即宇宙人生一体不隔之明证。又曾见《参考消息》(北京出版)转载国外科学新闻,报道音乐可使乳牛增加产乳量,音乐又可使稼禾加速其生长率。此即生物界千态万变而实一源所出,看上去若此一生命彼一生命者其间可分而不可分之明证。

第六章　计划性

之矣。

　　凡以有限之机体及其有限之生存,构划一个生物观念者,只是吾人一种方便措置,俾便于涉思——亦即便于说话——而已;事实上却是划不出其范围界限来的。**认识生命必先认识这不容限隔,亦无可界划之一义**[①]。盖生命托于机体以为中心而联通于一切;既有其局守之一面,同时更重要的是有其通灵之一面。通是正面,局是其负面。然局守之一面世俗易见,其另一面通灵之无所限也,多为世俗所忽焉。

　　生命本性要通,不要隔,事实上本来亦一切浑然为一体而非二。吾人生命直与宇宙同体,空间时间俱都无限。古人"天地万物一体"之观念,盖本于其亲切体认及此而来。此必从张目四望之散乱意识收敛、潜默、凝合到生命本身,亦即从有所对待转入无所对待,方得。世俗或以为那所谓一体只是意识上把横竖不相联属的一切东西浑括在一起的一个假设(拟想)观念,未免无识可笑[②]。

　　世俗错误盖由其见有空间,而不知空间之不空。在空间上亦

[①] 1971年8月看到如下几句话可供参证:生命活动体系除了包括机体本身外,还有总是和机体密切联系作用的物质环境。所以从广义上说实体结构不止指机体而是概括了机体以及其环境相互作用的整个物质系统。(《自然辩证法研究通讯》,1966年,第二期,第38页)

[②] 前于第三章中说到人类大脑主要在对外之时,曾申言此对外之云非必指此身之外,虽身体内部问题亦是外;从生命来说,凡其所遇到的问题何莫非外乎?然而晓得了生命通乎宇宙为一体,初无范围可言,正又可说一切莫非内,虽远在千里亦内也。何肝胆之非秦越;何秦越之非肝胆?盖生命虽必有所凭借却无形体,不占有一定空间,而一切空间又莫非它的空间也。

即在事物上，人们为了便于一时的规划设计、操纵利用而有种种分划并合，而不悟其不可以当真。不悟其分也，合也，要不过理智之能事而一出于人之所为；其在宇宙大自然固**漫然无限**，**浑然一体**耳，曾何分合之有哉！

特别是人们从其擅长分划的理智，极容易分划出空间上时间上的自己个体来，而外视一切，若不相干。此一错误观念，在理智分别不足的动物却不会有的；相反地，它生活于本能之中，一片天机，倒仿佛较为接近于生命的一体性。但其实不然。人们的错误出于后天人为，能错的就能对。当人类知识进步，从意识上去分的，不难还从意识上合起来，纠正了那错误观念。这是一层。更重要的一层尚在其后，那就是亲切体认到一体性。而在动物则于此之错也对也皆无可谈，正为其陷于本能生活，缺乏灵活自由之故。其卒陷于本能缺乏自由者，则为其得从本能解决了两大问题而**自安自足**，不更向上奋进争取自由之故。原夫生物之图存也，传种也，无非延展生命之向上奋进于不断不绝。今乃为图存而图存，为传种而传种，迷失其向上奋进之本性，其于宇宙一体之大生命岂不有隔阂？其仿佛较为接近一体性者，岂不就限止在仿佛较为接近上而已耶？

前于第五章讲灵活性时，曾说过：

> 生物进化初非有目的有计划地前进，第从其一贯争取灵活若不容已之势而观之，恰似**有个方向**耳。然在进程中始终

第六章　计划性

未曾迷失方向者,亦惟脊椎动物有人类出现之一脉;其他物种所以形形色色千差万别,正不妨说是**种种歧误之先后纷出**。前说它们——止于其所进之度者,盖既陷于歧误乃**往复旋转**其间耳。

今更申明其义。如前所明,生命之在生物也,既有其局守之一面,同时复有其通灵之一面,而生命本性则趋向乎通。生物进化即从**局向通而发展**,亦即向于灵活主动而不断地争取。然其发展也不一其途径,亦即不一其如何图存如何传种之生活方法。生物类型种别千千万万之不同,即此图存传种方法之不同耳。旷观生物界之历史发展,其中惟有从原始生物经历脊椎动物终于出现人类之一条路线,其通的灵敏度步步增高,高至人类犹且在不断向上争取,信为能贯彻生命本性者。其他则有不少曾一时繁殖称盛,顾已灭绝不传者;亦有见其既进而复退者;其现存于今者自是极大多数,却各止于其所进之度,一似长途旅行或于此,或于彼,或先或后,而休歇焉。对于贯彻始终不迷失方向者而言之,岂不为歧误之先后纷出乎?

寻其所以致此之外缘内因,头绪复杂纷繁,谁能道其详。姑试从内外两方抽象地一推论之。譬如古生物之绝种不传者,大抵为其生存条件的环境骤然大变,而不能适应之故。此由外缘所致,或有不可抗者在。然可抗不可抗总是相对的;能适应不能适应,要亦视乎生物本身之如何。其若不可抗者,得毋有生物本身之发展有偏,临变不能回旋应付之因素在耶?假如不落一偏,其或能灵活应变焉,未可知也。此本身发展方向之有偏,即我所谓歧误之歧也。而**歧则由误来**。何以言之?

夫生命固时时在发展变化,不断适应环境之有变,将度过一关一关以赓续向上也。当其所向之偏也,果谁使之?——谁使其发展之失乎中耶?发展是它自己发展,失中是它自己失中,无可归咎于外。窃以为是必其耽溺于现前方法便利,不自禁地失中耳。质言之,是其所趋重转落在图存传种之两事,而浑忘其更向上之争取也。如上文所云,现存动物得从本能解决了两大问题而自安自足者,正同属此一回事。即此一息之懈,便违失生命本性。我所云歧误之误,盖指此;我又云歧由误来者,胥谓此也。读者毋疑吾言之落于唯心论也。试看生物进化中既进而复退之寄生动物(附着于其他有机体而不复动),讵非耽溺现前生活方法便利而违失生命向上之显例?在从原始生物经历脊椎动物终于出现人类之一脉,其步步发展总不迷失方向者,亦岂有他哉?正无外向上奋进曾不稍懈而已。是则问题只在**懈不懈**,岂不明白乎?

前既言之,生物进化即是从局向通而发展;其**懈者,滞于局**也。**滞于局者,失其通**。吾故谓现存生物于宇宙大生命之一体性都不免有隔。盖自一面看,一切生物说通都是通的;而另一面看,则其**通的灵敏度大为不等**。人类而外各视其在进化程中所进之度可以决定其通灵之度。惟人类生命根本不同,只见其进未见其止,其通灵之高度谁得而限定之耶。其独得亲切体认一体性者在此矣。

第六节　略说自觉及意识（上）

人心以理智之趋求乎静，不期而竟以越出两大问题之外，不复为所纠缠；此固生命本性争取灵活，争取自由，有不容已。同时亦须认识到：要解决一个问题，事实上就必有超过解决此问题的力量乃得而解决之。理智作为解决生活问题之一种新途径来说，不如是即未得走通，并不是多余的。何以见得不是多余的？成就得理智与否，必以其能成就出知识与计划来与否为判。人类以外之高等动物非无理智之萌启也，顾未能于环境事物摄取其知识，从而有计划地处理事物，则势必仍自依重本能以生活。此观于前述莎立、栗齐之两事不既可见乎？上文曾指出其心不够静，今更点明是在其心缺乏自觉。

自觉与心静是分不开的。必有自觉于衷，斯可谓之心静；惟此心之静也，斯有自觉于衷焉。但今点出自觉来，较之徒言心静，其于知识及计划之关系乃更显明。

于是我们来谈自觉。

自觉是随在人心任何一点活动中莫不同时而具有的，不过其或明强，或暗弱，或隐没，或显出，殊不一定耳。例如：人在听到什么声音时，他不惟听到了而已，随即同时还自知其听到什么声音；人在自己说话的同时，还自知其在说什么话。甚至一念微动，外人不及知而自己知之甚明。不惟自知其动念而已，抑且自知其自己之知之也。儒书有云"知之为知之，不知为不知，是知也"；此中第五个知字正指其自觉昭明而言。人有感觉、知觉皆对其境遇（兼括机体内在境遇）所起之觉识作用，而此自觉则蕴乎自心而已，非以对外也。它极其单纯，通常除内心微微有觉而外，无其他作用。然而人心任何对外活动却无不有所资藉于此。佛家唯识学于能见之"见分"、所见之"相分"而外，更有"自证分"以至"证自证分"之说；审其所指，要即在此中深微处。质言之，这里所谈自学为吾人所可得亲切体认者；彼之所云自证分，殊非吾人体认所及，只能理会而承认之。一粗一细，不尽相当，推断此自觉应是根于彼自证分而有者。（下文续有论及。）

　　自觉之在人，盖无时不有也。第其明、暗、强、弱、隐、显往往变于倏忽之间，一时一时不同。大抵心有走作——心向外倾斜去——自觉即失其明。略举其例：在匆忙中便不同于悠闲之时；悠闲时较少向外倾，而一匆忙便向外倾去矣。在动作惯熟中便不同于不熟练时；不熟练时较为用心在当下，而动作惯熟则此心每转向别处去矣。常说的"印象深刻"，意即谓当时观感中留有之自觉明强。若所谓"心不在焉，视而不见，听而不闻"，则正是其视、其听皆缺失自觉也。盖心神不定，有所牵引于外，自觉即失。顾又不难猛然自己省觉此心神不定。

　　吾人机体内部生理运行，属在植物性神经系统，通常无自觉

第六章 计划性

也。一有病不适,辄或自觉之矣。大抵自觉不自觉系于用心不用心,注意不注意。**凡自觉之所在即心之所在**。中国道家功夫,于其机体内部生理运行往往皆有自觉,且能相当支配之,正以其"收视反听"恒时潜心于此耳。

更当知道,人的天资高下不等,又或气质各有所偏。例如:有坦率而不免浅躁之人,亦有稳重而喜怒不形于色之人。前者在言动间疏于检点,即其疏于自觉也。后者不论其有容物之量或不能容物,其喜其怒皆存于自觉中(或思维中),而为其人优于理智之征。

总而言之,既从本能解放而进于理智的人类,于静躁之间是有很大伸缩性的。其往往出入乎自学或不自学者在此。从可知陷于本能而不得拔的物类生命,岂复有自觉可言。更申言以明之:动物生命中缺乏自觉是确定的;人类生命既进于自觉之域,亦是确定的。但人们临到生活上,其生命中的自觉一时昏昏然不起作用,又几乎常常有的。虽说是常有的,却为**懈怠不振**之象,而非其正常。且其作用亦只在当时隐没不显而已,其作用自在(未尝失)也。容当于后文论及之。

自觉蕴于自心,非以对外,而意识则是对外的。意识一词于英文为 consciousness,原属自觉之义。然则兹二者其为一为二乎?今确切言之:内有自觉之人心一切对外活动——自感觉、知觉以至思维、判断——**概属意识**。乃至人的一切行事,论其本分胥当以意识出之。无意识即同于不自觉。不自觉则知难乎其为知,行难乎其为行。但如上文所说,这却又几乎是人们生活中所常常有的。人们通常总是出入乎自觉不自觉之间的。且自觉虽或隐没不显而其作用又自在,则于其隐显强弱明暗之间更难加以区分。所以当我们说自觉——就其蕴于内的一面说时——须得从严;当我们说意识——就其对外活动一面说时——无妨从宽;虽则自觉和意识原来应当是一而二,二而一的①。例如人们生活上所常常有的那种事情,我们都不可能说为无意识的动作(他们动作时非无意识拣择),而实际上其言动之间的自觉固又极其不足也。

人类的一切有所成就者,何莫非意识之功。但不是那悠忽散乱的意识(悠忽散乱只让光阴虚度),而是全在意识的认真不苟。质言之,就是:任何成就莫非人心自觉之力。凡人类之所成就,从大小事功以至学术文化之全绩要可分别用"真"、"善"、"美"三字括举之。然而试看此三者其有一非藉人心自觉之力以得成之者乎?无有也。

关于吾人之所以得成乎善,所以得成乎美,且待后文论及道德、论及艺术时说明其事。至若求真恶伪实存于人心活动之随时自觉中,是为吾人知识学问得以确立之本,则将在此简略一谈,用以完成此章主题计划性之论述。

古语云"直心是道"。求真恶伪者,即人心之直也。伪者欺

---

① 自觉与意识既为一心之两面,又且从严从宽而异其宜,故我于自觉别以 awareness 为其英译,而不用 consciousness。此未审在英文上是否妥当,希望高明指正。

伪；伪则不直，故恶之。求真，非他，只不自欺耳。求真恶伪是随着人心对外活动之同时自觉中，天然有的一种力量，例如吾人核算数字必求其正确；苟有迷糊不清，无以自信，则重行核算，一遍、两遍以至数遍，必明确无误乃快。脱一时未得其便，恒不洽于心，歉仄难忘。此非有利害得失之顾虑存乎其间也。例如在核算生产经营之盈亏数字时，吾人初不因喜盈恶亏辄以亏为盈，而必求其数字之真是已。此不顾及利害得失而是则是、非则非者，盖所谓是非之心也。是非之心昭昭乎存于自觉之中，只须坦直不自欺便得。

大抵一门系统化的知识即可称之曰科学。其所以得成系统化者，盖因其有合于客观事物之真（或者近真），乃前后左右不致自相违忤抵触（或者一时未易发现），而往复可通，且资之以解决实际问题效用不虚也。然此足以自信而信于人者，非科学家在其进行调查研究分析实验中，自觉明强，一力求真，清除伪误，其能得之耶？如或稍有牵动于利害得失——例如急于求成——而不能是则是、非则非，立言不苟，则不成其为科学家，不成其为科学矣。在科学上其精而益进于精者，固不徒在其人之勤奋，尤在其**敏于自觉**，于理稍有未臻精实，辄能觉察**不忽不昧**，因以督进之也。

第七节　略说自觉及意识（下）

求真恶伪是人心天然所自有的，纯粹独立的，不杂有生活上利害得失的关系在内。何以能如是？此必须有以说明之。

旷观人类之感情意志虽复杂万状，却不妨简单地以两大相异之方向总括之。这两大相异之方向，就是：好和恶，或取和舍，或迎和拒，或趋和避，……如此之类。在高等动物的生活动作上亦不无感情意志之流露，而且与人情多相类似，要亦可总括于此两大方向之中。不难看出：生物生命上之所以表见有此相异两方向者，盖导因于生活上利害得失之有异而来；至于其为利为害，为得为失，则一视乎其在图存与传种两大问题上之如何以为决定。然在一般动物依循本能之路毕生为两大问题而尽瘁者，固当如是耳。既迈进于理智而不一循本能，生命活动有非两大问题所得而限之的人类（请回看前文），其情志之向背是否亦限制在其利害得失上？这是一个问题。再则，此所谓求真恶伪者当亦不能不属在情志之两大方向内，设若它与两大问题之利害得失无涉，其又何从而来耶？这又是一个问题。

显然前后两个问题互相关联，统属后文论述人类伦理道德时之所当详，然在此亦不能不简略地有所回答。试为分说如次。

求真恶伪——是则是，非则非——属于吾人感情意志两大方向之一种表露，是肯定的。儒书之言不自欺其心，即借"如恶恶臭，如好好色"以明之是也①。后儒阳明王子有云"只好恶就尽了是非"，亦可见。

人情所以有此两大方向之表露，一般说来，固然或直接或间接来自两大问题上的利害得失；但非即限止于此，而有超乎其上者。此即在计较利害得失外，吾人时或更有向上一念者是。此向上一念何指？要晓得，人类生命是至今尚在争取灵活、争取自由而未已的，外面任何利害得失不能压倒它争取自由的那种生命力。当初理智的发展，原作为营求生活的新途径而发展，故从乎营求生活的立场，吾人时时都在计较利害得失是在所当然的。但理智的发展却又是越出两大问题之外不复为其所纠缠的（见前）；尽管时时用心在应付和处理问题，却可不受牵累于任何问题。所谓不受牵累于任何问题，即不以任何利害得失（诱惑、威胁）而易其从容自主自决之度也。

利害得失是相对的，是可以商最比较的，因而亦是可以彼此作交易的；而是非就不然了。求真之心"无以尚之"。是则是，非则非，无可商量；它亦不能同任何利害作交易（凡交易皆从利害之计算出发）。

古人虽借"如恶恶臭，如好好色"以喻不自欺其本心之真切，却须晓得此两种好恶有本质之不同。前者是对外的，后者存于自觉；前者靠近身体，属于本能，而后者恰相反之。前文（第四节）

---

① 见《礼记·大学篇》中诚意章。

曾说，本能活动无不伴有其相应之感情冲动以俱来。凡在动物不无感情意志之可见者，一一皆与其本能相伴者也。人类生命既得解放于本能，其感情意志不必皆从本能而来，然一般说来又大多难免关联于本能，如此靠近身体一类例是也。各项本能都是围绕着两大问题预为配备的方法手段，一一皆是有所为的。因之，一切伴随本能而与之相应的感情亦皆有所为而发（从乎其利害得失而发）。不论其为个体，抑为种族，其偏于局守一也；则其情谓之**私情**可也。人类固不能免于此，却殊不尽然。若求真之心，其求真就是求真，非别有所为者，虽不出乎两大方向，却与利害得失无涉，我们因谓之**无私的感情**。所谓两种感情有着本质之不同者在此。

动物生命是锢蔽于其机体本能而沦为两大问题之机械工具的。当人类从动物式本能解放出来，便得**豁然开朗，通向宇宙大生命的浑全无对去**；其生命活动主于**不断地向上争取灵活、争取自由**，非必更出于有所为而活动；因它不再是两大问题的机械工具，虽则仍必有所资借于图存与传种。（不图存，不传种，其将何从而活动？）原初伴随本能恒必因依乎利害得失的感情，恰以发展理智必造乎无所为的冷静而后得尽其用，乃廓然转化而现为此无私的感情。指出其现前事例，即见于人心是则是、非则非，有不容自昧自欺者在。

具此无私的感情，是人类之所以伟大；而人心之有自觉，则为此无私的感情之所寄焉。人必超于利害得失之上来看利害得失，而后乃能正确地处理利害得失。《论持久战》中说人类的特征之所以必曰"自觉的能动性"者,人惟自觉乃临于一切动物之上而取得主动地位也。非然者,人将不能转物而随物以转矣。吾书开宗明义曾谓:人之所以为人在其心;而今则当说:心之所以为心在其自觉。此章(第六章)开首(第一节)提出人心基本特征问题来讨论,今于章末便可作结束,郑重地指出人心基本特征即在其具有自觉,而不是其他。

人心特征在自觉之一义,方将继此更有所发挥阐明,用以贯彻吾全书。但在这里仍且就其有关计划性者申说之于次节,用以结束此章主题之论述。

第八节　知识与计划

人类原以自然界之一物而出现于地上,顾其后乃一步一步逐渐转向宰制乎自然界,浸至腾游天际攀登星月如今日者,罔非知识之力、计划之功;而知识与计划则出于人类意识的创造,此现前事实共见共晓,无烦多赘。但知识与计划之成就如何有赖于人心有自觉,却必一言之。

设制一计划必凭借其一切有关之知识,此既言之于前矣。然不有主观意图于先,徒有客观之知识果何所为而设计乎?任何一个计划总构成于此主客两面条件之上,而意图是首要的。一切意图都是自觉的。不有自觉，尚何有意图可言？**必其意图明白确切者，而后设出计划乃得确切精当；然而此非有高度自觉贯彻其中固不能也**，读者不难反躬体认而得之。——成就计划有赖于此心之自觉者即谓此。

精确之科学知识所由成就出来，端赖科学家在其工作活动中自觉明敏，一力求真，清除伪误，此既言之于前矣。然更有先于此者：不有经验，何有知识？不有记忆，何有经验？而记忆则全系于**此心自觉之深微处**，亦即上文所引唯识学之所谓自证分（一称自体分）者。唯识家之说明自证分也，谓相分为"所量"，见分为"能量"，而自证分则其"量果"。盖生命上任何一点活动，岂有虚过者？**必收有其果，即此是也**。《成唯识论》原文这样说：

> 相分是所缘，见分名行相；相、见所依自体名事，即自证分。此若无者，应不自忆心、心所法，如不曾更境，必不能忆故。（见《唯识述记》卷十五，第15页）

或问：自证分既非吾人体认所及（见上），何为而信其说？应当晓得：唯识学非他，不过是佛教瑜伽师修瑜伽功夫所得的一种副产物——一种知识。佛教瑜伽功夫不同其他外道瑜伽有所造作；它只是扫除心理障碍（"烦恼障、所知障"），入于深静而已。吾人现有之自觉是心静之端倪；所谓入于深静者，即此自觉之徐徐扩大，以至光明莹澈，无边通达。当其渐入于深静也，则人类生命中许多隐奥精微的事实历历呈现,若相分、见分、自证分等皆不过其中事实之一耳。此有如科学家出其在实验室中之所得以语人;人人皆可从事其实验而得知之;虽未曾亲自实验,固无妨信其说也。[①]

吾上文曾说,自觉作用当时不显者,实亦未尝失,即指其留有印象,天然不虚过而说。例如雨天外出,而归时天晴,遗忘雨具于某处。自其遗忘于某处言之,则尔时自觉固昧而不显矣;然自其卒又忆及遗于某处言之,则尔时不显之自觉何尝遽失其作用耶?唯识家所谓自证分者,即于此而见之。自觉在通常情况中,盖既不显著,亦非昏昧。凡吾人意识活动若联想概括,若回忆内省,固必基于此始得有之;乃至任何一点活动罔有不资借于此者。正惟**其资于此也**,乃所谓意识。

动物本能之知,即知即行,无所资借于经验而天然明确不误。吾人理智反之,任何一点认识,若不有多次经验之累积其能明确之耶?且经验之云,匪云经过一次或几次而已也;必也临事以敬,行动中不失自觉。若在生活上漫不经心,飘忽而过者,其亦得谓

[①] 瑜伽功夫即禅定功夫,义译亦称静虑,为唯识学所自出。此学从其解释宇宙人生自成一周密圆通之理论来说,应属哲学。然其立言多有静中察见之事实根据在,则此一部分又不异于科学也。通常人无其功夫,心不够静,故于其相、见、自证等四分之说体认不及。近世多有学者如章太炎等,误以为明儒所言良知便是自证分,吾旧著《唯识述义》第一册小注中曾辨其非。良知盖与这里所谈自觉相当。良知以自证分为其根柢,大约不错的;但粗细相悬,未可等同起来。其细何如?如唯识家言,"各识及其心所,现现别转,皆有四分。"心所者,具云心所有法,相当附于眼耳等识上的感情意志,似不难知。然如其遍行五心所(作意、触、受、想、思)为眼等识每一转现所恒具者,即非吾人辨认所及;对于此五心所各自具有相、见、自证等四分,将更何从而体认之乎?余请参看旧著《唯识述义》。

为有其经验乎？今人皆晓然于认识必资于实践之理，亦即谓：必行而后知，知皆从行来。然假使缺乏自觉如动物之生活于本能中，则行亦徒然虚有此行耳。何从而成就得知识耶？

不有经验，何有知识？不有记忆，何有经验？不有自觉，何有记忆？如是，如是。

或问：动物岂无记忆者，顾乃不能累积经验以成知识，是果何故耶？应当晓得，动物之有记忆原不同乎吾人。吾人记忆可说是有两种，而动物却只有一种。此其不同之由来，可一回顾吾前文之所云：

（动物）本能急切于知后之行（下略）。

（吾人）理智着重于行前之知（下略）。

在本能，是即知即行，知行合一，不分不隔。

在理智，知行之间往往很有间隔。间隔渺远者，离知于行，为知而知（下略）。

动物借本能以生活，毕生所事惟在图存而传种于后，其所知所行囿止乎此，莫能有外。

（以理智之反本能）人类生命遂得突破（图存、传种）两大问题之局限；人类生活虽同样地萦回于两大问题，但卒非两大问题所得而限之者。

盖动物之有知也，恒在引发其行动而已足。其心智与机体动

第六章　计划性

作密切相联若一，其有记忆不过寄于动作习惯之上耳。① 人类不然。借助于机体动作习惯（例如借歌诀韵语之成诵）以成其记忆者，固亦为其一种，而主要不在此。凡吾人之所谓知者，主要在知事物与我之关系意义如何，事物与事物间的关系意义如何（见上文）。而一切关系意义都是有待贯通前后左右以识取的，是抽象的（亦云共相），而非止集中当下具体之一点。其主要记忆正伏于**此贯通识取之前而为其必要（前提）条件者**；则非动物之所有也。动物不能成就得知识，其故在此。

在巴甫洛夫学说中，不有所谓第一信号系统、第二信号系统者乎？高等动物虽与人类同具有第一信号系统，但人类所兼具之第二信号系统却非任何动物之所有。所谓第一信号者，即具体的信号，从周围现实界直接给予机体视听等感觉的一种刺激，引起反应活动者是。所谓第二信号者，亦即信号的信号，指那些能用以刺激反射的语言、文字。动物于语声字形非不能有所辨识，但**不能理解其涵义**，则仍将归属第一信号而已，非所论于第二信号也。理解力为人类所独擅，亦即上文所云贯通前后左右以识取其间关系意义之能力也。**理智之云，正谓此耳。**

---

① 曾于某刊物上见有如下的记载：苏联生理学家列·克鲁辛斯基教授发展了巴甫洛夫学说，动物除了条件反射、无条件反射之外还有第三种"预测反射"或称"外推反射"。其基础在智力，是先天性的，但只有当某些高级动物积累了必需的经验以后，这种反射方能出现。——预测反射之发见足以见出高等动物走理智之路同于人类，足以见出生命之伟大不可思议。

据此而论，则有此预测反射之高级动物，其记忆非止限于动作习惯上的惯熟性而已，兼且有知识形成之萌芽矣。惜当时未记取此刊物之名称及其出版时期地点。

优于理智之人类即富有知识欲者,恒用心在理解客观事物间的关系意义,尤在识取所谓不依人们意志为转移的那些客观规律,一切自然科学、社会科学成就于此焉。吾人之能以控制乎自然的、社会的各种事物而操纵利用之,以达成一切主观意图者在此焉。

科学之成就盖非徒赖人们生活经验之自然累积也,尤在有意识地去取得经验,即所谓科学实验者。试看科学家一切调查研究分析实验之所为,不皆出于其自觉意图而为有规划地进行乎?是知识既为计划之所必资据,乃又借途于计划以产生知识也。知识与计划辗转相生,以至无穷,而无不有赖自觉作用在其间焉。是即所谓人类的意识活动,亦即人心计划性之充分发挥表现,夫岂任何动物之所可企及。

前文不尝言之乎:心为主宰之义;主谓主动,宰谓宰制;主动盖从自体而言之;其曰宰制,则对物而言之也。人类文明发展至于今日,此主宰之云,不既有可见乎?然且方兴而未已也。远为开宏之显示更在今后,如今日所有者殆未足数。此一预见自有其科学的理据在。

心对物的宰制能力,源于其计划性来。然任何一计划必资借于其相关之知识。计划性是天生的,知识却不是天生的。宰制能力还必待步步逐渐增长。贫于知识即细于计划之远古初民,处在洪水猛兽之大自然界中,其落于被动,忍受灾害而无从宰制乎物者在此。前人之赞言"知识就是力量"者亦即在此。自有人类以

第六章 计划性

来，知识固随时都有增进，而其系统化，专门化以成科学，则要在知识与计划辗转相生以加速进步之近数百年间耳。宰制能力茁然可见者，不亦正在近代以至今日乎？

知识随人类历史以俱进，其发展顺序盖亦有可言者。举其大端，则社会科学之确有成就远在自然科学之后是已。人类作为一动物，天生是要向外看的，是要向自然界争求生存的。以自然界一切为对象的自然科学，无疑地正是在长期从事向大自然作生存斗争中而得以慢慢成长起来。但社会科学却不同，它必从人类回顾——不是向外看——其社会的发生、发展一切演变历程而得来。其得以成就似必有待于如下各条件：（一）由长期又长期的生存斗争，大大发展提高了社会生产力，并从而不断改变了社会生产关系，达到近代资本主义社会这一阶段，乃有足供这一回顾考察研究的史实材料；（二）由于科学发达，社会上有了科学头脑的高级知识阶层，而其人又能在激烈的阶级斗争中深有感触于社会问题，乃引起这一回顾性的考察研究运动；（三）由于交通发达，乃得远适异方巡访未开化各族落，考察残存之原始社会及其演变之迹，为溯论古史搜获佐证；如此等等。

更当指出：自然科学所以必成功在先者，吾人对于无生命物质或虽有生命而少活动的生物发见并掌握其必然规律较易，而于社会人事则难也。盖知识原出自人心的计划性，将以为设订计划之准备，而人心的计划性惟于固定少变之事乃最适合，前于第一节曾言之。又第三节曾言"静以观物的态度"为人类理智所特具；知识之为物，虽于变化流转亦将节取而固定化之；并宜参看理会。是可知社会人事间的规律最难认取，社会科学之晚成良非一端也。

惟社会科学之晚出也，乃有如恩格斯在其论《社会主义由空想发展为科学》文中所指出：社会力量（意指近代资本主义社会生产力）当其未被人类所认识和掌握，便一如自然力最之电若火一样，发生着盲目、强制和破坏作用，演为剧烈灾祸（意指"生产过剩"）。而在科学的社会主义指引下，一旦社会掌握生产资料时，社会生产内的无政府状态为有计划的自觉的组织所代替，然后人们的社会生存一直是作为自然界和历史强加于他们，或不免跟他们相对立的，乃从这时起人们开始完全自觉地创造自己的历史。于是"人们第一次成为自然界的真正的和自觉的主宰"，"这是人类从必然王国进入自由王国的飞跃"。[①]

在这里恩格斯更有一语颇堪注意——

> 个人的生存竞争停止了；因此，人在这时——在某种意义上最终地——脱离了动物界。

如我所理解：要必待科学的社会主义之指引，乃能进入共产社会；必待共产社会而后阶级与国家可以消除，世界大同，人类协

---

① 据《马克思恩格斯文选》（两卷集），莫斯科外文书籍出版局，1955年版，第二卷，第152页。

调若一。一向为生存竞争而受牵掣于种种本能冲动，**多所障蔽的人心**，至此乃始解除障蔽与隔阂，而和洽相通。人们乃不复在彼此竞争、斗争上耗用其心思力气，而同心一力于凭借自然，创造文化；利用自然，享有文化。说人类最终脱离了动物界者，其必指此乎？我说人心方将大大（大有过于今日）显示其主宰之义于即可预见之未来者，亦正谓此也。

第七章　我对人类心理的认识前后转变不同

第一节　意识与本能比较孰居重要

今将一谈我对人类心理的认识前后转变不同。此一前后不同的转变,颇有与近世西方心理学界的思想变迁情况相类似者,即从看重意识转而看重本能是也。但此非我最后之转变;最后之转变将于下一节言之。

我曾多次自白,我始未尝有意乎讲求学问,而只不过生来好用心思;假如说我今天亦有些学问的话,那都是近六七十年间从好用心思而误打误撞出来的。

由于好用心思,首先就有了自己的人生观,而在人生观中不可能不有一种对人类心理的看法;此即我最初对于人类心理的认识。大约我自十岁以至廿六岁前后应划属于这初一阶段的;在此阶段中我大体上是看重意识而忽于本能。——当时并不晓得何谓意识,何谓本能;此不过后来回想当初所见是如此。

第七章　我对人类心理的认识前后转变不同

我十岁光景似乎就渐有思想；这思想当然是从家中亲长之启发而来。先父在当年是忧心国事而主张维新的人。他感受近百年历次国难的刺激，认定中国积弱全为文人所误。文人惟务虚文，不讲实学，不办实事；而西方国家之所以富强正在其处处尚实也。父既深恨一般读书人随逐颓风，力求矫正，形著于日常言动之间，遇事辄以有无实用为衡量，于是就感染到我。我少年时志向事功，菲薄学问（特指旧日书册之学），其思想恰为浅薄的功利主义一路。如今日之所谓文学、哲学——尔时尚无此等名堂——皆我所不屑为。然而好用心思的我却不知不觉在考虑到：人世间的是非善恶必在利害得失较最上求得其最后解释。这恰与近代西洋人——特如英国的边沁、穆勒——的人生思想相近。

我常常说我一生思想转变大致可分三期，其第一期便是近代西洋这一路。从西洋功利派的人生思想后来折反到古印度人的出世思想，是第二期。从印度出世思想卒又转归到中国儒家思想，便是第三期。凡此皆非这里所及详。

前所云我初一阶段对于人类心理的认识只在其意识一面，就是随着功利主义的人生思想所自然地带来的一种看法。那即是看人们的行动都是有意识的，都是在趋利避害、去苦就乐的。西洋近世经济学家从欲望出发以讲经济学，提倡"开明的利己心"，其所见要亦皆本于此。我以此眼光来看世间一切人们的活动行事，似乎一般亦都解说得通。既然处处通得过，便相信人类果真如此。如所周知，看重意识正是西方近世心理学界的一般风气，仿佛所谓心理学就是意识之学。我初不曾想研究什么心理学,却当年我的见地亦一度落归到此。

第一期功利思想以为明于利害即明于是非,那亦就是肯定欲望而要人生顺着欲望走。第二期出世思想则是根本否定人生而要人消除欲望,达于彻底无欲之境。这是因我觉悟到人生所有种种之苦皆从欲望来;必须没有欲望才没有苦。在人生态度上虽然前后大相反,却同样从欲望来理解人类生命,不过前者以欲望为正当,后者以欲望为迷妄耳。关于我人生态度的转变此不及谈;但须点明在人类心理的认识上,前后相沿,此时尚未超出初一阶段。

此时所见虽说尚未超出初一阶段,却实隐伏转变之机。盖先时(功利思想时)多着眼人们欲望的自觉面,亦即其主动性;并力求人生之能以清明自主,如所谓"要从明于利害以明于是非"者是。而到此时,却渐渐发见人们欲望的不自觉面,亦即其盲目性、机械性或被动性,正有如佛家所斥为迷妄者是。欲望的不自觉面、欲望的被动性何指?此指欲望之为物,实以种种本能冲动为其根本,而意识只居其表面也。先时之看重意识实属粗浅之见,只看到外表,殊未能深察其里。且人当本能冲动强烈时,生死非所顾,又何论于利害得失?非但本能强奋时也,人在平时一颦一笑或行或止之间,亦为情感兴致所左右耳。岂能一出于利害得失计较之为耶?好用心思的我,恒时不停止地观察与思考,终于自悟其向者之所见失于简单浅薄,非事理之真。

第七章　我对人类心理的认识前后转变不同

人之所以高于动物者,信在其理智之优胜,一言一动罔非通过意识而现。然事实上其通过意识也,常不免假借一番说词(寻出一些理由),以自欺欺人(非真清明自主而以清明自主姿态出现)而已。是感情冲动支配意识,不是意识支配感情冲动。人类理智之发达,不外发达了一种分别计算的能力。其核心动力固不在意识上而宁隐于意识背后深处。莫忘人类原从动物演进而来,凡生物所同具之图存传种两大要求在其生命中无疑地自亦植根甚深,势力甚强也。研究人类心理正应当向人们不自觉、不自禁、不容已……的那些地方注意。于是我乃大大看重了本能及其相应不离的感情冲动。就在我自己有此转变的同时,我发见一向看重意识的西方学术界同样转而注意于本能、冲动、潜意识(一称下意识)、无意识……这方面来,乃更加强我的自信。此即我在人类心理的认识上从初一阶段之进入次一阶段。

当时加强我之自信的西方学术思想可约略举出如次。

最先我看到英国哲学家罗素在第一次世界大战后写出的《社会改造原理》一书[①]。他开宗明义第一章第一节就说他"从大战所获得的第一见解,即什么是人类行为的源泉……"他指出这源泉就在冲动(impulse)。试看战争不就是破坏、不就是毁灭?不论胜者败者同不可免。然而冲动起来,世界千千万万人如疯似狂,甘遭毁灭而不顾。他说以往人们总认为欲望是人类行为的源

[①] 此书在国内似有几种译本,我所见者为余家菊译本,1920年出版。又其英文原著亦曾购得阅之。

泉,其实欲望只不过支配着人类行为较有意识亦即较开化的那一部分而已。在这里,他是把欲望和冲动分别对待说的。其实欲望仍然以本能冲动为核心,只表面上较文明一些。罗素总分人们的冲动为两种。一种,他谓之"占有冲动",例如追求名利美色之类。另一种,他谓之"创造冲动"。这与前者恰相反。占有是要从外面有所取得而归于自己;创造则是自己的聪明力气要向外面使用出去。科学家、艺术家工作起来往往废寝忘食,固属此例;实则一般人们每当研究兴趣来时,或任何活动兴趣来时,不顾疲劳,皆其例也。一切舍己为人的好行为亦都是出于创造冲动。罗素认为近世以来资本主义社会鼓励人的占有冲动,发展了人的占有冲动,而抑制、阻碍人的创造冲动已经到了可怕的地步。所以现在必须进行社会改造,在改造上必当注意如何使人们的创造冲动得以发挥和发展,而使占有冲动自归减退。

当时我最欣赏和佩服罗素的,是其主张人的本能冲动必得其顺畅流行发展方好,而极反对加以抑制摧残。抑制将让人生缺乏活气,而摧残易致人仇视环境,转而恣行暴戾。我觉得他颇接近中国古代儒家思想了[1]。

在此同时,我又见到麦独孤(McDougall)《社会心理学绪论》一书[2],突出地强调本能,最足表见西方心理学界从看重意识改

---

[1] 罗素后来写有《论教育》(*On Education*)一书,在艾华编著《古希腊三大教育家》中附有摘译,同可见出其重视本能冲动之思想。又此所云儒家自是尔时我思想中的儒家。

[2] 麦氏此书有刘延陵译本,上海商务印书馆出版。

而看重本能之一大转变。麦氏自序中首先指出心理学对于各门社会科学最关重要的,是其论及人类行为源泉的那一部分;然而心理学一向最晦涩且杂乱无所成就的恰亦在此。在一般社会科学家们,当其讲伦理或讲经济或讲政法或讲教育等各门学问时,亦从来不注意有必要先求明确人类心理那些有关问题以为其学说建好基础,辄复各逞其臆想或假设的前提以从事。试即以伦理学界为例,其通常流行的说法不外两种。一种是见到人们的意识总在苦乐利害之取舍趋避,便将其理论和理想建设于其上;此即功利主义之一流。另一种不甘于此浅见的,则认为人天生有道德的直觉,或良心,或某种高尚本能;此即神秘主义之一流。麦书指斥这两种同为不科学的无根之谈,即其指斥于人者以求之,而此新派学问之所本盖可见。

功利主义一流着眼在人心之意识一面,是与旧心理学如出一辙的。旧日心理学家之治学也,不外从个人以内省法冷静地进行分析描写其中知的方面入手。正为如此,所以心理学就落归意识之学,而其隐于意识背后实际上为人们一切行为活动之原动力的,就被忽略而晦涩不明。新派学者如麦氏,盖受启发于达尔文主义(人从动物演进而来),而大得力于比较心理学(动物心理学)之研究。其治学也,要在观察一般人种种行动表现而体会其动机,探讨其原动力。其发现支配人的行动者恒在衍自动物的种种本能,而意识殆不过居于工具地位,从而大大看重本能及其相应的感情冲动,自属当然。对于前一种的设想,其何能不斥为无根之谈乎？当其无从为神秘主义者之所云"直觉"、"良心"、"本能"求得其在动物演进中的来历根源也，则宜其又斥后一种说法为无根、为不科学矣。

麦书有颇见精辟之论。如其指驳伦理学名家雪德威教授（Prof. H. Sidgwick）是其一例。伦理学上的功利派一向是说人们的行为自然地都会择善（利）而从。雪德威思想不属功利派，却同样地认定人们行为之合理是其自然之常，而著作一专文申论何以人们时或亦会有不合理的行为（unreasonable action）。麦氏本其治学观点尖锐地反诘说：人类行为原起于本能冲动，而这些本能冲动固从动物（野兽）衍来，当其在生存竞争自然演进的年代中怎能料想要给未来的文明社会生活做好准备？所以事实正和雪德威所说的相反，人们行事合理非其自然之常，而不合理倒很自然的。当前有待学者研究解释的问题，乃是：何以人们到了文明社会居然会有合于道德理想的行为？中国古时荀子说"人之性恶，其善者伪也"；伪即人为之义，非其自然。不意其理论根据今乃于麦书见之。

麦书强调本能有合于我当时之所见，顾其必以道德为后天之矫揉造作则滋我疑惑。适又看到克鲁泡特金名著《互助论》及其《无政府主义的道德观》一小册，乃大得欣慰。《互助论》从虫、豸、鸟、兽以至原始人群搜集其同族类间生活上合群互助的种种事实，证明互助正是一种本能——可称社会本能——在自然选择中起着重要作用而逐渐得到发展来的。以往进化论者单讲"物

第七章　我对人类心理的认识前后转变不同

竞天择"一义，失于片面，至此乃得其补充修正。此显有不同于神秘主义一流，而为可信之科学论证。在其论道德的小册中，更直言"吾人有道德感觉是一种天生的官能，一同于其嗅觉或触觉"(The moral sense is a natural faculty in us, like the sense of smell or of touch)。此不惟于中国古时性善论者之孟子为同调，抑且其口吻亦复逼肖。

后来又看到欧美学者间之言社会本能者固已多有其人。西洋旧说，人类之所以成社会是由于自利心的算计要彼此交相利才行。讲到伦理学上的利他心，总说为从自利心经过理性①推广而来。如此等等，无非一向只看人的有意识一面，而于本能和情感之为有力因素缺乏认识。现在则认识到社会组成实基于本能而非基于智力（智力宁助长个人主义），学术界风气丕变。从一向主知主义(intellectualism)之偏尚，转而为主情主义、主意主义(emotionalism, voluntarism)之代兴。其在心理学界新兴各派（如弗洛伊德之倡精神分析等），虽着眼所在种种不一，为说尽多不同，然其为西洋人之眼光从一向看重意识转而看重到其另一方面则似无不同。

如上所举诸家之言（尚多未及列举）足以见西洋学术思潮之变者，皆曾被我引入《东西文化及其哲学》一书，用来为我对人类心理的新认识张目；同时亦即用以证成我当时对人类文化前途之一种论断。此书出版于1921年，在人生态度上表见我于出世思

---

① 此处之理性一词相当于理智，而非后文我之所谓理性。

想既经舍弃,而第三期儒家思想正在开端;同时亦即代表我对人类心理既舍弃其旧的认识,正进入次一阶段,尚未达于最后。

所谓我对人类文化前途之一种论断何指?此指书中论断:人类社会发展在最近的未来,无疑地要从资本主义阶段转入社会主义阶段;随着社会经济这一转变的到来,近代迄今盛极一时向着全世界展开的西洋文化即归没落,而为中国文化之复兴,并发展到世界上去。

此看似关涉许多方面的一绝大问题之论断,而归本到人身上则所指要不过其精神面貌的一种变化,可以简括言之如次:

> 处在资本主义下的社会人生是个人本位的;人们各自为谋而生活,则分别计较利害得失的狭小心理势必占上风,意识不免时时要抑制着本能冲动,其人与人之间的感情是很薄的(如《共产党宣言》中之所指摘)。同时,作为阶级统治的国家机器不能舍离刑赏以为治(此不异以对付犬马者对人),处于威胁利诱之下的人们(革命的人们除外)心情缺乏高致,事属难怪。——此即人类即将过去的精神面貌。
>
> 转进于社会主义的社会人生是社会本位的;大家过着彼此协作共营的生活,对付自然界事物固必计较利害得失,却不用之于人与人之间;在人与人之间正要以融和忘我的感情取代了分别计较之心(如所谓"人不独亲其亲、子其子")。同时,阶级既泯,国家消亡,刑赏无所用而必定大兴礼乐教

化,从人们性情根本处入手,陶养涵育一片**天机活泼而和乐恬谧**的心理,彼此顾恤、融洽无间。——此则人类最近未来的新精神面貌。

不言而喻,前者正是近代以来肇始于欧美而流衍于各处的所谓西洋文化;但何以便说后者取代前者就是中国文化的复兴呢?后者诚非中国古老社会所曾有过的事实,然却一望而知其为两千多年间在儒书启导下中国人魂梦间之所向往,并且亦多少影响到事实上,使得中国社会人生有所不同于他方(具如旧著《中国文化要义》之所阐述)。作为一个中国人的我,预见到世界未来景象如此,就径直目以为中国文化之复兴,要知道:后者原是人类文化发展的前途,不可能出现于早;却竟然早在中国古时出现了一点影子。——它只能是一点影子,不可能是具体事实。

《东西文化及其哲学》之所为作,即在论证古东方文化如印度佛家、中国儒家,均是人类未来文化之一种早熟品;因为不合时宜就耽误(阻滞)了其应有的(社会)历史发展,以致印度和中国在近代世界上都陷于失败之境。但从世界史的发展而时势变化,昨天不合时宜者今天则机运到来。其关键性的转折点即在当前资本主义之崩落而社会主义兴起。此一转变来自社会经济方面,却归根结果到人类心理上或云精神面貌上起变化。此一变化,在我当时(四五十年前)对人类心理的认识上,我只简单地把它归结到一个"意识与本能"的问题。

就其来自社会经济方面而言,固非任何人有意识地在求转变;其转变也,实为人们始料所不及。但此非有意识地转变,却恰好来自社会上人们的个人意识活动(各自为谋)。比及其转变趋势之所必至,被有识之士(马克思、恩格斯等共产党人)科学地预见到以后,乃始有意识地去推动其转变。最近未来共产社会之建设成功,无疑地应属人类自觉地创造其历史时代。然而恰好此意识明强的伟大事业运动,却必在其全力照顾到人们意识背后的本能及其相应的感情冲动——大兴礼乐教化陶养涵育天机活泼而**和乐恬谧**的心理——乃得完成。

在中国古代,儒墨两大学派是相反的。墨家是实利主义者,只从意识计算眼前利害得失出发,而于如何培养人的性情一面缺乏认识①。儒家则于人的性情有深切体认,既不忽视现实生活问题,却更照顾到生命深处②。我当初正是从儒墨两家思想的对勘上来认识儒家的;同时,亦即在其认识人类心理之深或浅上来分别东方(古代)与西方(近代)。这从下面我当时称赞儒佛的话可以看出:

---

① 墨子从其实利主义的观点极不了解儒家的礼乐而加以反对,既见于墨子书中,亦备见于其他各书之评述墨子者,此不列举。其见解不免浅近,但要知道其精神是伟大的。正为他是一个伟大的"非个人主义"者,所以其实利主义乃能成立。

② 墨子之所留意者殆不出现实生活问题。《论语》中如"足食、足兵",如"庶矣富之""富矣教之"诸所指示,既见儒家同样不忽于此,而如《乐记》、《学记》诸篇更见其于生命深处体认甚勤,照顾甚周,求之墨家绝不可得。

第七章　我对人类心理的认识前后转变不同

最微渺复杂难知的莫过于人的心理，没有彻见人性的学问不能措置到好处。礼乐的制作恐怕是天下第一难事，只有孔子在这上边用过一番心，是个先觉。世界上只有两个先觉：佛是走**逆着去解脱本能**路的先觉，孔是走**顺着来调理本能**路的先觉。（《东西文化及其哲学》一九九九年版，第一九九页）

东方古人早已看到的，今天西方人却刚看出来而当作新鲜道理大加强调。所谓东方西方一深一浅者在此；所谓儒佛皆为人类文化之早熟者在此；所谓世界最近未来中国文化必将复兴者，无不在此。

第二节　理性与理智之关系

上一节之所云云皆属四十五年前事①。尔时对于人类心理的认识自以为有得，而实则其中含混不清之问题尚多。当《东西文化及其哲学》未成书时，满怀兴奋，不自觉察。书既出版，胸次若空，问题渐以呈露，顿悔其出书之轻率，曾一度停止印行。其后复印，则加一序文声明书中杂取滥引时下心理学来讲儒家实属错误。一九二三——一九二四之一学年在北京大学开讲儒家哲学，即

---

① 此节文字撰写于 1964 年。

在纠正原书之误,但口授大意,未成书文。一九四九年出版之《中国文化要义》,其第七章约可代表新认识而不能详。今在此一节叙出我对人心之最后认识,仍必从往时如何错误说起。

简明地指出往时错误,即在如下之三者间含混不清：

一、动物式的本能(有如麦独孤、弗洛伊德等思想中的)；

二、著见于某些动物和人类的社会本能(有如克鲁泡特金及其他学者思想中的)；

三、人类的本能(有如孟子所云"不学而能,不虑而知"的)。其所以漫然不加分别,实为当时矫正自己过去之偏看意识一面而太过看重了其相对之另一面,亦即相信了克鲁泡特金对人类心理的(本能、理智)两分法,而不同意罗素的三分法。

罗素在其《社会改造原理》一书中,曾主张人生最好是做到本能、理智、灵性三者谐和均衡的那种生活。所谓灵性,据他解说是以无私的感情为中心的,是社会上之所以有宗教和道德的来源[1]。我当时颇嫌其在本能之外又抬出一个灵性来有神秘气味,远不如克鲁泡特金以无私感情属之本能,只以道德为近情合理之事,而不看作是特别的、高不可攀的,要妥当多多[2]。迨经积年用心观察、思考和反躬体认之后,终乃省悟罗素是有所见的,未可厚非。

关于人心是从动物式本能解放出来的,与所谓互助合群的本

---

[1] 罗素原书于此系用 spirit 一词,经译者译为"灵性"；又其原文 impersonal feeling,我今以"无私的感情"译之。

[2] 详见《东西文化及其哲学》,第 183—185 页。

第七章 我对人类心理的认识前后转变不同

能亦非一事,不容混同,在前几章中既有所阐明,读者不难回忆。既然本能、理智的两分法失于简单,不足以说明问题,于是我乃于理智之外增用理性一词代表那从动物式本能解放出来的人心之**情意方面**。《中国文化要义》第七章即本此立言,读者可取而参看。又上文(第六章第七节)所谈无私的感情,亦具见大意。以下申论理性与理智之关系,除行文有必要外,将力避重复。然而在某些重要意义上却又必将不厌重言以申之也。

何为在理智之外必增一理性?

浑括以言人类生命活动,则曰人心;剖之为二,则曰知与行;析之为三,则曰知、情、意。其间,感情波动以至冲动属情,意志所向坚持不挠属意,是则又就行而分别言之也。在动物本能中同样涵具知、情、意三面,麦独孤论之甚详。然其特色则在即知即行,行重于知;而人类理智反之,趋于静以观物,其所重在知焉而已。理性之所为提出,要在以代表人心之情意方面;理性与理智双举,夫岂可少乎?

或曰:人不亦有本能乎?设以人的情意方面归属于其本能,有何不可?应之曰:"从与生俱来而言,理智亦本能也"(见前第六章第三节)。然若不加分别,则此种后起之反乎本能的倾向,即无从显示出来。必分别之,乃见吾人之生命活动实有其在性质上、在方式上彼此两相异者在。今以反本能的倾向之大发展而本能之在人者既已零弱,其情意隶属于本能者随亦式微矣;夫岂可以人的一切情意表见不加分别举而归之本能耶?指点出此情意在其性质上、其方式上不属本能者,即上文所云无私的感情是已(其特征在感情中不失清明自觉)。而理性之所以为理者,要亦在此焉。

析论至此,对于所谓无私的感情其必有一番确切认识而后可。首先当辨其与所谓社会本能之异同。

所谓社会本能,盖某些学者指互助合群的种种行动之著见于某些动物与原人者。小之征见于雌雄牝牡之间,亲与子之间,大则见于同族类之间。此其必由生物传种问题而来,无可疑也。两大问题,种族繁衍更重于个体生存;是故亲之护惜其子,往往过于自爱其生命;抗御外敌,分子不难舍己以为其群。据云索照蓝在其《道德本能之原始与生长》一书(Alex Southerland, *Origin and Growth of Moral instinct*)具有详细之例证与论述[1]。若此不私其身之出于本能者,与我所谓无私的感情之在人者,究竟为同为异,其如何以明辨之乎?

前曾言之:生物生命托于机体以为中心而联通乎一切,既有其局守之一面(身),更有其通灵之一面(心);生物进化即生命从局向通而步步发展,随其生物之高下不等而其**通**的灵敏度(广度、深度)亦大为不等(见前第六章第五节)。本能地不自私其身之在动物与无私的感情发乎人心,罔非此通的一种表现,虽二者不相等而其为一事之发展也,谁能否认之乎?——此言二者固有其相同之一面。

---

[1] 此据麦独孤著《社会心理学绪论》,商务印书馆版中译本,第75—76页。

第七章　我对人类心理的认识前后转变不同

然而吾在前又尝言之矣——

各项本能都是围绕着两大问题而预为配备的方法手段,——皆是**有所为的**。因之,一切伴随本能而与之相应的感情亦皆有所为而发(从乎其利害得失而发)。不论其为个体,抑为种族,其偏于局守一也;则其情谓之**私情**可也。人类固不能免于此,却殊不尽然。(见前第六章第七节)

无私者廓然大公盖从其通而不局以言之也。若本能地不私其身以为种族,则如今之所谓较大范围的本位主义,仍有其所局守者在焉,岂得言无私乎?——此言二者同中有异,不可不辨。其异在本质(出于本能或不出于本能)非徒在等差之间也。

人类为动物之一,原自有其本能,因而亦不免于私情之流行,却殊不必然、不尽然。试即父母本能(parental instinct)为例以明之。此在人类以理智反本能之发展大不似其他动物之完足有力,而必待社会制度与习惯之形成于后天以济之。心理活动一般依傍于制度与习惯,其出于(父母)本能或出于理性,乃难语乎(父母)本能,尤难语乎理性,事实复杂万状盖无一定之可言者。其或有溺爱不明,则落于本能之私者也;其或有冷漠寡恩①,则本能不足而理性复不显也。一般言之,应离本能不远,苟无悖理性

---

① 往时尝见富贵之家耽于逸乐,不自劬育其子女,付之婢媪,或累日不一顾。又尝闻一边僻之区有"溺女"之禁,则以有窘于生计者无力哺育,产女辄或溺之也。凡此皆不可能于动物见之。

（有悖理性即陷于本能），则只可云常情，无所谓私情也。惟若"好而知其恶，恶而知其美者"①乃信乎大公无私，是则人类理性之发用流行也；虽不多见，岂遂无其事乎？

再举例以明之。常说的"正义感"，非即感情之无私者乎？吾书既借《论持久战》指点人如何用兵作战，如所云主动性、灵活性、计划性者，以说明人心之妙用；顾于人心纯洁伟大光明公正之德尚未之及焉。今当指出人心之德有其好例，即在该文对于战争必先分别其为正义战或非正义战者可以见之。为革命而战是正义的，反革命非正义；侵略之战非正义，反侵略是正义的。于此际也，无产阶级不私其国、不私其族，而惟正义之是从，利害得失非所计也。利害得失在决心作战之后为作战而计较之，是人心之妙用，非所论于其战或否之从违也。利害得失在所不计，是之谓无私。

理智者人心之妙用；理性者人心之美德。后者为体，前者为用。虽体用不二，而为了认识人心有必要分别指出之。

罗素三分法之所以有胜于两分法，吾卒不能不服其确有所见者，即在其特别提出无私的感情于本能之外。其原文 spirit 一词，中文以灵性译之似未善。在罗素以此为人世所以有宗教和道德的心理基础，固未为不当。但他以此与本能、理智三者平列并举，对于人心原为一整体来说则有未安耳。至于我所说理性与彼所

---

① 此语出《礼记·大学篇》，其下文云："谚有之曰'人莫知其子之恶，莫知其苗之硕'。"

第七章 我对人类心理的认识前后转变不同

说 spirit，二者不相等同，读者其必察之。

自我言之，理智、理性各有其所认识之理。理智静以观物，其所得者可云"物理"，是夹杂一毫感情（主观好恶）不得的。理性反之，要以无私的感情为中心，即以不自欺其好恶而为判断焉；其所得者可云"情理"。例如正义感，即对于正义（某一具体事例）欣然接受拥护之情，而对于非正义者则嫌恶拒绝之也。离开此感情，求所谓正义其可得乎？然一切情理虽必于情感上见之，似动而非静矣，却不是冲动，是一种不失于清明自觉的感情。冲动属于本能。人当为正义而斗争时往往冲动起来，此即从身体上发出斗争本能了。

本能是工具，是为人类生活所不可少的工具。正以其为工具也，必当从属于理性而涵于理性之中。本能突出而理性若失者，则近于禽兽矣。人在斗争中，往往互以"不讲理"斥责对方；此实即以无私相要求，而丑诋对方之不公。因为理（不论其属情理抑属物理）都是公共的，彼此共同承认的。人之怀私或不自觉，固出于本能；其自觉者（有意识的），亦根于本能。然假使不有无私的感情之在人心，其将何以彼此相安共处而成社会乎？

人与人之间，从乎身则分隔（我进食、你不饱），从乎心则虽分而不隔。孟子尝举"今人乍见孺子将入于井"必皆怵惕恻隐，以证人皆有不忍人之心，是其好例①。人类生命廓然与物同体，

---

① 孟子原文云："所以谓人皆有不忍人之心者，今人乍见孺子将入于井，皆有怵惕恻隐之心，非所以内交于孺子之父母也，非所以要誉于乡党朋友也，非恶其声而然也。"

其情无所不到①。凡痛痒亲切处就是自己,何必区区数尺之躯。惟人心之不隔也,是以痛痒好恶彼此相喻又相关切焉。且要为其相喻乃相关切,亦惟其关切乃更以相喻。人类之所由以成其社会者端赖于此,有异乎动物社会之基于其本能。盖人之各顾其私者或出于无意识或出于有意识,要各为其身耳②。惟借此不隔之心超乎其身,乃有以救正其偏,而为人们共同生活提供了基础。

说人心之不隔,非第指其在人与人之间也,更言其无隔于宇宙大生命。读者请回顾吾书前文(第六章第五节)之所云:

> (上略)生命发展至此,人类乃与现存一切物类根本不同。现存物类陷入本能生活中,整个生命沦为两大问题的一种方法手段,一种机械工具,浸失其生命本性,**与宇宙大生命不免有隔**。而惟人类则上承生物进化以来之形势,而不拘泥于两大问题,得继续发扬生命本性,至今奋进未已,巍然为宇宙大生命之顶峰。(中略)
>
> 在生物界千态万变,数之不尽,而实一源所出。看上去若此一生命彼一生命者,《其间可分而不可分》。说"宇宙大生命者",是说生命通乎宇宙万有而为一体也。(下略)

一切生物(人在其内)莫不各托于其机体(身)以为生,然现

---

① 此云"廓然与物同体"之"物"字赅括他人他物在内,非必是物也。
② 此云"各为其身"之"身"非必止于一身,盖兼括身之所有者一切而言之。

存物类以其生活方法随附于其机体落于现成固定之局也,其生命遂若被分隔禁闭于其中焉;所得而通气息于广大天地者几希矣。人类则不然。机体之在人,信为其所托庇以生活者,然譬犹重门洞开、窗牖尽辟之屋宇,空气流通何所隔碍于天地之间耶?人虽不自悟其宏通四达,抑且每每耽延隅奥而不知出,然其通敞自在,未尝封锢也。无私的感情时一发动,即此一体相通无所隔碍的**伟大生命表现耳**。岂有他哉!

无私的感情虽若秉赋自天,为人所同具,然往往此人于此发之,而彼人却竟不然;甚且同一人也,时而发动,时而不发动,没有一定。此与动物本能在同一物种彼此没有两样,代代相传如刻板文章者,显非同物。盖本能是为应付两大问题而预先配备好的方法手段,临到问题不得不然;而此恰是从本能解放出来的自由活动,旷然无所为而为。克鲁泡特金、索照蓝等诸家之误,在其混同不分,尤在其误作一种官能来看待道德的心,错认无所为者有其所为。

麦独孤的错误,表面不相同而其实则相同。表面不相同者:麦书力斥人心特有一种道德直觉(良心)之说为神秘不科学,否认人性本善。其实则相同者:他主张必于人心进化的自然史中从其衔接动物本能而来者求之,乃为有据。是即把人类道德的心理基础认为只能是在人类生活上有其一定用处的,亦即**必有所为**的。——其意若曰"设若无所为,它何从而来?岂非神秘?!"

殊不知道德之惟于人类见之者,正以争取自由、争取主动不断地向上奋进之宇宙生命本性,今惟于人类乃有可见。说"无所为而为"者,在争取自由、争取主动之外别无所为也。在一切现存物类——它们既陷于个体图存、种族繁衍两大问题上打转转的刻板生活而不得出——此生命本性早无可见,从而也就没有什么道德不道德可言。论者必求其所为,必以为于两大问题上有其用处可指(如各官能或本能)乃合于科学而不神秘,以此言生物科学内事则可,非所语乎人心之伟大——今天宇宙大生命顶峰的人类生命活动。

人类之出现——亦即人心之出现——是在生物进化上有其来历的,却不是从衔接动物本能有所增益或扩大而来。恰恰相反,人类生命较之动物生命,在生活能力上倒像是极其无能的。此即从理智反本能之发展而大有所削弱和减除,从一事一事预作安排者转向于不预作安排,而**留出较大之空白余地来**①。正为其所削减者是在两大问题上种种枝节之用,而**生命本体(本性)乃得以透露**,不复为所障蔽。前于第六章第四节曾说:

> 理智之发展也,初不过在生活方法上别辟蹊径,固将更有以取得两大问题之解决。然**不期**而竟以越出两大问题之外焉。此殆生命本性争取灵活、争取自由有不容已者欤。

---

① 此处"留出较大之空白余地"之云,与第五章所云"从分工以言之,则各事其事于一隅,而让中央空出来不事一事。从整合以言之,则居中控制一切乃又非其事者。空出一义值得省思……",又"在机体构造上愈为高度灵活作预备,其表见灵活也固然愈有可能达于高度;然其卒落于不够灵活的分数,在事实上乃且愈多。此以其空出来的高下伸缩之差度愈大故也",均宜参看互证。

读者不难会悟人类行为上之见有理性，正由生命本性所显发。从生物进化史上看，原不过要走通理智这条路者，然积量变而为质变，其结果竟于此开出了理性这一美德。人类之所贵于物类者在此焉。世俗但见人类理智之优越，辄认以为人类特征之所在。而不知理性为体，理智为用，体者本也，用者末也；固未若以理性为人类特征之得当。

克鲁泡特金、索照蓝、麦独孤之论，矫正一般偏重意识（理智）之失，而眼光之所注不出本能，抑亦末也；惜乎其举皆见不及此也！

第八章　自然与人、人与自然之间的关系

如上各章对于人心人生似已阐说不少,但还须于人心人生所由以形成如今者稍加回溯,乃得通透明切地了解之。兹先从(甲)自然方面言之,次更从(乙)社会方面言之(此见下一章)。

据说,马克思并不认为"人的本性"一开始就是永远规定好,现成的和不变的;它是发展的产物[①]。此非即吾人今所欲言者乎?在马克思各著作中,有关人类生命性能的其他言论足为吾人参考印证之资者盖不少,后此当随文举征。又若恩格斯《劳动在从猿到人转变过程中的作用》和《家庭、私有制和国家的起源》两大著述,其所启示于吾人者则尤多而且重要;凡此将备见于后文。

(甲)自然与人,人与自然之间的关系,可分从两方面言之:人类的生存依赖于自然,不可一息或离,人涵育在自然中,浑一不分;此一方面也。其又有一面,则人之生也时时劳动而改造着自

[①] 吾书于1960年开始着笔,进行徐缓,至1966年夏写出前七章之后,突因参考用书及储备资料尽失,为之搁笔者5年于兹矣。今1970年5月重理旧业,乃续写此第八章。此时参考用书全从友人觅借,颇有往日所未及见者,凡有征引,随文注明。此语转引自波兰弗里茨汉著《马克思所理解的"人的本质"》一文,该文见《人道主义人性论研究资料》(第二辑),第21页,商务印书馆,1964年出版。

然，同时恰亦就发展了人类自己；凡现在之人类和现在之自然，要同为其相关不离递衍下来的历史成果，犹然为一事而非二。

如上所云前一方面关系曾在上文第六章第五节指出之，即谓：**必要联系着生物有机体所资赖以生活的自然环境条件而扩大来看待一个有机体，必不容划分开孤立地静止地看它**。人的个体生命寄于此身，而不以此身为限。此身——人的有机体在空间上见为有限者，要无非以周身皮肤为界而分别若内若外耳。然皮肤在一方面言之，信有其对外防卫戒备之用；却从另一面看，正亦是机体与外方交通联系之具，而非为一种限止隔断。须知此身与身外他物若有间隔处，非是空虚无物的。宇宙间固无任何处空虚无物者，不论"以太"弥漫充布之说果否为物理学定论，要之此见为空虚者恰不空，且为吾人实际生活密切资赖之所在，同乎其他见为不空虚之饮食衣被，无二致也。宇宙万有相联相通，人生息于自然界中，浑乎其不可分。马克思尝谓："**自然界是人的非有机的躯体**"，其意义当即在此①。

又须知，此前一方面关系若为人类与其他生物、动物之所同者，而实不必然，不尽然。是在上文第五节中亦既言之：过去生物进化总是从局向通而发展前进的，故尔一方面一切生物说通都是通的，而另一方面论其通的灵敏度乃大为不等。人类而外，现存生物各视其在进化程中所进之度可决定其通灵之度。现存生物既各止于其所进之度矣，其通灵之度即各有所限，于宇宙大生命

---

① 转引自《人道主义人性论研究资料》（第二辑）第29页。

之一体性都不免有隔。惟人类生命根本不同,只见其进,未见其止,其通灵之高度谁得限定之耶?是以惟独人类斯有可能亲切体认到宇宙一体性。

宇宙无其极限之可言,则通乎宇宙为一体的人类生命其亦无所限也,明矣。惟其然也,一切皆吾人生命内事,更无所谓外者。据说,"马克思本人从不用'利他主义'一词"①;盖关切心情发之自我,又何利他之云乎?嫌其妄有所外视,故不足取也。在生命固无所谓外矣,内亦不立。譬如细菌病毒为患于人,虽在此身内脏血脉间,对于生命来说既是一遭遇须要对付之事,则其非内也岂不明白。人的生命不以身为限,既无外,亦无内,读者识之。

此前一方面关系,先于第六章各节既有所指出,可请参看前文;这里有待阐说的,是后一方面关系。

后一方面关系即人与自然有若对立的关系。人原从自然界生物演进而来,在生活上一息也离不得广大自然界,是固自然界之一物,同乎其他动物也。顾人们乃每每自外于自然,独若翘然居于对立面者,是又何由而来耶?此无他,由于人的头脑特见发达,卒有意识出现之故耳。意识无形而有用,其用在分别计较乎对象,同时复蕴有自觉于衷;人与自然之见为分别对立者端在此。盖事实上,人与自然息息相通,浑乎其不可分者在此身;人与自然俨若分别对立者,则由此心在其(意识)活动中之一种方便假设。

---

① 此语出于弗里茨汉所写《马克思早期著作中的人的理想》一文,该文见《人道主义人性论研究资料》一书第 102 页。

第八章　自然与人、人与自然之间的关系

此方便假设本于人心的计划性的需要而来,前第六章中曾点出之。从乎此方便假设,人乃得于自然加工改造,自然面貌固为之时时改变。即于其同时,人类自身恰亦不断地得所改进,是则恩格斯《劳动在从猿到人转变过程中的作用》一书之所揭示者至为明切。

"劳动创造了人本身"——恩格斯这一句名言,括举了其原书所为种种阐说之事理。这里且用我们的话以及我们的见解所及,简单扼要地叙明其理如次。

一、生物的机体决定生物的性能;人类心智之特见发达者,亦正是从其机体逐渐进化而来的。

二、人类机体构造超进之要点,第一在其头脑,第二在其双手,第三在其挺立而行走的全躯。

三、双手之所由发达灵巧,要在其全躯能以挺立行走而手足分工;其双手之多方操作以应付种种不同对象要求,则促进着其头脑心思的开发明利。

四、以上这些指明几十万年来主要为了生产劳动而得以从类人猿分离,别成其为人类的演进历程之一方面。

五、另一方面则是在人们共同生活与协力生产中发达了语言,实为促进着大脑神经特殊发达的重要关键所在,且容下一章从(乙)社会方面申论时再论及之。

六、双手多方操作以应付种种外在事物和口耳传达语言于人们彼此间,这两大方面活动时刻在促进着头脑的发达。随在头脑

开发时,双手口耳转而俱得相联地各有所进化,如是往复偕进不已。这里举出双手、口耳、头脑来说,只不过为了指点出其间关键起见,非是在演进中者止于此等处。从乎达尔文所称为"生长相关律"那个法则,事实上一个有机整体的各部分之间,其形态、构造、机能莫不巧妙相关,彼此牵连配合;当其一有改进,浑全地同有所改进。

七、头脑是收集情报而为如何行动作出抉择的机关,其情报则来自视觉、听觉等等那些感官。说到人之接触自然界或自然界之映现乎人心,首先在此;说到头脑的发达,与此为分不开之一事。因此,必于感觉的发达一为回溯:(1)原始单细胞动物形体构造简单之极,在其生活上感受外界刺激者同时亦即是施出反应者,初无分理机关。(2)必进而多细胞动物乃有以表皮细胞职司感接刺激,另以皮内伏处细胞职司其反应动运之分工。是即有感官器官之开始。(3)又进而为适应外界刺激有光有声……种种之不同,乃渐分化出视觉、听觉以至其他各不同感官。(4)由于物种不同,生活各异,从虫、鱼、鸟、兽以至人类,其所表达的感觉亦遂千差万别,不可方比①。

八、自然界在此千差万别动物的和人的感觉中,亦遂千差万别若非同物。其远远不同者,盖莫如在人与其他动物之间,有如前第六章第四节所指出:人类生命以其特发达了理智而(面前)

---

① 可参看臧玉淦编译之《神经系的演化历程》(北京科学出版社,1958年版)中第三章"感受器的比较观"。

境界大辟，其他动物则各跟于其种族本能生活，世界自广大自富丽，全然与它们无预。

九、自然界在人们感觉中亦复各不相同，乃至一个人前后亦随时不同。此因感觉活动出自生命，而生命因彼此不同，又时时有所不同也。第以其相差不远，故人不加察耳。

十、感觉之为物，信如詹姆士所说是**执行选择的器官**①；又信如巴甫洛夫之所称为**分析器**者：在有机体，它是生理活动的分工，而其于外界对象所起作用亦就在进行分析辨别②。从感觉到知觉，其于外界自然情况有所反映固不待言，却非一如其实地反映了外在自然实况，而是**有取有舍造成自己的情报**。尤其是知觉，总是在有所强调，有所着重。

十一、于是，人的感觉因其解脱于动物本能而迈进于理智，既若秉持静观态度矣，而基本上仍然从乎机体生理活动立场在做情

---

① 人的头脑意识作用原在进行选择，而眼耳等感觉器官则属于意识中的对外工具。又各在执行其选择任务。詹姆士此言出自其《心理学简编》第十一章，见于唐钺译《西方心理学名家文选》（商务印书馆出版）第160页。

② 《巴甫洛夫选集》（北京科学出版社，1955年出版）一书有关分析器学说一部分极值得参考，略摘数语如次：

我们把那些分解复杂的外在世界为个别要素为其任务的器官叫做分析器，如视觉分析器是由其外围部分网膜，其次是视神经，最后是视神经终点所在的脑细胞三者组成的。把所有这一切部分联合成为一个机构，就总称为分析器机构。（下略）

大脑半球是由视觉、听觉、肤觉、嗅觉和味觉等等分析器所综合组成的。（中略）对于有机体说，重要的亦不仅仅是分析外在世界，而且也必须要把有机体本身所进行的情形向脑部发出信号和加以分析。（中略）运动分析器就是内部分析器中最重要的一种。（下略）

狗在切除了大脑枕叶以后，未见其视力全失，而狗却认不出其熟识的主人，此即以视觉分析机构有所损坏，不得其行精细辨别之故（此中有机能定位问题）。

报工作，却又是动而非静。

十二、此似静而非静始终超不出其自身立场的感觉，便始终不能直接得知外在自然界实况，而只在做自己情报。佛家唯识学于此即曾指明：眼等五识生时，但由自识变生相见二分，所取能取固是一体，现量性境不执为外；其执色等为外在者，后由意识分别，妄计为外耳①。

十三、但人与自然的交涉关系显然不限于通常感觉所接而止。自然界实况以至人与自然界实际交涉，卒由人的生活实践、生产实践积累发展了种种知识技能而逐渐揭开其秘密。此其功盖在理智冷静的头脑心思作用，即前文所说人心的计划性者。

十四、此中特须点出的，是在感觉知觉生来的能力之外，本于心思计划制造出许多仪器工具大大助长了感觉知觉之用乃至心思计算之用，有以探索、测验、分析、论证乎自然之一切而得其规律，还以控驭自然，宰制自然，改造自然。

十五、总结下来，前说"就在改造自然的同时，恰亦发展了人类自己；凡现在之人类和现在之自然，要同为其相关不离递衍下来的历史成果"者，如上已明。却还有要补明的三句话：（1）如上所说人类自己同在发展的话，是兼人的个体和人的社会而说。（2）自然界一面被人改造着，一面亦正在缓缓微微自然蜕变中。（3）人类的发展和自然的变化今后方且未已；这是宇宙大生命一

---

① 现量别于比量、非量而言，性境别于带质境、独影境而言。性境意云实境。识自相分为亲所缘缘之外，更有疏所缘缘；自然实况即属疏缘。不论亲缘疏缘总不在外，外境非有，此唯识家之旨也。

第八章 自然与人、人与自然之间的关系

直在行进中的一桩事而非二。

吾书开首第一章曾提及有题为《人类尚在未了知之中》的一书,当时只见有为其中译本所撰序文,未及见其译本。今知原著既别有中文两译本出版:一为周太玄译,改名《人的科学》;又一为王世宜译,改名《人之奥妙》①。原著以 Man, the Unknown 名其书,明朗可喜,是我所取;但今从其内容看来,殊觉未善。试略致批评,借以为此一章的结束语。

原著标题 Man, the Unknown,信乎一言道破现代学术最大缺失或病痛;然从另一方面来说,现代学术不论在自然科学在社会科学,其分门别部有关人的个体和社会的考察研究,所取得的种种知识夫岂少哉! 即如原著所以被中译本改名《人之奥妙》者,岂不就为著者以医学家而博学洽闻,于人类身心之精微奥妙多所阐说之故乎? 所知非不多,而卒又自感若未能了知者,病在不得其要领,不得其全貌也。虽著者于各门知识之综合会通特为强调其必要,然其本人即缺乏于此。综合各门科学而会通之,盖哲学头脑之事也。原著者的哲学头脑不足,哲学素养不足,又蔽于资产阶级知识界的眼光,未能从马克思主义的哲学和社会科学得到启发,其所知非不多而泥滞不活,落于支离蔓延,不能通透深入,自是当然了。

对于宇宙人生既无深入通透的了解,著者出言立论遂不免忽

---

① 亚历克西·卡雷尔(Alexis Carrel)此书,周译本在抗日战争前由上海商务印书馆出版,译文草率;王译本在抗日战争中由中国文化服务社印行,译笔亦不佳。

明忽昧,杂有不少错误观念。虽其书特详于自然科学有关人类身心的知识,却于人与自然之间的关系不能爽朗地有其确见,例如原书有如下的话:

> 吾人的宇宙经过了物理学与天文学的大发现,呈现出雄伟奇妙的壮观。(中略)吾人不过是庞大宇宙间一粒微尘上面极微的微粒。这个宇宙是完全没有生命没有意识。我们的宇宙是完全机械的。我们的宇宙亦不能不是机械的,因为它是物理学与天文学的技术由吾人所不知的基体创造出来的。这亦正像近代人所有的环境一样,全是研究有惰性之物质的科学惊人的进展的表现①。

著者字里行间既若不满意时下科学家言,顾又无力以纠弹之,更无以自申其正面所见。在这里特见谬误者,是其全书末后的第八章竟倡言"人之改造"。人从自然发展而来,其前途亦只能继续自然发展去。如其有所谓改造,亦是发展中的事,不在其外。你(原著者)的智力见解,你的好恶要求,如今所有者就代表着过去自然发展,曾非代表一个翘然的你自己。人之恍若站在自然的对立面者,不过一假象。著者时时吐露其不满意现代科学之被误用于现代工业文明,以致造成种种社会问题,而不悟其问题一出于现代资本主义制度;要改造的是此一时之社会,不是人。而此一

---

① 据王世宜译本,重庆版,第一章,第17页。

时之社会改造，原为社会发展史所预见不远之事，著者方有所蔽未得晓然耳。

第九章　人资于其社会生活而得发展成人如今日者

上文是从（甲）一方面说明人以自然之一物（类人猿）而卒得发展成人类如今日者，主要在其手足分工、双手多方操作，促进了头脑发达；但头脑发达之由于（乙）社会一方面，其重要性殆有过于前者，而且愈来愈重要。此即指人们在共同生活与协力生产中发展了语言和文字之一事。语文的发展与意识的发展全然分不开，作为人类特征的大脑高级神经（生理一面）即于是特殊发达起来，自觉意识（心理一面）奇妙地开朗起来。前说"人之所以为人，独在此心"（见第一章），当知不同乎蜂蚁社会的构成在其身也，人的社会则建基于人心；同时社会活动又转而不断地促进了心思发达，如是往复不已，心智一面、社会一面就相关地各在演进中。所有今天的局面，应知非自始就是这样，而是多少万年发展来的。

兹试作一些简要说明如次：

一、在人的形成过程中起决定作用的是其社会。社会是人（指个体）和自然界之间真实的中介者。即如上文所说"劳动创造了人本身"的话，生产劳动一开始就只能被设想为集体劳动社会生产。所谓"人在改造自然的同时改造着自己",那其间所有关系影响总不外起自群体(社会)而达于个体的人。(又从个体的人构成其社会,日新又日新。)

二、孤单的个人是不可想像的。人只有在社会中生活才有可能;社会是人作为人的存在所必需的形式。人与人的相互依赖性是远从生物进化开出脊椎动物一脉,向着反本能的理智一路前进,动物幼体的成熟期随以不断延长,到了人类非有十几年近二十年不算成熟之所决定的。像其他动物幼体早早独立自活者,在人却久久离开其亲长不得。因为人的生活能力有待后天练习养成,生活知识、资具、方法、技术一切都靠后天从社会学取得来也。请参看第六章第四节前文,此不多说。

三、脊椎动物在反本能的理智一路上真正走通的惟独人类耳(见第六章各节)。即此先天决定的理智生活道路是人类的社会生命一面重于其个体生命一面的根本由来,是其临到生活实际上不能不依重于彼此协助与社会交往的根本由来。

四、既已知道吾人后天(出生下来以后)的社会生活是为其先天决定的理智生活之所决定,还要知道这后天的社会生活又转过来正在时时促进着吾人理智的不断开展,亦即其头脑心思的发达。介通于理智与社会两面之间而活动着,自身发展又推动两面向前发展着的,首先是语言,其后又有文字(赅括数学、化学以至各种学术用的符号)。

五、吾人语言寄托乎声音,声音或发或受,资借于其有关各部器官发达完好的生理机能作用。在某些高等动物以至类人猿非无近似于语言的发与受之事者,顾为其机体构造之所限,止于有极其简单拙劣的表示和传达(此表示和传达出于其本能,缺乏自觉)。像今天人类之发语圆熟、听语灵敏,能得以彼此情通意融者,盖不知多少万年来各部器官和大脑中枢渐次进化发达之成果也。语言初亦简单朴拙耳;当其渐进于复杂精巧,是与其发语听语各机构相互间时时起着密切促进作用的;此一因果循环往复,以至于今而未已。社会生活所需切的人们之间情通意融,就这样渐渐供给了其可能条件。

六、然在人类生活上所以有语言开出来,实为其情感发达远非一切动物所有之故。例如犬马之属亦时有些微喜怒哀乐之情可见,但岂得若人之大哭大笑激昂慷慨乎?惟其情感发达有力,乃有其代表的声音冲口而出。最初之语言,殆不外激迫叫喊,彼此召唤,高兴欢呼,悲啼泣诉之类也。此特见发达之情感,则导因理智之得解放于动物本能。**情感者人心之波动也;惟其能静,斯其所以能动。**

七、语言始于情感之动,而其完成则在意识思维上。应知基本重要的是在语言的涵义,是其运载着的知识和情趣。语言涵义也,知识情趣也,都是意识所有事。意识活动实就是未发出声音的语言;语言即是以声音表出的意识活动。人们各自的意识惟赖语言而得彼此交通;没有这种交通,即无从构筑起社会,并赖之以进行协力生产、共同生活。

八、但语言寄于声音,而声音旋灭,不能行远,不能传后;于是又代之以图像、形式、符号为主的文字,俾济其穷而广其用。社会交往由此在空间上在时间上均大为开拓便利。社会关系因而更加密织,社会范围因而日趋广阔,尤其是经验知识累积传递于后,社会文化连续发展,随以继长增高。

九、学术讲习大约即盛行于文字载籍之后;此非数千年来以至今日之局乎?所谓"人资于其社会生活而得以发展成人如今日者",〔其〕历程如是如是。盖文化之云,即指人类生活(衣食住行以至种种)脱离自然状态而言;亦只有脱离自然状态而依后天文化以生活,人乃始有别于动物;然非资于社会,其又何从成就得文化耶?

十、于是继续自然发展史正在演进着人类社会发展史;在社会发展史上浅化之民以视文化较高阶段的人,其机体和心理试精察之均未可比同①。

---

① 未开化之民或浅化之民在机体生理上头脑心理上皆见其不同于社会历史久远文化高深之民,如颜面躯干四肢之表较多毛即其一例。他如头颅、如指纹皆有可分别征验者。至于智虑情感更不相等;但论品德则不一定耳。前于第一章曾说过人心在社会发展史中随有其发展,吾书将于后文一陈其所见。

第十章　身心之间的关系(上)

身心之间的关系如何？此在人类而外其他生物以至动物似都不成问题的。盖从广义以言心，心与生命同义，有身即有心（回看第四章），身心殆无可分也。然如生物进化史之所昭示，动物以其好动乃若有心可见，尤其是脊椎动物进至于高等动物，头脑发达颇著见出有心意来。如前第五章之所叙说，头脑发达的动物，其活动发自头脑，在活动上俨若有知、有情、有意者。然在第六章第三节不又言之乎，虽在高等动物仍囿于种族遗传的本能生活，其知情意一贯而下，即知即行，知行合一，不分不隔，颇似一通电流，机械即行旋转者然；但在人类却大不相同。人类生活既进入理智之一境，知行之间往往很有间隔；间隔渺远者离知于行，为知而知。其在感情方面既可以大哭大笑，亦复可以喜怒不形于外；其行事既可持之以恒，一贯不移其志，抑或动念隐微，终于嘿尔而息。身心之间非定一致。特别是人有自觉的内心生活，时时感觉自己矛盾冲突。许多宗教家且贱视此身，抑制其来自身体的要求，实行禁欲主义。是故动物的活动虽发自头脑，头脑却完全为其身而服务，曾不离乎身而有何活动可言，即难以离其身而言其心。身心之间的关系问题，在人类而外所不必置论者，独于吾

第十章 身心之间的关系(上)

人却必一为论究在此焉。

于此,就要追问:此身心之出现分歧以至矛盾冲突者究从何而来乎?

夫所谓心者,不外乎是生命活动的表现耳。从生物进化史看去,总是心随身而发展,身先而心后,有其身而后有其心。正为生物界各有机体的组织构造千态万变其不同,其生命活动的表现乃从而种种不同。头脑发达的动物即是在其机体构造上有此一部分集中地翘然发达起来,形成全身活动的总枢纽,为其种种活动所自发;浑括地说,心以身为其物质基础;重点突出地说,心的物质基础又特寄乎头脑。心与脑的关系密切所以被人强调者,正为此也。今问身心由何出现分歧,自需要寻究身与脑、脑与心,其相互间的关系是如何如何而后乃得分晓。兹试为条分缕析说之如次。

(一)身脑原为一体,脑不过是身的一部分,同为生命活动所资借的物质条件。生命非有形之一物,浑然不可区划;可区划的是生物有机体。从生物进化而来的人身,正是伟大生命的创造物,头脑的特见发达不过此创造中的一突出点,当然不会失其浑整统一。相反地,正为了人身内外活动进于高度的浑整统一,乃有此人脑的创造。把脑和身区划为二来说,只为说话一时方便。

(二)何以说人脑的创造出现,正为了人身内外活动的高度统一呢?须知生命本性不外是无止境地向上奋进,争取其活动能力的扩大再扩大,灵活再灵活,自由再自由;而其道则在活动上分工而集权（回看第四章及第六章第四节）。只有不断地分工而集权，活动力乃得不断地扩大再扩大，灵活再灵活，自由再自由。此一原理不惟在生物界有机体的组织构造上随处可见，尤其著见于人身，抑且见之于人类社会间。——人类社会正亦是循由此一原理而发展的；这里且不谈。这里要说的，即是从分工而脑与身开始**若有两极分化的情势**。那就是：特见发达的大脑皮层主管着吾人整体性对外在自然环境和社会环境的联系活动，而与此身维持其机体内在一切生理（消化、呼吸、循环、排泄等等）机能日夜不停地活动，另由植物性神经系统经管其事者两下分工。前者被称为高级神经活动，而后者——兼括此身某些对外简单反射动作——则概称为低级（以其处于低级部位故）。前者说为动物性过程，后者说为植物性过程（以其为植物生活之所同具故）；抑或说为自主神经系统活动，一若可以独立自主地活动于大脑中枢之外者，其实固仍受大脑的调节和影响（见第五章），非能外也。正惟人身内外活动有此高度统一，吾人乃得有灵活自由强大的活动力；然而这却从全身神经系统有所分化而来。

原来不可分的脑和身，就由此而被分开来看、来说了。

（三）如上说明了脑和身所以被分开说的事实由来，再进一层阐明**心**和**身**被分开说的事实由来如下：

心何为离于身、离于脑而被特为指说耶？人身（脑在内）是客观世界一活物；说活物，谓其为生命活动之所寄，而凡是物都存于客观。然吾人之有心也，却从其**存乎内者**而言之，即所谓主观世界是已。客观世界指吾人所知觉和思维的外在一切,即于此知觉思维的同时,基于意识自觉而主观世界以成。客观世界主观世界无疑地两面相关不离,然既不能混合为一,又不能抹杀其一,势必分别来讲了。历来学术界对于心身二者趋向着分别探讨,那就是分为心理学的研究和生理学的研究。除生理学家对于人身(客观世界—活物)大致仍依从通常自然科学治学方法外,心理学家一向趋于用内省法(虽亦参以某些实验)分析意识活动;所谓心理学,曾经一时几乎就是意识之学,其故在此。

(四)很明显,心之分于身与脑之分于身,原只是一事而非二;不有大脑皮层之特见发达,高级神经低级神经之分工,何从有人心之高出于其身乎?心理学所讨论的意识作用实以生理学上所谓高级神经活动为其生理基础。在这里,生理学心理学之分划,与其说是研究的对象不同,不如说是在治学方法不同上。或者说:因各自有其治学方法,于是研究对象乃不免有些不同。特如巴甫洛夫学派所讲高级神经活动中为人类独有的第二信号系统者,岂非就是意识作用之表现乎?不过因其治学一出以客观地观察测验即归属生理学耳。虽归属生理学,而其研究所得正为治心理学者必须密切参考之资,不既为学术界所公认乎?

(五)人类生命活动能力之高强莫比,全恃乎其意识作用;盖意识为其行动之计划性(详见第六章)所自出也。往者心理学家重在意识之分析研究,依重内省法以治学,而与自然科学家一般治学方法殊途者,要亦势所当然矣。但此以冷静思维构出计划的意识,只居人类生命浅表,恒为隐于其后的本能冲动所左右支配;既远非人心之全,且其所为内省法尤多缺憾。缺点之大者首在彼心理学家之为内省,不过以其对外的意识作用还而冥想追忆意识活动的踪影,实未足以言内省也。——真正内省惟在当下自觉之深彻开朗,当于后文详之。(自觉为意识根本,然自觉蕴于内,非以对外,意识则是对外的,请看第六章第六节前文。)

旧心理学既失于浅薄,难有成就,于是心理学界派别纷纭歧出。稍晚出之行为主义派,如美国华孙(Watson)所倡导者以自然科学家的治学方法为依归,不取内省法;其激进者如中国郭任远直不顾人类之有内心生活这一极其重要事实。然人心之超卓乎身而运用之不断地改造自然界,改造其社会,同时亦改造其主观世界也,谁得而否认之、无视之耶?

(六)内心生活种种不一,俗云"虚情假意"、"口是心非"者亦其例也。然其好例莫如在重大行事之前恒有其衷心了了之意图以为设订计划之本。恩格斯曾说过:一切动物都不能在自然界打下它们意志的印记,而惟人能之;这是人跟其他动物不同的最后一个重大区别(见第六章第二节引文),正谓此耳。意图涵有知、有情、有意;执行计划尤赖持以坚忍与自信之强;此固人人可得而体验之者。内心生活最重要之事例乃在人生之自勉向上,好学,知耻,力行,不安于退堕。此即人之所不同乎动物独有道德责任之可言者,《论持久战》一文中指出人有自觉能动性(一云主观能动性)而时时强调之者正在此焉。

第十章　身心之间的关系（上）

内心生活者一己所独知而他人则不及知，但可设身处地从旁加以揣想推度。语云"哑子吃黄连，苦在心里说不出、道不出"；岂惟哑子吃苦如是哉？人们苟无相类同的经验，彼此谁得而相喻？心理学所以可能者，人与人总不相远，而经验得自生活处境，生活处境相类近者彼此举似便得会意印证，互有启发也。

心理学之必判分于生理学，亦即谓心身二者不容不分别看待如是如是；脑既为身之一部分，则心与脑之不容不分别看待也亦复在是。

（七）心之分于身、分于脑也；原从生理上整体的神经系统有所分工开其端。分工的意义在上文（二）既点出之，又前第五章"分工的涵义"、"神经系统发达的涵义"各段曾言之较详，均宜参看，兹不复述。扼要而言：不断地分工，不断地整合，其在分工之一面即趋向各自专业化，运动机械化（有很大惯性不自觉地运动着），亦即工具化，恒处于顺从地位；其在整合之一面则适以此辏合成主体愈得自由灵活，权力集中，卓然立于领导地位。身之为身，心之为心，即在此两极分化的性向不同上。

试举眼前小事为例：一个人初练习骑自行车时，如何善用其手足肢体，时需心思揣度照顾，以求掌握平衡无失。及至一切动作熟练了，心思即享有自由而可移用于别方面去。所谓运动的机械化乃是其积久熟练的自然结果。在此既然习熟的基本运动为基础上，行车时就可更练出许多技巧花样，愈来愈新奇（如杂技团的表演），层出不穷。层出不穷者，后出的花样都是以前层为基础又升上一步,而步步升高的。如是,人之操用其车愈来愈灵活自由;此灵活自由实以某些基本运动的机械化为阶梯,依次换得来的。

人的个体对外活动能力增高得之于习惯有如上例,可借以明身内细胞组织分工发展以成各部分机构各种活动之机械化,是人心得以自由灵活的由来。但不名之曰习惯,而名为机能或本能耳。此理此例同样见于人类社会生活中;社会生活的礼俗法制正和人身生理机能、心理本能、个人生活的习惯起着同一类作用,即是从惯常事务的固定化换取集体活动力的提高增强。

(八)身心浑然一体相联通;而察其性向则互异耳。譬如电解池内两端有阴极阳极之分别,却往复相通而不隔。在这里,身为阴极,心为阳极。阴极阳极性向各有所偏,相反而不相离。——容当于下一章详其说。

(九)前曾说,"人心的基本特征要在其能静"(见第六章第二节),又说:"动物是要动的,原无取乎静,然静却从动中发展而来;所谓冷静不外是行动前的犹豫之延长"(见第六章第四节)……那些话正要在这里参看以为印证。由此便是"知行之间往往很有间隔,间隔渺远者离知于行,为知而知"(见第六章第三节),吾人理智与动物本能从而分途。

(十)人心自是能静的,其与静相反者则感情冲动也。感情冲动属身之事。著名心理学家詹姆士(James)曾说过:"没有身体表现的人类感情根本没有";他且指出所有种种感情都是身体内起变化,每一变化都起自于刺激的反应①。这话甚是,但又非百分之百正确。冲动(impulse)无疑地是身内机械运动的发作,感情(feeling)则不尽然。一般粗重的感情当然联结到冲动,同为身之事;进于高尚深微的感情,离身愈来愈远,其境界便很难说了②。

感情冲动属身之事,不论其见诸行为与否皆属于行。古伦理学家力倡"知行合一"的王阳明,正是有见于人们每每知而不行——例如知道应该孝悌却不行孝悌——特指点出"知而不行只是未知";同时,他又以知是知非归本好恶之情。那都是对的。盖于此情理的认识原不同乎物理;认识物理依靠后天经验,有待冷静观察,而情理却本乎人心感应之自然,恰是不学不虑的良知,亦即我前文所说"无私的感情"(见第六章第七节)。不有孝悌心情动于衷,说什么知孝知悌?反之,若一片孝悌心情,当下行事纵或未见,已自是孝悌了也。(应参看后文论道德一章。)

---

① 据唐钺译《西方心理学家文选》(北京科学出版社,1959年版)第169—171页。原书为B. Rand编著,其中詹姆士各段则取自其《大心理学》的节本。兹摘引译文于后:

(上略)假如心跳不加快、呼吸不浅促、嘴唇不颤动、四肢不软化、毛孔不森竖、内脏不激荡,还有什么恐怖情绪存留?这是我们所不能设想的。假如要克服自己不好的情感倾向,那我们必须辛勤地(最初还要冷静地)把我们要养成的相反情感倾向的外部动作步步表演出来。在精神训育上没有比这个再好的格言,凡有经验的人都知道。

② 同前书第172—173页。詹姆士曾说到有些细致心情可以纯乎属于大脑(意即非全身),如道德上的满意、感动、好奇、问题得解决时内心的松弛等等。又说有些心态归属知识,不属于情绪一类。此盖以西方人远不若东方古人有深微的内心生活,所见不免模糊。虽模糊,却亦非全无所见。

感情恒伴随本能，与之相应俱来，但又不尽然，所以必要分别看待，试回看第六章第七节便晓得。但不论其是不是伴随本能的感情，当其成为意志而行动时，总是身之事了。说身，括指从大脑以下的器官、肢体、机能、本能以及后天习惯而说。人心发出的任何活动（生命的任何表现）离不开身体，这是肯定的。

（十一）俗常有"精神"一词；这一名词究竟何所指？我们认为这应是指离身体颇远的人心活动而说；它代表着人心高度灵活自由的那种活动事实，除此不能有其他意义。

（十二）人心的灵活自由与人心之能静分不开。在巴甫洛夫学派从事高级神经活动的研究中，其所说大脑皮层愈来愈发达，抑制作用显然愈来愈增加，及所谓"主动性内抑制"，在机体内起着各种调节平衡作用，对外应付环境起控制着一动必准确作用者正谓此耳。——此请回看第五章前文。

（十三）应得指出如上（九）所言吾人理智与动物之分途，（十）所言吾人感情不尽伴随本能而来，（十一）所言精神一词盖指远于身体而代表着灵活自由的人心活动，（十二）巴甫洛夫学派说大脑愈发达愈以增进抑制作用及其所谓主动性内抑制，各点总根源只是一回事，即：在脊椎动物走上发达头脑一条路奋进无已，卒致突破了一切生物盘旋在个体存活、种族繁衍两大问题的那圈圈，而达到人类生命的特殊境地（回看第六章第五节）。此云特殊者非他，不过争取灵活自由的宇宙生命本性而今独赖人类来代表发挥，其他生物举不足言也。在前说明灵活自由要得之于

第十章　身心之间的关系(上)

不断分工集权者,应知分工集权恰不外生命争取灵活自由的方法途径,而其根本则在生命争取灵活自由的那种本性。

同时请不要忘记第五章说过的两句话:

> 人心要缘人身乃可得见,是必然的;但从人身上得有人心充分表见出来,却只是可能而非必然。
>
> 人心不是现成可以坐享的(仅只人身是现成的)。

第十一章　身心之间的关系(中)

此章就前章第(八)所言身心一体相联,往复相通,而身为阴极,心为阳极,性向各有所偏的那些话,重加申说。往者亡友卫西琴先生①于此特著见地,兹即介绍其学说大意于次。

(一)先说此学根本观念:很明显,一切生物都是活的,都有力量能有所改变显示于外。其中动物又显然较其他生物的力量为大。而力量更强大更高等又莫如人类。活人虽有此无比的大力量,但人死了,只一具尸体,即失去原有力量。死尸仅仅是物质。物质恒处于被动,虽缺乏力量,却仍有其力量。总起来可以说,宇宙一切都是物质,都有力量,不过力量大小高下千差万别不等而已。

(二)就人来说,男女力量是不相等的,而且是极不相同。这种不同,乃是出在身心之间往复相通的根本流向上男女彼此互不

---

① 卫西琴(Westharp)原为德国人,后改隶美国籍,以倾慕中国古代文明,用中国文字更名曰卫中,字西琴。其学盖自音乐而入于人类心理研究,更尚谈教育问题。详见愚所作《卫西琴先生传略》一文,此不多及。卫先生著作甚富,大抵为其在外国文言学校时以中国话口授与人笔录而成,意义多半晦涩难于通晓。此一半固由其理致幽深,更一半则用词造句,自成一种偏僻习惯,不合于通常中国语文。兹所介绍者只我领会所得其二三而已。

第十一章　身心之间的关系(中)

相同。具体指出说：女子以身为主，从身到心是其第一根本流，而从心到身居于第二；前者为正，后者为副。男子恰相反，心至乎此身，从心到身是其第一根本流，而从身到心居于第二；前者为正，后者为副。——以上是从其力量活动上(非从表面)认真分析来看的。

（三）上面的话须待稍加说明于后。

远从生物进化上看，男女两性身体原初是一个不分的；从现在生理构造上看，男子身体内有女性的部分，比如两乳；女子身体内有男性的部分，比如阴核。在体形上看，男子身体是往外的，女子身体是往内的；在体力上，一般说男子强过女子。所有这些都不过是物质表面。单从物质表面看，看不出人怎么优胜于动物。人类之所以优胜，要必从力量比较上乃得认识。此突出优胜的力量则在其特别发达的大脑所开辟出来的心思活动。譬如人类的那些伟大事功、卓越创造，固然无一非完成于身体活动，而这些表见于外的身体活动却一一出自内里深隐微妙的心思。首先是心思经由身体而有所识取于外，后更从心思运用着身体而有所施为于外。就身心两端而论，不妨说身主于受，属阴极；心主于施，属阳极。说施便有主动意味，但说受却非就是被动。生物都是活的，人是活物中最活的；感受之在人莫谓竟是被动于外。应须知，施中随有受在，受中原有施在。身心往复相通的话，既可粗略地看待，更宜精密察识之。

（四）身心的位置关系正要这样来理会：身外而心内，心深而身浅，心位于上端，身位于下端。觉受由外入内，施应从上达下，其间往复交流还有不少深浅等差可言，不总是一样的，更非人人都一样。这就为两端之间原有着可以伸缩的不小距离（就动物说，这距离几乎等于零，其所以不如人者在此）。

（五）正为身心间的距离远近深浅决定着一个人的力量之大小，而女子身心间的距离天生来均不及男子那么深远，所以上面说男女力量是不相等的。若问：何以在女子这距离较为浅近？此不难知。女子担负着创造人类幼体的天赋任务，当其身体长成熟有月经来之时，每月总有七天乃至十天不得舒服自在，及至结婚怀孕，其受累更深重。分娩后自乳其儿，每因心理影响（特如恼怒忧煎等）随有变化见于乳汁中，可知其身心相关如何密切。盖在女子，身体势力是天然大过其心的，心恒受到身体势力的牵掣影响，超脱不开。在她们一生，除开这中间一段——从月经开始到年老停经不能生育为止大约三十年或稍多的一段——只在其前或其后是女子而不十分那样女性时候可较轻松些。

（六）从寻常所见事实便可证明上面的话。请看妇女不是比男人容易哭容易笑吗？妇女不是每每比男人胆小吗？再试留心看，每遇群众会上，男人一堆，妇女一堆，总听到妇女堆中说话声多音高；不是吗？俗常说"妇女心窄"，正为其身体势力大，身心间的距离近，禁当不住外来刺激。刺激（受）反应（施）之间迫速轻率，殊少深沉回旋于内之致。如弗洛伊德等精神分析学家善治歇斯底里症(hysteria)，而患者极大多数是妇女者其理正在此①。

（七）不难看出，人从初降生到年齿渐长，身心关系随时在开展变化中。大要言之：初时心隐于身，身心浑然不分；其后则一面由于大脑机体发育慢慢完足，又一面因在社会接触增广，经验繁富，心思乃日见苗露活动，从婴儿而童年，而少年，而青年，身心之间不同程度地浸浸疏离起来。后此进趋老成练达，乃更见从容沉稳。

这里还须留心人的资性各有不同，上面所说发育开展可能有迟有早。再则，当儿童时期便可见出男女有所不同。譬如五六岁女孩往往表现能干灵巧过于其同年男孩；但再过十年二十年之后，男子才思往往又非其同年女子所及。能干灵巧是说其应付具体事物的能力，属于身体力量，亦称感觉力量；才思则于某些抽象学习能力上见之，属于内心力量，亦称精神力量。

末后还应该点明：人类生命既然为自然界最伟大最高级的力量，而论力量男子又大过女子，那么，宇宙间力量的最高峰就在成年男子的心——精神力量。

（八）在前说过，力量就是能有所改变显示于外的；从人类力量说，即是能有所创造表现。人类社会文化自古及今不断地有所发明、发现而前进无已，正是靠着一时一代群众的这种数不尽的

---

① 尝闻济南齐鲁大学医学院友人闲谈，他们在医学院任职或实习的男女同学很多是二十多岁快要结婚的。谁若遇有不幸失恋的事；当其临床治病时，因为心神萦绕不宁，一般说均不能很好地尽心业务工作。但在男子仍能工作下去，在女子竟然不能工作了，工作就会出差错，发生事故。

创造而来。人生所贵就在有所创造。然而男子女子却不一样。女子所贵在创造——孕育——一个富有创造力的新人（小孩）。此事却非男子所能为。男子总是创造一些身外的事物：一件艺术品，一文学作品，一种科学发明，一哲学理论，一伟大事功，如是等等。说男子力量大过女子的话，就是说在这方面的创造力女不如男。因为这种种创造虽须得精神力量和身体力量同样发挥，却要必以精神力量（心思）统率身体力量而成其功。男子力量不是以心为正身为副的吗？其在以身体力量为正而心为副的女子来说，对于这种种创造比较差些乃是天然之事。试数一数几千年中外过去历史上伟大思想家或事功方面的伟大人物里，有几多个妇女呢？然而任何伟大思想家或其他各样伟大人物却无一不是女子所创造——所生育。就女子力量为一切伟大创造力的根本源泉具有决定性而说，则女子力量固有其贵重过男子的力量一面；不是吗？

（九）不徒从表面形体来分别男女，而更从根本力量上认识男女天生的互不相同之后，则在其后天教育上和职业工作上男女不当强同，便是十分明白的事理。教育应是让生性不同的力量各自得到培养成长，工作则应是让不同的力量各得发挥以尽其天职。然而世俗见不及此，男女教育、男女工作职业率多强求其同。此因近世力反先时封建陋俗歧视女性之所为，不免多所矫枉，实不符合科学客观真理①。

（十）说身体力量不等于说身体。认真地说，深切地说，身体力量是身体创造力，即**创造身体之力**，即男子的或女子的生殖力量。说精神力量，非第因其力量发之自心，而实为有别于身体力量而说的，即说它是创造除人类幼体外一切大小事物的那种创造力。此种创造力男女皆有之，但在男子更优胜于女子。

（十一）男子的精神力量不论如何之大，要非其身体力量同样大，他将不是一个能做大事的人。譬如胆气壮盛，勇于作为，跃跃欲试，若能涵盖一切的那种气势，即属身体力量②。

精神力量、身体力量充沛能做大事的人，我们就谓之大人物。

---

① 前于第八章曾批评 Man, the Unknown 一书之未善，然其书中却不少可取资料，如其力陈男女两性之不同即一例也。兹就王世宜译本《身体与生理之活动》一章略摘如次：

性腺能加紧生理上心理上与精神的活动。（中略）睾丸与卵巢具有极其重要的机能。它们产生阳细胞或阴细胞。同时它们分泌一种物质到血液中，使细胞组织体液与意识或呈阳的特性或呈阴的特性，并且予一切机能以它们的密度——紧张性。（中略）卵巢的寿命较短，而睾丸到老年还能活动，所以老年妇女远不同于老年的男人。

男女的差别起于细胞组织本身的结构，以及女人全部有机体饱涵卵巢所分泌的一种特殊的化学元素。（中略）事实上，男女之间有极深远的差别。女子体中每一细胞都印有女性的记号。她的器官也是如此，她的神经系尤其是如此。（中略）我不能不就其本然加以接受。

母体在全部怀孕期间时刻受胎儿的影响。母亲的生理和心理状态总不免因胎儿而起变化。（中略）我们不应以训练男孩的智力体力的功课来训练女孩。亦不应以鼓励男孩的志趣来鼓励女孩。教育家对于男女两性特具的身体器官、心理特性以及他们天然的机能应该大加注意。

② 身体的力量即创造身体的力量，对于一个人的智勇均有密切关系。《人之奥妙》一书富于科学知见，其中有如下的话：要理智充分发挥它的威力，同时需得两种情形，一是发展完善的生殖腺，二是性欲暂时受到节制。（见王世宜译本第148页）这与卫先生学说完全符合。

每个男子当其年届发情时期（青年时期）都接近于大人物，特富于创造力。

（十二）如前说，男子力量以发之自心者为其第一根本流，女子以本乎其身者为第一根本流，在年幼时是不甚明显的。但当其发育成长各届发情期时，男子力量的第二流（身体力量）活动起来，其心比任何时候更往外活动；女子力量的第二流（内心力量）活动起来，其感觉比任何时候更往里活动，可以譬喻说：此时男子的感觉第一次回家（觉醒起来），此时女子的心思第一次出门（萌动起来）。这男子回家的感觉力量，女子出门的内心力量，在情欲发动时容易被认得出，乃由此时男女力量都有两流对比可见的缘故。这就好比当人正出门或正回家的时候，访问他们是容易遇见的机会那样，殊有助于吾人学理之讲明。

（十三）人的力量大小高下各不相等，一个人亦且时时有所不同。称之曰伟大力量，兼涵高等之义；盖言其精神力量、身体力量同优俱胜者。但在力量高等的，却不必同时为力量大的；此以优于心思者，其身体力量或不足相副。心身力量虽相关系，但不定优则同优，胜则俱胜，其间申细变化不可计数。要而言之，力量为高等，为低下，一视乎心思优劣而定。此如力量高者恒表见：从容，细致，周密，精确，文雅，温和，蕴藉，轻妙，灵活，优美，……如是种种。反之，若迫促，粗糙，粗野，粗疏，粗暴，冷漠，板硬，尖刻，笨重，钝拙，……则为力量低等之表见。力量低等与缺乏力量每相联。

第十一章 身心之间的关系(中)

（十四）人的力量最能改变环境，创造新事物，愈有力量愈不怕困难；反之，畏难退缩即见出其力量衰微。凡图眼前一时省力的做事法，或为少麻烦竟尔免除其事者，或惟务袭取模仿他人者，或惟贪图享用现成财物者，大都可以如是观之。观看一个人如是，观看一社会、一民族更加如是。（力量衰微率由于其社会上婚姻不对和教育不对而来。）

（十五）如前说，人生贵有所创造。但究其实，何者为创造，何者不足言创造，只是相对比较的，非可截然划分者。以画家作画为例，拙巧优劣之间只有数不尽的等差，并无一定沟界。其拙劣之品，浪费纸墨，直可谓之破坏。此犹其事之小焉者。试留心阅历人世间事，原非蓄意破坏而卒落于破坏者岂可胜数？寻求其故，则咎在人的力量低下而已。是故让人的力量趋进于高等，实为广兴创造之本。前云：力量为高等，为低下，一视乎心思优劣而定；然则人心之重可贵也昭昭矣。

（十六）世间至可宝贵者莫如人，人之可贵在此心。然心之显其用却一息不得离乎此身。人心之能有任何创造者，必先从感觉不断地接取乎事物，累积吸收为创造所需的资料，而整理之，溶化之。整理溶化——经验总结——更是创造。其卒有创造成果在此焉。当最后成其创造之功也，正不知经过多少次从外达内，由上而下，既施且受，受而又施，种种往复活动矣。是心讵曾一息得离乎身哉！

（十七）但心身相联通固有距离，此便伏有着险关危机：心有可能偏远乎身而多枉动,身有可能偏远乎心而多盲动,亟须当心注意。兹试分别指点之。

原夫经验总结就是所谓学问,恒寄托于语言文字所撰成之名词概念上,又著录于书册以资传播。此盖以身通心、心通身的成果更去发展人们的创造活动,推进着社会文化的。却有人误以多读书为学问,此即心思偏远乎身而多枉动之一种事例,有悖乎身通心、心通身的原理原则,其结果就不可能以解决他所遇到的什么问题,实有所创造。似此假学问世上多得很,自误误人,亟须戒避。

又如流行于世的许多名词概念(或观念)不一定都出于经验总结,代表着实际事物(事理),只是从乎某些情感要求而臆想虚构出来,用以应付生活中问题的,像在人类社会文化幼稚、经验知识不足的社会那许多宗教迷信,不正亦是心偏远乎身种种枉动的产物吗?

身偏远乎心而失之于盲动者,主要亦有两种。一种是未假思索,发乎一时冲动的莽撞行事、粗鲁动作。更广泛的说,则凡缺乏自觉的言动皆可属于此。另一种是行事缺乏(自觉)主动精神,徒尔惯性地沿袭传统文化的规范礼仪,掩蔽其力量衰微低下之实质者。此在古时曾有高尚优美文化的中国社会,最容易看见[①]。

[①] 关于卫西琴先生学说之介绍暂止于此。至其有关男女两性婚姻、两性教育的许多见解主张,实为一极重要部分,既不易通晓又与吾书此章题目不切合,即略去不谈。

第十二章　身心之间的关系(下)

人的自觉能动性——人所区别于物的特点——是怎么来的？那仍不外来自一切生物之所以生活的共同源泉而已。作为一切生物所共同的生命本原，在各不同种别的生物皆有所显示或透露，而其透露最大者要莫如人心。简捷地一句话：人心正是宇宙生命本原的**最大透露**而已。

生命本原是共同的，从而一切含生之物，就自然是都息息相通。譬如音乐感人，世所共知；音乐亦且能感动得动物，甚至感动得植物。曾见北京《参考消息》刊出外国通讯社的报道，有时音乐演奏可使乳牛产乳最增多；乃至对于植物生长，音乐亦且有其效用而不虚，非其明征乎？

我们为了说明人心，往往就说到生命，却总不免浑沦言之，现在有必要略加剖析言之如次。

(一)生命非具体之一物，只在生物体质所特有的那种现象或性能上见出来。什么现象或性能？如恩格斯曾说："生命是蛋白体的存在方式；这种存在方式，实质上就是这些蛋白体化学成分的不断地自我更新。"又说："我们所知道的最低级生物，只不过是蛋白质的简单颗粒,可是它已经呈现了生命一切本质的现象。"①

(二)恩格斯所说"化学成分的不断地自我更新"即昭示了生命最简单扼要一点,下文复加以申说,且从而指出有生命与无生命如何不同——

"一切生物所共通的生命现象首先在于蛋白体从自己周围摄取适当的物质予以消化,而体内较老部分则趋于分解,并被排泄。其他无生命的物体也在自然过程的行进中变化着、分解着并结合着;可是在这之后它们已不复成为原先那样东西了。岩石经过风化,已不复成为岩石,金属经过氧化就变成了锈。似此,在无生命物体成为其破坏原因的,在蛋白体中却成为生命的基本条件。当蛋白体中构成部分的这种不断转变,即吸取营养和排泄的不断交替一旦停止进行之时,蛋白体亦即从此停止其生存而趋于分解,亦就是归于死亡。所以生命即蛋白体的存在方式,首先在于蛋白体每一瞬间同时是自己又是别的东西;而这情形之发生不像无生物那样是从外面造成的某种过程之结果。反之,生命通过吸取营养和排泄来进行的新陈代谢,是其担当者(蛋白体)所自来就有的自我完成过程。"

"从蛋白体的主要机能——通过吸收营养和排泄来进行的新陈代谢中,从蛋白体所特有的造型性,产生出所有其他的最单纯的生命特征:(1)感受性——这在蛋白体和其营养物的互相作用

---

① 见《反杜林论》,人民出版社,1956年版,第83、84页。

第十二章 身心之间的关系(下)

中已经包含着了;(2)收缩性——这在吞取食物时就以极低程度表见出来了;(3)成长能力——这在最低级的程度内包含了分裂性的繁殖;(4)内在运动——若没有这种运动,摄取和消化食物都是不可能的。"①

(三)很显然,所谓生命远非只于如上所说那样而止,恩格斯所以紧接着说:

"我们关于生命的定义自然是非常不够的,因为它还远没有包括所有生命的现象,而只是限于其中最一般最单纯的现象。(中略)为了要对于什么是生命,获得真正详尽的理解,我们必须探究生命表现的所有形式,从最低级到最高级。"②

他说的最高级,意指人类意识活动(涵括自觉能动性、计划性)那样形式吧。

(四)很难给生命下定义或界说。科学在生物界中的分门别类,是出于人之所为,应合人的需要;其实此门彼门,此类彼类之间正有许多过渡型,既非此非彼而又亦此亦彼。植物动物之间且难划界,其他种种何莫不然。所以恩格斯曾指明"僵硬的凝固不

---

① 引自《反杜林论》(人民文学出版社,1956年版)。又顷见科学出版社译出 A. N. 奥林巴著《地球上生命的起源》一书,有足资参考之处,摘取于此:生活物体(生物的有机体)的不同处就在它的新陈代谢的一定方向性和它内部组织的高度合乎目的性。在原生质中发生的千百万化学反应,组成了完整的新陈代谢。这些化学反应不仅在时间上彼此严格协调,亦不仅和谐地结合成统一的不断的自我更新序列,而且整个这序列都朝向一个目的——就是整个活的体系以整体的与周围环境条件有规律协调的不断的自我保存和自我再生。
生物内部结构的"合乎目的性"非只是高等生物所具有,它贯串着整个生物界自上而下,直到生命的最原始形式。

② 亦见《反杜林论》(人民文学出版社,1956年版,第83、84页)。

变的界线是同发展的学说不相容的"；又说"一切定义都只有微小的价值"。理解生命、认识生命，既要从生物去理解和认识，而生物乃千差万别，高下茫茫然悬远之极；你将怎么把握它呢？

（五）何况由于学术界的进步与深入，前既有尿素的合成，近且有胰岛素的合成，宇宙无机界与有机界，无生物与生物，尚且没有不可逾越的界限；那么，求生命定义于生物界内大不易，就是生物界内外的区别亦复难言之矣。

（六）然而我们不难由此看出，**宇宙只是浑然一事耳**。庄子说："天地与我并生，万物与我为一"；又说："道通为一"，其殆谓此乎？万象差别不善观其通，固然不可；翻转来，泯没其差别又何尝可以行？这就是要唯物辩证主义的宇宙观。宇宙从无机而有机，而生物，而动物，而人类……总在发展变化着；发展变化是起于内在矛盾的，其间由量变而达质变——亦称突变或云飞跃——便显见出由低升高的许多阶段区别来。**阶段大小不等，而涵小于大；区别则从量到质，通而不同**。宇宙发展愈到后来，其发展愈以昭著，愈以迅速，前后悬绝不可同语。既见有高低阶段，又且有流派分支。此在生物有机体出现后，物种歧出，最为显著。人类社会发展史自古至今既有其阶段可分，而各方各族的文化复多歧路焉。凡此者，皆以各自内在矛盾为主，而其环境遭际又互有不同也。

（七）生命本原非他，即**宇宙内在矛盾**耳；生命现象非他，即宇宙内在矛盾之争持也。生物为生命之所寄，乃从而生生不已，

第十二章 身心之间的关系(下)

新新不住。生物个体有死亡,乃至集体(某种某族)有灭绝,此不过略同于其机体内那种新陈代谢又一种新陈代谢耳。生物演进,花样翻新,物种层出不穷,要均来自生命向上奋进之势。然不免歧误纷出于其间,乃各落于所进之度而止(见第五章);人类而外一切生物今所见者皆是也。惟独循从发头、发脑、发皮质之一系曾不稍懈地直前而进的人类(见第六章第五节前文),至今犹在发挥着宇宙生命本性,自人的体质以至社会文化日新未已,岂不可见。

(八)说新陈代谢不可泥于如上所说那些粗迹而止,更须深入幽渺以察之。前于第四章论主动性略开其端。此如论——

> 战争胜负是有许多因素的;然总不外客观存在的旧因素加上主观努力的新因素。旧因素种种非一,双方各有其有利条件及不利条件,综合计算下来,彼此对比可能有一方占有优势而另一方处于劣势。新因素即指主观之努力,亦即争取主动之争取,亦即各方主帅于其所拥有之条件如何运用。此在事后较论之,其间彼此举措可能各自有善巧有不善巧,亦种种之非一。然而归结下来,胜负之所由分,往往不在前者——旧因素,而在后者——新因素。此即所以说"事在人为"也。

人在思想上每有所开悟,都是一次翻新;人在志趣上每有所感发,都是一次向上。人生有所成就无不资于此者。

若究问其致此之由，一切可说的都是**外缘**，都是凑成乎此的条件，而不是能用这些外缘条件的主体——生命本身。生命是自动的、能动的，是主动的，更无使之动者。凭空而来，前无所受。这里不容加问，无可再说。问也，说也，都是错误。

事在人为者，人的主观能动性为之也。人的因素最重要，一切改变旧局，创造新局，要惟在此特具有主观能动性的人类也。旧局是一点一点转变的，新局是一点一点创出的。新的一出现便成旧的，立刻都归属外缘条件去。只有吾人生命当下之一动是新的，其他都不是。一个当下，又一个当下，刹那不住，新新不已者，非独人类生命为然，其他生物莫不然。第以其他生物误入歧途，往复旋转，总在相似相续中，无创新之可著见；著见创新，抑且不断地创新者乃独在人类焉。要须从此著见之创新而深入幽渺以察见吾人生命上新新不已地当下之一动。

（九）吾人生命当下之一动又一动，连续地活动下去，有类近于其他生物者，有迥然不同于其他任何物类者：（1）从此身自发性而来的一动，连续地如是活动去，殆与其他生物无大异也。（2）独若从人心自觉而发的一动，继续发动不已焉——略如前云思想开悟翻新、志趣感发向上之例——则迥非其他物类之所有矣。

今且暂置前者不谈，专谈后者。后者正是人事著见创新所自出。

（十）凡眼前世界现成所有者，对于吾人生命都属外缘条件亦即旧因素，可以有利于创新，亦可以为不利，却是人总离开它不得。人只能就在其中改旧创新。新之创也，无不因于旧之改而来，历史是割断不了的。此非止言外在事物，即吾人一念之微就其内容前后关系来看，讵不如是耶？念念相续而转，其新者独在其念之乍转耳。此存乎生命幽渺之一动出自宇宙内在矛盾之争待，不属世间之所现有，而是乍然加入现世间来的，故曰新，故曰凭空而来，前无所受。凡生命当下之一动盖莫不如是；非静心自省，难于体察。然大局转变独在此者，自觉异乎自发之惰性顺延于前之势也。

吾人意识对外活动皆应乎生活需用而起，无时不在计较利害得失之中；但其同时内蕴之自觉，只在炯炯觉照，初无所为（古人云：寂而照，照而寂）。吾人有时率从自觉直心而行，不顾利害得失者，心主宰乎身；此时虽对外却从不作计较也。此不落局限性的心，无所限隔于宇宙大生命的心，俗不有"天良"之称乎，那恰是不错的。它是宇宙大生命廓然向上奋进之一表现，我说人心是生命本原的最大透露者正谓此。

（十一）若要问：为人心特征的这个自觉性究如何从一般自发性突变而来？先请回看第六章第四节就人类理智从其反本能的倾向如何发展而说的一段话——

人类果何从而得突破两大问题（**个体生存**、**种族繁衍**）之局限乎？此即以理智之反本能，而两大问题固寄托于种种本能之上也。本能活动无不伴有其相应之感情冲动以俱来。例如斗争与愤怒相俱，逃避与惊恐相俱，慈柔之情从属于父母的本能，而两性的本能则与其固有一种感情冲动不可分。如是可以类推。然而一切感情冲动皆足为理智之碍。理智恒必在感情冲动屏除之下——换言之，即必心气宁静——乃得尽其用。于是一分之理智发展，即屏去一分之感情冲动而入于一分之宁静；同时对于两大问题亦即从而解脱得一分之自由。继续发展下去，由量变达于质变，人类生命卒乃根本发生变化，从而突破了两大问题之局限。

理智之发展也，初不过在生活方法上别辟蹊径，固将更有以取得两大问题之解决。然不期而竟以越出两大问题之外焉。此殆生命本性争取灵活、争取自由有不容已者欤！

由心静而自觉以生，自觉与心静是分不开的；必有自觉于衷，斯可谓之心静；惟此心之能静也，斯有自觉于衷焉（见第六章第六节）。

（十二）心理学上的本能原从生理学上的机构机能而来，人类之从动物式本能得其解放者，要在其机体构造和机能之发展变化。此一发展变化可上溯远古生物进化皆始自分工与整合著见有神经系，以至脊椎动物之发头、发脑、发皮质，如第五章之所叙

第十二章 身心之间的关系(下)

说,应请回看,兹不复述。特请注意其间迭次提及"**空出来**"的话而理会之!

从分工以言之,则各事其事于一隅,而中央**空出来**不事一事。从整合以言之,则居中控制一切,乃又无非其事者。"空出"一义值得省思。遇事有回旋余地,有延宕时间,全在此也。又分工则让其权于中央,而后整合可因时因地以制其宜。权者权衡,亦即斟酌、选择,可彼可此,不预作决定之谓。是即灵活之所从出也。

不灵活不足以为人心,因为原来是预备它灵活的。然而事实上体现灵活却只居其许多可能分数之一,则其事盖非易。因此,从人身上所表见出来的,往往难乎其言人心。并且可以说,在机体构造上愈为高度灵活作预备,其表见灵活也,固然愈有可能达于高度;然其卒落于不够灵活的可能分数,在事实上乃且愈多。此以其空出来的高下伸缩之差度愈大故也。(以上均见第五章)

人类之出现——亦即人心之出现——是在生物进化上有其来历的,却不是从衔接动物本能有所增益或扩大而来。恰恰相反,人类生命较之动物生命,在生活能力上倒像是极其无能。此即从理智反本能之发展而大有所削弱和减除,从一事一事预做安排者转向于不预作安排,而留出较大之空白余地来。(此见第七章第二节)

空者空隙。有了空隙,则非现世间所有的那一动,方好加入到世间来,而新新不已。必有空隙方好自由活动。生物进化无非奋进于争取自由灵活,其每有所进正不妨看作是空隙又有所扩大。至于人类出现,特见其活动可以自由者,即在其一直奋进不懈,争取得迄今最大空隙也。(当然这是为便于说明而作此借喻。)

此其事理不难明白:神经中枢从大脑内和大脑而下的种种分工愈加深刻细密,其所分出来的便愈以让其主动于上级中枢,愈从自发活动退转为有所待而后动。有待者,有待于权衡选择也。是即行动犹豫以至延长而人心能静的由来,亦即其本能削弱而理智开启的由来。与此同时,自发活动便跃进于自觉能动了。

(十三)一句话道破:人身——人脑只是**给人心**(生命)**开豁出路道来**,容得它更方便地发挥透露其生命本性耳。论其措置是**消极性的,而所收效果则将是积极的**,伟大无比。柏格森哲学于此确有所见,如其书中所云:... the mate-riality of this machine does not represent a sum of means employed, but a sum of obstacles avoided: it is a negation rather than a positive reality. (见《创化论》英译本,p.99)是已。又曾以开沟挖渠为喻,谓非积土筑堤以成之,但由掘地辟除障碍,遂即豁通耳[①];可谓罕譬而喻。

---

① 柏格森于宇宙生命无疑地有所窥见,或谓其得力佛学,却未必然。佛家主于现量,而柏氏所称直觉,在佛家宁为非量,不是现量。柏氏即生命流行以为宇宙本体,此无常有漏的生灭法,不是佛家所说的无为法。柏氏所见盖于印度某些外道为近耳。此处引用的英译文句,张东荪有其中译文,附后:"有机体之形体非其所用材料之综合,乃其所避之障碍之综合;实为消极而非积极。"

第十二章 身心之间的关系（下）

（十四）柏格森亦尝指明"生命之升进初非以原质之合集与增益，却由于其分化与疏解"（Life does not proceed by the association and addition of elements, but by dissociation and division. 见英译本，p.94），正为生物机体内不断分工与整合，生物乃得以进化而升高其活动能力。分工，是一分为二；整合，是合二而一；有分必有合，所重在分。

王世宜译《人之奥妙》一书中有些话适宜引录于此，用资参考：

> 机器是配合各别零件而成，零件本来彼此互不相干的，当其配合在一起时候，就由杂多的情形一变而成为统一体。此即是说，机器原来是复杂的，嗣后才变成简单。人体恰恰相反，它原来是简单的，嗣后却变成复杂。它是由一个单细胞发展而来。这一单细胞分而为二，新成的二细胞又各分为二，如此分而又分，一直无限地继续分下去。在此结构上滋长扩大程序中，胚胎在机能上仍保留前此卵所具的简单性。细胞虽分成无数细胞群的分子，它们似仍记得原先所具的统一性。它们天生知道在全有机体内各自应负的职能。（下略）（见该书一〇八——一〇九页）

> 脑质内所含细胞超过一百二十万万的数目，各细胞都有小纤维加以联系，而每一小纤维又都有若干分枝。有了这些纤维，细胞的联系总在数万万万次以上。似此规模宏大的小

个体与看不见的纤维群,其复杂情形有非我们所可想像,然而它们动作运用起来,本质上恍若一体。(见该书九七页)

(机体)器官当然是用细胞构成,好像一所房子是砖头盖成的一样。但它却从一个细胞生长出来,恍若一所房子是由一块砖头发生出来的——一块神妙的砖头能够自己制出其他砖头来。(中略)它们是一个细胞所化生出来,而且这个细胞显然对于这一大建筑将来所取形式早有先见之明。(见一一〇页)

(十五)这里有几个可疑的问题须得分疏。

一个疑问:胰岛素之合成,是否便是生命可由人造的开端?据说胰岛素这个"有生物活力的结晶蛋白质"的全合成,"虽距离合成有生命的物质还有相当长一段路程……"好像亦就是可能的了。且径直推论人工将合成细胞,要打破"一切细胞来自细胞"之旧说[1]。我们未曾从事此项科学实验工作,自无从说出实验上的意见,但不妨从哲学上提一点意见。前引恩格斯"化学成分自我更新"的话,那自我更新的"自我"非常要紧。生命之为生命,要在有其自我;其活动也,内在矛盾争持实为之主,非从外来。窃疑自我是否可由外合成?合成的蛋白结晶体是当真能自我更新,抑或貌似?此一层也。说合成一蛋白体,说合成一细胞,

---

[1] 见《胰岛素人工合成的科学意义》一文,见北京科学出版社出版的《自然辩证法研究通讯》1966年第一期。此引用其原来文句。

其为合二而一之说乎？然只有一分为二是正确的,例如细胞都从一分为二而增殖起来,当其增殖而随有所合,明明在后。自然生命靡非始于分化孳息,而人工之造物恒必从构合入手,此世所共见。今日从构合入手取得生命,吾窃疑其貌似在此。藉或为貌似为当真之莫辨,亦姑不去辨,应须知前云"通而不同"之理。这只能为生命非生命间相通添一证明耳;然生命低级高级固不可等同也。岂可从此生命最低级存在方式直线地推论及于高级同其可能乎？此又一层也。抑又须知：任何低级高级生物——早各止于其所进之度,不复前进了;代表宇宙生命本性奋进未已者,今惟人类耳。人类生命所以最独特在此。纵然人工合成什么生命出来,那亦断说不上将会有一天人工制造人类生命。

（十六）然而现在竟有"机器人"的幻想。自从近年（1948年后）科学界"控制论"、"信息论"兴起以来[①],摹拟人类大脑神经机能,从电子计算机发展到能以进行逻辑（思维）操作的种种机器,例如机器能下棋,能任文字翻译工作等等。"机器人"的想法即由此发生;这果真是可能的吗？这是又一疑问。吾书正在谈论身心（脑）关系,便要表示我们的意见,同时亦借此阐明我们研究的问题。

这一幻想是根于把人看同机器而来。他们把现代自动控制的机器和动物有机体先都看作是自动机,说前者为人造自动机,

---

① 有关控制论、信息论的介绍和讨论可参看北京科学出版社的《自然辩证法研究通讯》1963年第一、第二期及1964年第二期各有关论文。

后者为天然自动机,从而说人是特殊种类的自动机。假若这不过是一种方便性的类比,以求得一时技术妙用而行其摹拟,原无不可。但若有人径直涉论及动物生命乃至人类生命,而忽视(机器与生命)其间本质之绝然不同,则大错特错。人造机器必有其用途,即有其服务的主旨或目标在。但生命奋进却非有何目标之可言;宇宙浑全惟一亦岂更有其所服务者?这是两下根本不同处。更进而分析言之:(1)从动物机体构造看去,是有些像机器的,那就是其构造要皆以动物个体生存和种族繁衍为其服务目标。但这不过是生命前进所不可少的过程在动物机体上的表见,不应与生命混为一谈。(2)就生命最高级存在的方式如人类生活来看,宇宙生命奋进之势方继续前进未已,即足见那个体生存种族繁衍只是生命前进所不可少的过程,非是生命的目标。——生命奋进莫知其所届,初无目标可言。

把人说成是特种机器者,未详其所云特殊之点究何指。如吾书所论述,人的特殊点即在人类活动不复局限于个体存活、种族繁衍两大问题上。为控制论者想要摹拟人的大脑机能,我以为既有其胜利成功之一面,又有其终无望成功之一面。盖设计制造机器必有预定用途;用途纵许多样,总是有限的。在限定的用途上,其效用敏速而准确可以远胜人脑。——人脑较之迟钝且难免有时出错误。但在另一面,人脑活动之所向渺无限际,不可测度,则摹拟不来了。

(十七)此义不妨重言以申之。自哺乳类以上各高等动物的

第十二章　身心之间的关系（下）

大脑皮质为其躯体知觉运动一切生活的总枢纽同于吾人，却有根本相异者：动物脑只为其躯体服务，亦即为其个体存活、种族繁衍服务，更无其他，而人类殊不然。在生活上人有两种可能：（1）他有时可能同于动物，即头脑之用不越乎其身体的要求；（2）但他又极可能非脑为身用，而是相反地身为脑用。古语讥人"心为形役"；这里说的身为脑用，若从反乎心为形役去理会之，便自晓然。此即指人脑活动之所向渺无限际，不可测度，而身随从以活动是已。

高等动物之脑与人脑，语其功能大有分判：前者封固于其身，后者却大敞大开超越乎身矣。动物之脑自是亦在活动，然譬犹湖泊之水洄漾有其涯际，而人脑则如长江大河向东涌流无阻焉。

个体图存、种族繁衍两大要求发之自身，动物生活时时在自发中，谈不到有自觉。人有自觉是从自发升进而来的飞跃。这一飞跃就跳出了一切生物所旋转不已的生活圈圈，也好似围堤突破了一大缺口。是故人身有限而人心旷乎其无限焉。

以上所说要不外点明动物总是沿行其种族遗传的本能生活之路，而人类却大大削弱了本能，走上理智生活之路。所谓理智生活者，即着重乎自觉内蕴的意识作用，亦即心思作用，从后天得来知识习惯代替动物式本能而生活。动物式本能代代相传，盘旋不进，而知识习惯却时时在发展前进中，此即取喻为长江大河不同乎湖泊之水的由来。

行文至此，人心之不同乎其脑，心之不同乎身，昭昭矣。心非有形体之一物,心与生命同义,曾莫知其所限际;而脑也,身也,则形体有限,为生命或心所资藉以显其用者。脑原从身发达出来,为其一重点部分。是身大于脑,而心广于身;乃世人徒见夫心脑关系密切,便以为心即是脑,脑即是心者,岂不谬哉!

(十八)从事于高等动物和人类高级神经活动研究的巴甫洛夫学派,只从外面观测和论证,是生理学,非心理学,像"自觉"、"心静"这些话是他们所不谈的;然其所云主动性内抑制者则正指此。前于第五章曾引用过如下的话:

> 大脑皮质愈来愈发达,抑制的作用显然亦愈来愈增加,而本能(自发)作用则愈来愈减弱。因此,在行为中有计划的活动愈来愈多地代替了本能反应。
>
> 简单的观察已使我们得以确认:抑制过程的减弱是老年人精神状态的重要特征。巴甫洛夫曾指出老年人主动性内抑制的衰损及各种神经过程灵活性的减低。(以上并见苏联高等医学院校教学用书《精神病学》)

兹更引录其学派可资参考互证的一些话于此:

> 巴甫洛夫说过:"儿童与成人的不同点,就在于缺少一种周密的经常伴随着我们的行动、伴随着每种运动、语言以及思想的抑制作用"。(《巴甫洛夫选集》,一九四九年版,第四

六二页）抑制作用是由第二信号系统实现的，它是该系统对皮质下活动及第一信号系统的控制者。因而第二信号系统除了是抽象思维的生理基础外，同时还实现着人类长期经验所造成的复杂细致的抑制作用。（见《关于巴甫洛夫及巴甫洛夫学说》，中国人民大学教研室一九五二年出版，第九六页）

应知此后天锻炼养成的抑制作用固以大脑皮质的发达升进为其根本。

巴甫洛夫学派是承认在人面前的客观世界之外，人是有其主观世界的，即承认心理学自有其领域[①]。人的主观世界何自而来？正为人有自觉故耳。人非止看到面前的景色，同时还自己觉知看到了什么景色；人非止听到外来的声音，同时还自己觉知听到了什么声音。在看到听到的同时，自己动了什么感情（例如愉快或恐惧），亦复胸中了了不忘。所以主观世界之被承认，正就是承认自觉了。

自觉与心静在生理学家巴甫洛夫从其谨严的科学态度一向不谈，却并不否认之。他所讲的人类所特有而为动物所没有的第

[①] 如美国华逊一派行为主义心理学（特如中国的郭任远）拒绝内省法，只承认客观一方面，拒绝任何从主观的说话，那就抹杀了心理学。巴甫洛夫不如此。巴甫洛夫还极讥笑动物心理学家的治学方法，亦是很对的。动物无自觉，何从有什么动物心理学？虽然亦可推想动物在发怒、在惊慌，如是等等。但以此为学殊远于科学是没有前途的。以上可参看北京科学出版社翻译出版的《巴甫洛夫选集》中《研究动物高级神经活动的生理学与心理学》一文及其他有关论文。

二信号系统实伏有心静与自觉在内；离开自觉与心静便没有此第二信号系统的出现与存在。

（十九）人类所特有的第二信号系统，即指人类的语言文字同具体事物一样有效，或且起着更加有效的刺激反射作用者，究从何而来呢？作为生理科学家巴甫洛夫只讲有此信号的信号事实存在，不说明其所从来，在吾书第六章和第九章却曾有所阐说。第九章以"人资于其社会生活而得发展成人如今日者"为题正讲到语言与意识的发展——涵括着生理方面大脑机构机能的发展在内——互为推进而分不开。语言交通于彼此间，自觉意识萌茁活动于各自头脑中，经过几十万年近百万年乃有如今天的人类出现。语言之后更有文字以行于久（时）远（空），皆所以代表经验的事物的观念、概念，即知识。知识成就于意识对外活动，而实以内蕴之自觉为其根本。此则见于第六章各节，如：

> 求（好）真而恶伪（误），存于人心活动之随时自觉中，是为吾人知识学问得以确立之本。（见第六章第六节）不有经验，何有知识？不有记忆，何有经验？不有自觉，何有记忆？
>
> 凡是吾人之所谓知者，主要在知事物与吾人之关系意义如何，事物与事物彼此间的关系意义如何；而一切关系意义都是有待前后左右贯通（联想）以识取的，是抽象的（共相），而非止集中当下之具体一点上。其主要记忆正伏于此贯通识取之前而为其必要条件者，则非动物之所有也。（中略）

第十二章　身心之间的关系(下)

> 动物于语声字形非不能有所辨识,但不能理解其涵义。(中略)理解力为人类所独擅。(见第六章第八节)

切请注意:记忆、经验、知识之内都贯串着**理解力**;理解力即意识所有的概括能力,而要源本于自觉。

(二十)自发跃进于自觉,理智大启,本能削弱,说是得之于机体构造上身心分工,身渐以服从于心,心乃辉耀突出,自是可以如是说的。然而如前所述"发头、发脑、发皮质"(见第五章)者,岂不以生命之争取自由灵活不断地奋进而得有此三发乎?生命奋进则本于宇宙内在矛盾之争持而来,正又不妨说:因生命争取自由灵活之愈进也,心愈以开,身乃愈以降耳。更归实来说,心身升降互为因果,如秤(天平)两头,低昂时等,原不容作先后分别也①。

---

① 有些关乎大脑神经的科学知识,值得留意参究的,特附记于此:动物因饥致死,其体量必减,其细胞亦必有变形。然其脑髓初无损害之迹象可寻。是可知在生命上整个动物机体必以神经系统为主,其他官骸概为从属,虽至最后之时其他官骸犹必供养神经系统焉。
　　人进饮食所以蓄积能量于机体以供给其活动之所消耗。于是便有新陈代谢的变化。从衡量其所吸收氧的数益和产碳酸气的数量,基本上可以测知其代谢变化之剧大或轻微。最奇怪的是头脑理智活动大异乎体力劳动似若无所消耗者。如其有之,它所消耗的能量亦极微,微到非现代技术所能探察得出。然而脑中思考一念之转,却竟可发出宇宙最强大的力量使世界改观。一切人事或自然界惊天动地的大改变,莫非头脑思维之力也。

第十三章　东西学术分途

此章仍衍续前文阐明自觉,但以引入东西学术问题,遂尔题目别标。

自觉能动性是人类生命的特征,其所区别于物类者在此。然而人们却非能时时皆在发挥表见此特征者。前曾说,人心要缘人身乃可得见,是必然的;但从人身上得有人心充分表见出来,却只是可能而非必然。事实上,恰是从人身表见出来的,往往难乎其言人心(均见第五章前文)。此即谓人的意识活动时,内蕴之自觉往往贫乏昏昧,审其所以昏昧则为受蔽于身(本能兼习惯)也。前章(九)曾说从此身自发性而来的活动与其他动物殆无大异者亦即指此。盖顺延乎人身惰性的活动,不是虚度光阴,便是造作罪恶,而一切创新之事靡不得力在内心自觉之明。

上文为了使人便于认出生命新新不已之义,暂避开其顺延乎惰性者,而先就其富有自觉性者说给人。实则人心自觉之隐昧或显明往往是说不定的,即可能忽明忽昧。而且自觉之强弱深浅既程度不等,又非划然可以区分的,所以就更难言了。至于人的个性不同,难以一概而论,又不待言。

然而在种种难说之下,仍有两点可说者:

第十三章　东西学术分途

（一）就人类个体生命说，从初降生下来到长大成人，其内心自觉开发程度是随身体发育和社会交往逐渐升进的，不妨说：身先心后，心随身来①。

（二）就人类社会生命说，社会发展史上同样地见出在漫长自发性发展之后乃始转入社会有其自觉；基于社会自觉性而有意识规划地创造其共产主义社会的历史前途。质言之，此亦有类乎身先而心后。

犹之乎生物进化史上所见的那样，随生物机体构造之发展有进，而生命活动力逐以升高，末后乃从物类自发性跃进于人类自觉性，自觉在人的个体生命和社会生命亦都（如上所说）是到后来呈现展开的。

这亦即是说：不论在生物进化途程上，或在人的个体一生中，或在社会发展进程中，此人心自觉性之出现活动皆见其为一种**开始成熟之象**。

人类一切长处均从人心内蕴之自觉而来，从乎自觉就有一切，没有自觉（自觉贫乏无力）就没有一切（没有一切创造）。人类从自觉以发挥去，其前途光明，无穷伟大。此其发挥盖有两大方向之不同：一则向外，又一则向内。

言向外者，谓从生命单位——人身——以向外也。从内蕴自觉的人心向外发挥运用，便是意识作用于物——生命向外所对者莫非物也——其活动总是**有对性**的活动。有对性者谓其总在物

---

① 关于身心先后问题，如其读者感觉我有些自相抵牾，看后文自明。

我对待中,辗转不出乎利用与反抗——即利用中有反抗在,即反抗中有利用在——是已。由此而发挥去,累积经验,蔚成知识,掌握了知识遂渐次以宰制乎一切事物,原为自然界之一物的人类到后来竟若为大自然界的主宰,此其前途大势于今不既瞻之在望乎?全世界人类文明的发生、发展言其概略从古以来就是这般一条道路。但路向明确,前进猛利,成绩显赫,为其最佳代表者端在近代以来的西洋学术界。以其向外用力也,从而其成功亦即特著于自然科学和人对物——自然界——的控制利用上。

言其概略,固如上说,按其实际,则有不尽然。人心不每每有自反之时乎?自反即向内矣。向内以求自觉之明强,此其随时有助人类文明之发展者盖非小小;今且暂置不谈。兹特指出其从此向内一路大力发挥去,蔚然以成的种种学术,古东方人实开其先。略举如次:

(一)当人心转而向内以发挥其自觉性也,或以身内气血运行(这里属植物性神经系统本来自觉隐昧的)为自觉对象,求其深造于运用自如者,此即中国道家功夫,而印度某些宗教所传功夫亦同此一类。虽其始末超有对,却亦有可能逐渐转化深入乎**无对**。

(二)**无对**者,谓超离乎利用与反抗而归于**浑全之宇宙一体**也。前不云乎"当人类生命从动物式本能解放出来,便豁然开朗通向宇宙大生命的浑全无对去"(见第六章第七节),正以人类生命自始便打开了通向宇宙生命的大门;不过一般说来,人生总在

第十三章　东西学术分途　　173

背向大门时为多耳。其嘿识乎自觉而兢兢业业正面向着大门而生活，由有对通向无对，直从当下自觉以开拓去者，则中国儒家孔门之学也。

（三）儒家始终站在人生立场上，而印度佛家则否定人生，超越乎人生立场，皈依乎无对，转从无对来引导（有对中的）一切众生。

凡此请参看拙著《东方学术概观》，此不及详。

这里为阐说自觉而涉及东方学术问题，不宜漫谈学术，却须切就学术与人类生命和生活的关系来讲几点，而后此所云东方学术与人的自觉性乃同时得其说明。

（一）学术是社会的产物，因为人类意识原就是人类社会的产物，而一切学术固产生于内蕴自觉之意识作用也。

（二）学术是人类生活中所倚以解决问题的。说问题，亦即困难或障碍之谓。有真问题，有假问题。真问题是人生生活上遇到的困难、障碍；其由意识不明利而误会生出问题，便是假问题。只有能解决真问题的学术，乃为具有学术价值的真学术；破除假问题的学说附在其中。

（三）解决了困难障碍，即取得了自由。不断地争取自由，正是人类所以代表宇宙生命本性者。学术进步，不外是此奋进不已的生命本性通过人类社会交往而发挥表见出的前进。

（四）学术莫不应于问题需切而来，有什么问题，产生什么学术。当社会发展前进到了不同阶段，那时人生问题从而有所不同，便自有其不同学术出现。

（五）如我夙昔所说，人生盖有性质不相同的三大问题：1. 人对物的问题；2. 人对人的问题；3. 人对自身生命的问题。问题浅深次第昭然可睹。随着社会发展史的阶段升进而人生问题顺序引入转深，实有其自然之势的；不过个人的思想活动则非必依此顺序①。

（六）如上所举道家、儒家、佛家却非止是个人的思想活动，有如古西洋各家哲学的那样。此三家者各为一种生活实践功夫（不徒在口耳之间相传说），即都是真学术在解决各不相同的人生真问题。如我夙昔所说：儒家之学适应于人生第二问题；佛家之学适应于人生第三问题；道家之学则应乎人生第一问题临末转变之时所需切者。

疑问出来了！既然学术是社会的产物，社会尚未发展到较高阶段，引入较深的人生问题，何以竟然有三家之学出现？我无可回答。我只认识得如上陈说的事实存在，而于各旧著中一向称之为文化早熟而已。

早熟便有其特殊征验种种可见：第一，早熟学术便自难以推广普及于其社会一般人，而只流行于一部分人或一阶层间。第

---

① 人生有三问题，而应付问题之态度亦有三；此说发之于《东西文化及其哲学》一书，其后《中国民族自救运动之最觉悟》、《中国文化要义》、《东方学术概观》各书继续阐明，宜取而参看。大抵以后作为周妥，有胜于其前者。

第十三章 东西学术分途

二,这一学术亦自更难延续长久和发展前进①。第三,整个社会势必大受其影响,社会生产力淹滞不前,在社会发展史上入于变态。——请看后来中国和印度不是就落到这样结果吗?第四,既然早熟便与其时知识文化那些幼稚、迷信、鄙陋成分相混杂,后世难以囫囵承受。

人类初不以东西而有什么分殊,学术又何分乎东西?东方学术这名词原是不能成立的。不过在世界文明史上一古一今一东一西恰有彼此对照的事态出现,乃姑为此称号方便于论说耳。譬如中国传统医药学术与后来从西方输入之医学各自成其体系,久矣通俗存在着中医西医之称;然今后学术发展终将得其会通,合并归一是可以预料的。此三家之学在较远乃至颇远颇远之未来文化中,固亦将次第通行于世界上,最后失去东方某家某家之称也。世有通人,必不诧异于吾言。

如我今资藉于达尔文、马克思以来的学术,对人心与人生得有所窥见,有所说明者,盖亦由东方古学有以启发之。不有古东方人转其向外之心而向内以发挥其自觉性也,不有其所创造的三

---

① 东方三家之学出现在古中国、古印度实为世界人类未来文化之早熟品。一般说来,学术文化总是愈来愈发展,愈进于高深,亦愈普及的。而在早熟者则相反,往往愈传久愈失其真,乃至失传于后。盛因其不合时宜,势有难以延续发展前进者也。此在佛家最明显,佛经中且曾明白言之,即所谓"正法时、象法时、末法时"之说也。据云:正法时五百年,谓佛虽去世,犹有如法修行证得正果者;象法时一千年,象者像似衰替,随而无证正果者,但有像似之佛法行于世而已;末法时一万年,末者微末,仅有其教而无修行无证果者。今印度本土佛教几绝,其传布世界各方者率多假借名号伪谬不可究诘,是其验矣。中国儒家孔颜一脉失传中断,乃有汉唐经学为其像似延续,事同一例。此不详论。

家之学传衍于后也,我又何从而会悟到此乎？我从少年便于人生不胜其怀疑烦闷,幸有机会粗闻古今东西之学,既解决了我自己的人生问题,辄笔其所理会者出以问世,窃不自量将为沟通东西一开其端。距今五十多年前的《东西文化及其哲学》一书,即蓄此志,顾粗疏错谬远不足称其志,今行年八十,勤勤为此,其可稍补前愆乎？

我这里所说人心内蕴之自觉,其在中国古人即所谓"良知"又或云"独知"者是已。良知一词先见于《孟子》书中,孟子尝以"不学而能,不虑而知"指示给人。后来明儒王阳明(守仁)大力阐扬"致良知"之说,世所习闻。独知一词则涵于《大学》、《中庸》两书所谆谆切切的慎独学说中。其曰独知者,内心默然炯然,不与物对,他人不及知而自家瞒昧不得也。阳明咏良知诗云"无声无臭独知时,此是乾坤万有基"。乾坤万有基者,意谓宇宙本体。宇宙本体浑一无对。人身是有对性的,妙在其剔透玲珑的头脑通向乎无对,而寂默无为的自觉便像是其透出的光线。一即一切,一切即一,宇宙本体即此便是。人心之用寻常可见,而体不可见；其体盖即宇宙本体耳。人身虽有限,人心实无限际。昔人有悟及此者多矣。邵康节诗云"身在天地后,心在天地先"。湛甘泉有云"心也者包乎天地之外,而贯乎天地万物之中者也",岂不是一语道出了宇宙大生命！"身在心中"明儒多有言之者,不必一一举数①。

慎独之"独",正指向宇宙生命之无对;慎独之"慎",正谓宇宙生命不容有懈。儒家之学只是一个慎独。孟子不云乎,"学问之道无他,求其放心而已矣!"宋儒大程子说,"圣贤千言万语,只是教人将已放之心约之使反复入身来,自能寻向上去,下学而上达",既是证成孟子之言,且更申明此学无穷尽。心从乎身,便向外去而恒有其对待之物;反复入身来便归到生命上而体现了一体之仁——"仁者与物无对"(古语)。应知凡所说向内,意谓其从向外者转回来而已,非更有其所向也。一有所向,便又是外去了。果然约之使反复入身(生命)来,下学自能慢慢上达,而深入乎不测(无穷尽)。

下学而上达者何谓耶?宇宙生命在生物进化之末创造了此身,即寄托此身以发挥其生命本性,尚不能如前所云"心为主宰之义",恒时主宰乎此身也;是大有待于继续争取。在过去漫长的生物史,生命一向局限于形气(机体、本能)之中,如今虽争取得所透露,一息有懈即又为形气掩覆,鲜能自主。下学云者,其殆谓此身在自然界和社会息息生活中,常不失于自觉,能勉于无支离、无违异耶?果如是也,日就月将,形气之为碍浸浸消融,而于宇宙生命本原之通透则升进不已焉,其是之谓上达耶?

正以其为学之上达生命本原,若无隔阂于宇宙之广大悠久

---

① 邵为宋儒,湛为明儒,其所言特简而能明,故举出之。《宋元学案》、《明儒学案》两部书汇取了宋明儒者各家之言,请参看便得。

也,古先儒书乃每每言"天",或"天地";亦时有"天命"、"天道"等言词。例如:

> 天何言哉!四时行焉,百物生焉,天何言哉!(见《论语》)
>
> 致中和,天地位焉,万物育焉!(见《中庸》)

《孟子》书中讲尽心,便有"知天""事天"之说,《中庸》在说"天命之谓性"之后,便有尽性"可以赞天地之化育","可以与天地参"之说。学问功夫显然很深,未造其境,不必妄谈;但其所指目者岂不仿佛亦可窥想矣乎[①]?

上达只在下学之中,离开下学没有上达。孔子当时恒在下学处指教人,从不说向高深幽渺而待其人自己慢慢悟入。对门人至多点出一句"吾道一以贯之"而止,而且苟非其人,非其时,就全然不说。门人遂有"子罕言利与命与仁"和"夫子之言性与天道不可得闻"的记载。但孔子本人生活殆造于"天人合一"之境,息息默默通于天命流行之体(自云"五十而知天命"),遇有横逆之来或疾病在身,恒有其自知自信者在,如曰"天之未丧斯文也,匡人其如予何!"如答子路请祷,则曰"丘之祷也久矣!"盖终日乾乾惕厉,不隔于天地,何时其非祷耶? 后此中土只见周孔教化流行而一般宗教更莫得而盛者,或有其渊源远在周孔之前,而孔子以来的儒家之学如此,要为其影响最大的关键焉。

[①] 《孟子》《尽心章》原文云:"尽其心者,知其性也;知其性则知天矣。存其心,养其性,所以事天也。"《中庸》原文云:"惟天下至诚,为能尽其性,能尽其性,则能尽人之性,能尽人之性,则能尽物之性;能尽物之性则可以赞天地之化育;可以赞天地之化育,则可以与天地参矣。"

第十三章 东西学术分途

东西学术分途的话暂止于此。却须声明一句：向外致力、向内致力只是东西古今学术界大端风气有分殊，而人毕竟是活的，更莫得限定之。尝见柏格森书中有如下的话：It does not exactly lies within man rather, man lies within it, as in an atmosphere of intellectuality which his consciousness breathes. 此处引用之一句英文不妨译之如次：与其谓心灵蕴于人身，毋宁说心灵直如弥漫之大气层而人身处于其中，人的意识活动喻犹气息之呼吸也。此非即身在心中之说乎？柏氏哲学原本生物学而来，宜其有见及此。然康德思路固大不相同，而柏氏乃引述其言，盖西洋聪明特达之士或古或今，其窥见宇宙奥秘者亦不少也；第难免虚见不实，浅测不深耳。

说身在心中，亦即说心先于身了。说至此，亟须综合前后说话申明其间涵义分别：

一、前曾屡说"身先而心后"的话，那是就人的自觉意识以言心，心是逐渐发展成熟出现的。

二、这里却又说心在身之先者，盖为人心恰是宇宙生命本原的最大透露，就其本原处以言心也。

三、若就有生物机体（身）便有生命现象（心），生物机体进化，生命活力同时增进而说之，却正是两面无先无后，如秤（天平）两头，低昂时等。

第十四章　人的性情、气质、习惯，社会的礼俗、制度（上）

为了讲明人心与人生，有必要分从性情、气质、习惯、礼俗、制度，这几方面来谈一谈。人类生命既由其个体和群体之两面所合成，在个体便有前二者，而离开后二者群体生活亦便无可能。习惯则居于个体群体之间为其中介。对于这五者加以分析，有所明了，则人生也，人心也，便都不难了然于胸。

兹先说性情。说情，我指人的情感意志，而情感意志（包括行动在内）所恒有的倾向或趋势，我便谓之性。前在第二章曾就人性与阶级性问题有所讨论，又第九章"人资于其社会生活而得发展成人如今日者"，均请回顾参看。一言以括之：人类像今天这样，非是其生来如此，一成不变的。当其没有从类人猿分出来另成一系，那太远且不说；即从其另成人类一系的近百万年而言之，人的体质、心智皆时时在发展变化；体质、心智变化，其性情同时在变化。非惟随时代而不同，亦且因地方而有异。一般说人性者，每曰"天性"，一若"天生来如此"的，实属所见不广；不可便以为与生俱来者即属先天，出生之后所习染者乃为后天也。此即是说：所谓后天不限于出生之后，人的性情（这是与其体质、心智不

第十四章　人的性情、气质、习惯，社会的礼俗、制度（上）

相离的）一切罔非得之于后天。

说人的一切罔非得自后天，其中却亦大有分别：

第一，是其得之**由物到人的演进中**者。此指人的身心虽远在太古蒙昧野蛮之时，直到好像文明颇高的今天，如此不同时代却**彼此从同**的，亦指地球上东西南北任何地方出生而生活的人类之**所从同**的。正为有此一致从同之处乃同说为人类焉。其共同点何在？那就是人的**自觉能动性**。从人身开出来自觉能动性，而表现为人心，开始能为生产和生活制造粗陋工具，推计其时约当百万年前后。此性格可称之曰：**人类基本性格**。

第二，是其得之于各不同时代或各不同地方以及不同时又兼不同地的**人群生活之所感染陶铸**的那种性格。此即指说今天地球上各种各族的人生来其体质、心智和性情（种族遗传）便多少有所不同的那方面，对前者而言，可称之为人类第二性格。

第三，是在第一和第二的基础上而有的后天感染陶铸，**较为肤浅较易改变**的那一些。在前第二性格上亦有改变之可能；至若第一基本性格虽时有隐显，但不可能改变。此即是说只能发展向前，更无后退到动物的可能了①。

人的一切罔非得自后天，虽与生俱来，不学而能者，且不可目以为先天，然则竟无所谓先天耶？是亦不然。先天即宇宙生命本

---

① 阶级性应属此第三层内，但又非很容易改变的，原因有二，当社会阶级现实存在时，息息生活于其中，此其难改者一。要改转到无产阶级这面来，便须公而忘私；此身为有私之本，心不离身，身是很难忘的，此其二。然而从乎基本性格自觉明强的人又有何难耶？

原或宇宙本体。

说到此处,不妨分开宇宙生命变化流行之体与其清静无为不生不灭之体的两面;两面非一非异,二而一,一而二。但儒家之学主于前者,佛家之学则以后者为至①。我们从两家遗教领会得此意,只是虚见,非实证,多说多误,自不宜多说。然而后文在论道德和宗教时,还将涉及,请参看。

中国学者远自孟荀以来,好为性善性恶之论辩,其为说多不胜数,而可取者盖少。此一问题不有近顷科学知识暨思想方法为资助,只出以忖度臆想,未有不陷于迷离惝恍莫可为准者。吾书进行至此,大意可见,不须要更多的说话,只表出结论如下:

人性之云,意谓人情趋向。趋向如何非必然如何,而是较多或较大地可能如何。事实上,人之有恶也,莫非起于自为局限,有所隔阂不通。通者言其情同一体,局者谓其情分内外。肯定了**恶起于局,善本乎通**,而人类所代表的宇宙生命本性恰是一直向着

---

① 佛家关于此心直通宇宙本体非有二的说话甚多,兹略附存备览。
龙树菩萨"心赞"云:诸佛出生处,堕地狱未减,成佛原未增,应敬礼此心。
禅宗大德有云:即心是佛,佛即是心。又有云:有人识得心,大地无寸土。
《大乘起信论》有一心二门之说:一者心真如门,二者心生灭门;二门不相离,二门皆总摄一切法(宇宙一切事物)。
《楞严经》有云:尔时阿难及诸大众蒙佛如来微妙开示,身心荡然得无挂碍。是诸大众各个自知心遍十方,见十方空如观手中所持叶物。一切世间诸所有物,皆即菩提妙明元心。心精遍圆,含裹十方。反观父母所生之身,犹彼十方虚空之中吹一微尘,若存若亡。如湛巨海流一浮沤,起灭无从。了然自知获本妙心,常住不灭。
《楞严经》在此前,有七处征心之文,嫌其太长,不录。
《起信》、《楞严经》两书向来皆疑其非真传自印度,而是出于中国人撰著,我读之有同感,但吾意仍可取以代表佛家。

灵通而发展前进,昭昭其可睹,则人性善之说复何疑乎?(参看后文论道德一章。)

在第二章前文又曾说人之性清明。此正谓人从动物式本能解放出来,性向非同其他动物恒落一偏,而有如素丝白纸易于染色,却又不是那样消极被动,而是其生命富有活变性和极大可塑性以积极适应其生活环境。一个人生下来非从社会生活中经过学习陶铸便不得成人而生活,且于生活既得其适应后遇到环境必要时,重又能改造变化者,全赖此焉。

人之性善,人之性清明,其前提皆在人心的自觉能动,请读者加意理会!

关于情感意志的话,前此各章说过很多。例如论喜怒哀乐之情,在高等动物虽亦有可见,但既浅弱无力量,更且本质上有不同于人者,下列各章节均曾论及:

第六章第四节(说到本能活动无不伴有其相应的感情冲动以俱来,而理智恒必在感情冲动屏除之下乃得尽其用)。

第六章第七节(说到无私的感情是人和动物两下本质不同所在)。

第七章第二节(说到理性、理智的分别以阐明无私的感情)。

第十章第(十)条(说到情感意志与身的密切关系)。
这里为避免重复,敢请读者回顾各节前文是幸!

简括地说句话:喜怒哀乐之情不外是生命本原从生物机体辟创得几许活动自由所流露的征兆。在生物进化途程中,高等动物原同人类一路向着理智生活前进,未尝不争取得一点灵活自由,遂有其一点情感可见。人的机体构造(身、脑)既愈进于精巧、细密、繁复,可喻如空隙(自由活动的余地)愈以开辟,生命乃愈得所发露。前曾说机体之在人信为其所托庇以生活者,却譬犹重门洞开,窗牖尽辟之屋宇,空气大为流通(见第七章第二节),情感之波动激扬其犹空穴之来风欤。

东方三家之学既皆主于反躬自省,其于吾人生命之奥秘遂各有见到处,非世俗所及知。然如我夙昔所说,它们要在使生命成为**智慧的生命而非智慧为役于生命**①,初不以知识为尚,故语焉不详。其剖析以详言之者独佛家唯识宗耳。在唯识书中,情感意志方面的种种概属于"心所有法",简称"心所"。心所共列出五十一数,分别附于眼等八识(眼、耳、鼻、舌、身、意为前六转识,而以内在相互依存之第七末那识和第八阿赖耶识为根本),或彼或此,俱时而现行。其于人的情致意态探幽索隐,殆备举无遗,足资今后治心理学者之参考,这里不说②。

从情感就可谈到冲动(impulse)。假若以情感从属于心,那

---

① 此语见旧著《中国民族自救运动之最后觉悟》,论《我们政治上第二个不通的路》一文。智慧一词赅举理性理智而言之。智慧为役于生命,盖指西洋人创造了近代科学及其工业文明。东方古人则智慧不向外用而反归到生命上来,化除生命的盲目性,创造提高了自家生命。

② 五十一心所类别有六:遍行五,别境五,根本烦恼六,随烦恼二十,善十一,不定四。当八识现行时,各有其相应之心所随以俱现。若勉强从知、情、意三者来分别,八识皆属知之事,其相应之心所则情意之属也。对于心又从苦、乐、善、不善等而分别之。对于八识期于转识成智,于心所则期于其断除。断除非易,因有"见所断""修所断"之分别。然在菩萨又有留惑润生之义。出世之学深邃如此,诚非世俗所预闻知,这里不须说得。

第十四章 人的性情、气质、习惯,社会的礼俗、制度(上)

冲动便从属于身。假若以知与行来分别,情感尚在从知到行的较前阶段,冲动既入于其较后阶段。冲动实为吾人行动所不可少的**支持力**;行动起来,勇于赴前,有时奋不顾身,不计得丧者在此焉①。

人的意志来自其意识之明白果决;明白果决则存在内蕴之自觉上。一般说来,冲动概有很大盲目性,是违失自觉的。但二者亦非定不相容。意志清明泰定之行事仍然依身体以行,就仍然有一种冲动在;不过此甚希有,非其生质之美又加修养功深者不能耳。

说了冲动便要说到气质。冲动就是人的性情中属于气质的那部分。或问:既然气质属在性情之中,为何在性情一词外,另提气质一词呢?性情表露在一时一时,气质却较牢固少变,而是使得其性情前后表露多相类似者②。

人是生物界中争取得最大活动自由者,所谓自由活动就是其活动非所预定者。然而非预定的活动却必建起于一些预先安排好的成分条件之上,即先有些预定者——例如身体的存活——为其基础。再就身体存活而说,一时一时存活之事——例如一时一

---

① 英国哲学家百船·罗素著《社会改造原理》一书,值得参考。此书特指出冲动是人类行为的重要源泉,指出资本主义社会鼓励人的占有冲动,流弊甚多,改造到社会主义将发扬人的创造冲动,大有利于人群。

② 自古儒家既多有关于人性的讨论,临到宋儒遂提出有"气质"一词,从而"理""气"对举,却又非划然两事,俾在问题上便于分疏,自属学术思想之一进步。例如说"论性不论气,不备;论气不论性,不明"(程伊川语)。"气质之性只是此性堕在气质之中,故随气质而自为一性"(朱晦庵语)。我这里所说的气质亦与昔人所说约略相当,但读者仍宜就吾前后文寻绎其所谓,固不容相混为一。

时的饮食睡眠——仍富有临时伸缩活变性,而身体内经常的生理运行、新陈代谢,却又为其预定不易的前提了。又如身体所以可自由任意活动者,正为构成身体的骨架、筋络、组织细胞却相当固定有其不易之常规在。又如人们虽可自由地写文章,但其所依凭的词汇、文字、文法却是预先固定通行的。凡此均可见非预定的自由活动恒必资借一些预定成分条件之上。

就心理学来讲,有必要提出气质一词,指明一个人性情的表露一时一时或彼或此,虽非所预定者,但总是从其生来禀赋即此所云气质者显发出来。如像俗常说的某人"脾气不好",那便是气质问题了。

兹就气质一事再作如下的分层说明:

(一)人类虽从动物式本能解放出来,但人仍自有其本能,只不像动物本能那样机械性顽强、牢固、紧迫、直率耳。因为种种本能原是应于个体图存、种族繁衍两大问题,而预行安排的方法手段,植根于机体构造,与生俱来;人为动物之一,又何能有例外?不过人类生活方法既从动物依靠遗传本能者转而依靠后天的创造与学习;为给后天学习陶铸留地步,其预作安排者乃至为零弱而有限。这些与生俱来零弱有限的本能却仍具有相当机械性、惯性,在心理活动上起着作用,势力非小。正是为此之故,西方便有不少心理学家好谈本能,重视本能(好谈冲动者如罗素亦在内),而我兹云气质者,其基本成分亦即在此。例如有人好发怒斗争,有人则否;又如男女情欲或强或不强,人各不等,其彼此不同者即彼此气质之不同也。而论其事，均属本能冲动之事。

（二）一个人的气质与其体质密切相关，如形影之相随不离。说体质是指具体的事物，例如见于外的体形、面貌和体内种种器官组织、血液、内分泌等等可以检验者均属之。而气质之云，则为心理学上一抽象名词，止于有其意义可以领会而已。从一个人的言动之间可以察知其气质之如何；甚且不待言动表现而检察其体质有时亦可判知其气质。气质且时时受体质的影响而变，如有病变在身，立即影响于气质者是。古书有云"少之时血气未定，戒之在色；及其壮也，血气方刚，戒之在斗；及其老也，血气既衰，戒之在得"。那正是指出了体质有改变而气质从之的一好例。

（三）人们的体质各不相同，从而其气质亦就不同，从而性情表现多有不同，寻常说每一个人总有其个性者，即基于此而来。此在医家易得有所认识。盖业医者以人为研究对象，不同乎工业上所对付的不过是些无机物、有机物，不同乎农业上所对付的不过是水土和植物，所有这些（无机物以至植物）都不难求得其一般规律去对付之，没有差错。而对伤病人从其体质到精神却要具体分析才行，不能只从一般格套来应付一切。《人之奥妙》一书（作者本是医生）第七章专以"个人"为标题，亟论莫把共相中的"人"和现实具体的个人混同起来，前者是从科学归纳所得的抽象认识，不免把人都一般化了，临到具体个人身上未必尽合。盖具体的个人时见其有个性突出也。试言其浅近者，譬如人的细胞组织、血液成分便皆有个性所见，在医疗手术上彼此互相随便通融借用不得①。此种科学知识值得谈心理者之参考。在气质上诚然不是人人个性都很强,只是每个人总不免有些个性,不容忽视。所谓个性即气质不同之谓;不同者即各有其所偏。人人不免各有所偏,但其偏度大小强弱不等。

(四)伟大的天才人物与一般庸俗的人的比较,大约是一面其气质偏度显得强大,而另一面其气质又清明过人,两面好像趋于相反之两极。前云人性清明是对动物而说的,动物太受蔽于其身体本能,其透露出的宇宙生命本原殊有限。伟大天才之所以清明过人,正因他比较通常人更障蔽少而透露大也。但他气质仍然有其所偏者在,其偏度随着其高度的透露遂显得强大。一般人受蔽的程度相差不多,其偏向往往一般化,亦就不强了。

(五)人心是灵活的,自然无偏颇;气质却相当凝固而有偏。东方三家之学不相同也,却均在主动地对气质下矫正功夫,提高其生命的自觉性,以进于生活上的自主、自如。宋儒不云乎,"学至气质变化方是有功"。避免气质用事,要为三家相通处②。

附带说一句:气质在人各不相同,事实昭然可见;但究问其不同之所从来,则甚难知。气质随从于体质,体质首先得之父母乃

---

① 《人之奥妙》一书第七章论人之有个性,极值得参考。据云一人的细胞组织具有它隶属的个体所特具的性质,罕见有两人完全相同,能够互相交换他们的细胞组织。例如取自伤病人自身的皮肤移植于伤处联结起来,便渐渐增大,继续生长,而取自他人的皮肤,却渐渐松弛缩小下来,不久便死了。

② 三家同一主动地对气质下矫正功夫,同以人心自觉为其入手处,还更有以提高其自觉;所不同者:道家功夫用在此身,儒家功夫用在此心,佛家宜彻底解放生命,还于不生不灭,无复气质之存。

至祖上遗传,固可为一种解释,却未能尽归之于此,往往同胞亲兄弟而其秉赋乃绝异也。佛家说有前生、今生、来生之三世,凡人表见于今生者,辄有衍自其前生者在,理或然欤?若谓人死归土,便完了,是为断见。人生相似相续,非断非常,自是真理①。

我这里所用习惯一词,极为浑括广泛,试为说明如次。

首先应须知道:人类只有脱离自然状态而生活的时候,亦即开始有文化时,方好称为人类。然开始有文化者何谓乎?何谓在生活上脱离自然状态乎?一句话回答:生活方法(渔猎、农牧、工矿等),生活用具(衣服、刀、斧、舟、车等),生活规制(婚制、政制、学制等),种种有关生活的事物,一切莫得种族遗传的本能而依靠之,却必依靠后天去创造、发明、发现是已。换言之,人要从创造、发明、发现来解决其生活上一切困难问题,那便是所谓文化或文明了。而问题呢,原不外乎身体如何存活和男女两性如何相配繁衍子孙那两大基本问题。盖当人类初现,其生活上的问题固与其他动物无以异也,只不过见出人在身体存活上较比动物娇嫩脆弱,在心情欲求上又较为复杂深微而已。正为如此,人的问题便较动物多些,而突出重要者则是其问题乃愈来愈多。即是说:其问题愈从文化文明上得些解决,身体便愈以娇嫩脆弱,心情愈以复杂深微,从而问题亦就层出不穷,变化多端。问题发展无止境,凡所以解决问题的那些文化文明事物便自会愈益发达丰富,日见新奇,两面循环交相推进,此非今天人类文明世界所由出现

---

① 佛家唯识宗于此有异熟识、异熟因、异熟果之说,恕不暇述。

者乎？然而其前途进展方且无尽无休也。

从今天人类之无所不能，回看其降生下的原初一无所能，则人们的生活能力几乎全得之于后天学习和接受社会的陶铸，岂不事实昭然。我说的习惯正是把个人的学习和社会的陶铸统括在这里一起来说它。

学习始于幼儿模仿成人，所以习惯之事既是个人的，又是社会的。没有模仿因袭无以成习惯，但社会上一种习惯固创始于个人，乃风行于群众间。虽云创始，却无不有其所资借的基础，即无不是在因袭中有所更改，掺入新成分者。其所因袭莫忘是先存在社会的。这样，所谓习惯便是从社会到个人，从个人到社会循环不已的事。

任何创始——创造、发明、发现——都出自心思灵活作用，但任何习惯都必待身体实践而后得以落实巩固。习惯之为物，追源溯始，实成于心身循环往复之间。然则习惯者非他，我盖指人生一切问题所由解决的那些创造、发明、发见之得以在个人和社会上的落实巩固。其中如生活用具如何操持或首先要在个人身手间落实巩固；至若生活规制如何循守的落实巩固，又特重在社会众人彼此间了。凡此之类不难推想理会，不多举说。

当习惯未成时，即不够落实巩固时，每要随时用心揣量而行，效率甚低；及至熟练后，不须劳神照顾，便自敏捷而显著成绩。此不必一一举出事例，读者自能领会得之。

古语云"习与性成"，习惯在人的生活行止上的势力极其强大，不亚于气质。前说气质不离体质，同样地，习惯亦是附丽在身体上的。二者的分别：气质是生来的，习惯则是在降生后慢慢养成。虽二者均非不可能改变（或不自觉地在改变，或自己主动地改造），但其强大的惯性恒掩蔽着人的自觉性，人辄一时间失去自主，往往贻事后之悔恨。可以说所有身心之间的矛盾冲突，罔非来自气质和习惯的问题。正为它是生命进取自由上所不可少的前提条件，所以当你不能很好地运用它，你便转而为它所左右支配了。

如前所说，气质总是有所偏的，人的习惯同样地恒有所偏。习惯在生活上很有用，正为其很有用，才养成习惯；但其偏处亦就会随之愈来愈偏。平常或不大感觉什么问题，遇到局势改变（事情总在发展，改变岂可免），其偏弊遂尔著露，且容后文论及之。

第十五章 人的性情、气质、习惯，社会的礼俗、制度(下)

说到生活规制,那便是说到礼俗制度这一方面。我这里说的礼俗制度亦复涵括广泛。初民社会许许多多的禁忌,文明社会一时一时的风尚,均算在其内。当然最重要的如两性婚配制度、土地制度和种种生活资料所有制更在其内。如此说来,在马列主义之所谓社会经济基础者亦且在所涵括,其所谓社会上层建筑自又不待言。

但如上层建筑中的宗教、道德、政治、法律等事项,此章泛论一切礼俗制度自亦在所论及,尚有必要去作专题讨论,另见于后文。

兹就一切礼俗制度的形成及其所以存在发展者,试为论列如次。

(一)宇宙生命虽分寄于生物个体,却又莫不有其群体即所谓社会者;此不独动物为然,植物亦且有同然。见于动物的生活规制,如被某些学者称之为社会本能者,克鲁泡特金《互助论》一书罗列而言之甚多。但世所共知动物社会生活最可见者,莫如蜂蚁一类。蜂蚁社会的组织结构秩序厘然不紊,完全规定于其机

第十五章 人的性情、气质、习惯，社会的礼俗、制度（下）

体、构造和遗传本能，而人类不然。人类除男女两性及亲子关系犹存有不少本能意味而外，社会的组织结构及一切生活秩序咸受成于后天礼俗制度，因时因地千态万变其不同焉。惟其如此也，我们可以说其规制来自身体本能者殊少且弱，几乎不算数，而大抵出在心理习惯之间。

（二）说礼俗制度大抵出在人们的心理习惯之间，远非意味着一种唯心主义观点。人类社会是在不断发展中，其发展作始于社会生产的发展，此种唯物史观原在所承认，却必须指出社会生产的发展原离不开人类心理活动，而且它亦是在发展变化前进的。

历史唯物主义者（如斯大林）在说明上层建筑从属于其社会经济基础时，指出虽则社会生产力发展（其中重在生产工具之进步）推动着生产关系的发展，从而有上层建筑的形成和改进，却非能直接地起决定作用，要必以生产资料所有制为其中介；同时亦认知上层建筑对于经济基础有其反作用。这些理论，我们均在所承认。但人类处在大自然界中，初时社会生产力低劣，自然的压力很大，颇受制于自然，后来生产力逐渐升高乃转而制胜自然。人类历史正是慢慢地从被动转入主动之过程，亦即从必然王国到自由王国的变化过程。社会发展史在今后不是即将由自发性的发展阶段转入人们的自觉时代吗？所以不可误以为上层建筑和经济基础两面相互间的关系及彼此所起作用，竟是始终如一、永远不变的。

（三）当前事实表明，北美、西欧、日本等国社会生产力纵然高度发达，与其资本主义的生产关系非不矛盾尖锐，正演着极其严重的社会问题，却由于强大的国家机器维护保守其生产资料私有制，就使得社会革命渺远难期。由此可见在当前——在古代或不必然——社会生产力尽发达却非定然直接地推动上层建筑的变更；其变更是要待通过作为中介的生产资料所有制的变更乃得实现的，而此所有制却被上层建筑有力地维护着。

更为有力的表明，是苏联十月革命后四十年间生产力飞跃升进，迎头赶上欧美，表现出革命的上层建筑怎样解放了和大力推进着社会生产力向前发展。

同样更为有力的表明，是中国革命后二十余年来生产力的突飞猛进，其速度非又超过苏联革命后的速度乎？凡此后来居上的许多事实均见出不要拘泥上层建筑从属于社会经济基础的旧眼光，而应当晓得人类历史愈到后来人的主观能动力愈大之理。

再补充说一层：前说在北美、西欧、日本等国内，其社会生产力与生产关系间的矛盾非不尖锐激烈，而社会革命却渺远难期者，在强大的国家机器操于资产阶级之手，牢牢维护着生产资料私有制，只不过道出其一面理由；理由固不止此。例如：他们广大工人阶级只有为眼前切身利益作斗争的意识和行动，殊乏革命的自觉等，都是其革命渺远难期的重大理由。但像这样在群众间一般流行的思想意识固与国家政权性质同属上层建筑，其所表明仍只为一事也。

第十五章　人的性情、气质、习惯，社会的礼俗、制度（下）

（四）然须知以上所说非为最后论定，只在显示上层建筑的反作用愈来愈强大有力而已。当前那许多国家资产阶级统治所以一时未得突破，帝国主义命运所以尚未终结者，可能是从世界范围来看，社会经济太落后的地方仍然太多，犹在供其肆行侵略剥削之故。似乎要待社会生产力更普遍地发展起来，反帝力量更强大起来，而后无产阶级世界革命的机运才到来吧！若是，则说生产力推动着生产关系变更前进，终不失为真理也①。

（五）昔人不有"存在即合理"之说乎？资本主义弊害百端，为世诟病久矣！然而环视世界，它迄今犹广大存在通行着，是必有其理由。吾人研究礼俗制度的形成、存在、发展、变化问题，不妨就此入手来探讨之。

任何礼俗制度之形成，必应于人生需要而来，没有需要不会发生，尽有其需要而无其可能，仍然不会发生和存在下去。概略地说来，所云理由者，要当循此两面——需要与可能——以求之。

（六）说人生需要，首先是身体存活的（衣、食、住、行等）那些物质资料的需要。这些需要有待社会生产力来供给，所以社会发展史首先就是社会生产发展史，社会生产力的发展推动着社会一

---

① 1958年恩格斯从英国致马克思信中说有如下的话：英国无产阶级实际上日益资产阶级化了，因而这一所有民族中最资产阶级化的民族，看来想把事情最终导致这样地步，即除了资产阶级还要有资产阶级化的贵族和资产阶级化的无产阶级。

当时英国无产阶级所以资产阶级化者，实为当时英国是一剥削全世界的民族之故。今日西欧、北美、日本等国家都在对广大第三世界进行着剥削，固宜其无产阶级难免于资产阶级化而起来革命之渺远难期也。

切文物制度的发展变化,其理在此。身体需要形著为种种之欲望,而欲望在人从来不会满足,同时人口不会不繁殖,这种来从宇宙大生命而发乎个人人身汇集以成的伟大自然势力,就是社会发展史所称为"自发性发展"的根本。论一切礼俗制度所由形成,此实为其原始动力。

不过这种深远伟大的自然原动力,虽足以涵盖一切,却不足用以说明礼俗制度古往今来的一切复杂变化。

(七)这种自然动力最初表见在人身,为远古初民群体自然有其规制之本。事实固非如近世《民约论》(一译《社会契约说》)者所想像的,由人们有意识地相约以组成其社会国家也。信乎自有人类便有意识,但意识初不明利;意识明利尚大有待于后此历史发展。以此之故,百多年来人类学者考察各地僻远未开化人种,从而推见初民社会生活规制,既见其有相类似乃至相同之一面,却又一面甚多参差不同,难可一概而论者。例如往时摩尔根在美洲之所考见,颇为恩格斯《家族、私有制和国家的起源》一书所称许者,后起之批评学派(critical school)列举各方事例大持异议焉[①]。

[①] 代表此批评学派的有吕叔湘译罗维(R. H. Lowie)著《初民社会》,1935年在商务印书馆出版。罗著上距摩尔根《古代社会》之作约50年。故其自序文中有云:自1877年以来人类学者不独已经汇集了无数具体资料,且已发展了好些新方法和新见解,使摩尔根的书成为无可挽回的古董。(中略)今日还要向那里去求有关初民社会知识简直等于向达尔文以前的生物学那里去学生物学。其反对最力之点即在不承认摩尔根以其有限之见闻资料辄断言社会发展有某种顺序规律。

第十五章　人的性情、气质、习惯，社会的礼俗、制度（下）

盖切近身体的原始情趣要求，虽在异地异族彼此固不相远，而客观上其可能所从出之途路又是有限的，当然其规制即不免有雷同，却不可遽认以为社会发展规律必如是。其参差不同者，人类生活规制本非本能遗传而出于后天创造，创造岂得一模一样耶？

礼俗制度的创造、形成、沿革、变化，要莫非人类生命的活动表现，既见出人类的聪明，亦复时时流露愚蠢于其间。兹试为分析言之于后。

（八）人类的聪明可分从理智、理性两方面来说。

前于第六章所讲人心的计划性，那即是理智。粗略地说，礼俗制度的创造形成，其中少不得有知识、有计虑，即属理智一面。但理智偏乎静，其支配着知识，运用着计虑的动力乃在人的感情、意志、要求方面。理性表见于感情、意志、要求之上，但人们的感情、意志、要求殊非恒衷于理性者。相反地，其非理性所许者乃所恒见不鲜焉。恩格斯在其《反杜林论》中曾就法国革命前的启蒙思想盛起，指出说"宗教、自然观、社会、国家制度，一切都要站到理性的审判台前来，受到最无情的批判"，非其显明事例乎？（按在此处是理性、理智浑括一起不分的。）

是盖理性之在人虽所固有，而其昭显于人群社会间乃大有待于历史发展。即在先进的西欧，犹且延迟至十八世纪乃始出现如史家所称的"理性时代"也。"民约论"一派见解和说词良非有其历史事实之可据，然在当时岂不是极有力地辟造近世民主的礼俗制度一伟大思潮乎？

（九）毫无疑问，在近世资产阶级民主的礼俗制度之创造形成上，人的理智和理性起了极大作用。但从理智、理性二者却不能说明现在此制度何以迟迟延延不见其改善或被革除代替。大力维护其存在的，显然有在理性、理智之外者。要知道人类生命的活动表现，原不是都必根于理智、理性而来也。

追进一层言之，合乎理性的礼俗制度又何曾简单地只从人们的理性而得建立？理智、理性见于头脑心思间，借助语言文字而传达相喻，信乎其能说服人，却无强迫人从服之力。特如政治上、法律上的民主制度历史事实上岂非几经革命斗争乃得建立乎？那么，资产阶级民主的制度在今天若不为理智、理性所许而卒不易革除代替者亦即不难明白了。

（十）这里亟须分别一下，礼俗与制度二者略有不同。孟德斯鸠《法意》上说："盖法律者有其立之而民守之者也；礼俗者无其立之而民成之者也。礼俗起于同风，法律本于定制。"可以说，礼俗风尚属于社会之事，而法律制度却是国家的。前者不似后者有一种超居社会之上的强迫制裁力量，便是其不同处。但因国家在人类历史上为后起之物，将来且会要消除，而不论在其前在其后人类却一贯地生活总须有其规制，社会总须有其秩序，我们即不妨浑括地用礼俗制度来称谓它，于必要时再分开讲。

（十一）不妨暂先作一小结于此：凡礼俗制度所以得成其效用者，大要是基于三种力量之上。

第十五章 人的性情、气质、习惯，社会的礼俗、制度（下）

1. 是理智之力——即谓人们各从自身利害得失的计虑上而同意接受遵从；为行文简便，下文简化为一"利"字以代表之。

2. 是理性之力——即谓人们因其公平合理，虽不尽合自身利益，却允洽舆情而乐于支持拥护；为行文简便，下文简化为一"理"字以代表之。

3. 是强霸之力——即谓人们大半在被强制之下，不得不忍受服从；为行文简便，下文简化为一"力"字以代表之。

无规制无秩序，社会生活是不可能进行的，规制秩序的建立殆无不兼有以上三种力量在。

分别言之，大要社会礼俗存乎"理"字上，其中自亦有"利"字在，却仍然不是没有"力"的因素。社会虽无军警、法庭、监狱等设施，然其排斥违俗之个人，每有甚大威势压力可惮可畏或甚于刑罚。国家的法律制度固恃有一"力"字在，然而实际上依赖于"理""利"二者维系其间正不在小。社会主义国家虽在"理"字上发挥颇高，然其无产阶级专政非有借于"力"字乎？奴隶主的国家统治其奴隶之在于"力"字固不待言；然从奴隶来说，当其忍耐服役之时不犹有"利"的因素乎？

（十二）生活规制、社会秩序是否亦有单纯依靠于理性、理智以建立的？今虽未之见，却可能有之，那就是未来的共产社会。那时将是有社会而无国家，有礼俗而无法制。其所以可能，首先因为各人从身体来的利害得失降低，彼此间的矛盾冲突减少，而同时发乎人心的自觉自律又达于高度也。犹之乎人的个体生命当降生之初蠢蠢然几不见有心。及其长大成人也心之为用乃大显特显;人之群体生命当最初蒙昧时期蚩蚩其无知也,及其后升进于文明时期而理智、理性灿然显现,则异日共产社会人心(自觉自律)之发皇昭朗,盖亦有可逆睹者。

(十三)说至此,有易滋误会的一个问题须得辨明。自生物学者有进化论之倡明,马克思主义者又有社会发展史五阶段之次第划分,于是在社会科学上每有人以为人类历史总是在一条路线上发展顺序前进的。于生活方法则谓采集渔猎进于畜牧,更进为农耕;于生活用具则谓由石器而青铜器而后铁器;于生活规制则谓婚配始于群婚,氏族先于家族,母权先于父权,如是等类一若有其内在定律。耳食者信以为真,动辄说"历史车轮"如何如何。其实生物演进,物种歧出,虽有高下之第,曾无必进之阶;社会发展略示阶段,其间有未定为准者。若晓然于下列四点,庶几可得其要领。

第一,人类文明一切莫非出于后天创造,创造原不会一模一样;但从基本需要上说,异地异族不必有异,如其客观可能条件又差不多的话,则走向相同之路的分数必高。此非有内在定律,只是彼此雷同而已。

第二,个人聪明各有不同,群体何独不然?加之无绝对相同的环境条件,则一时路向差异以出。而况人固不免于疏忽错失以至愚蠢,时常走弯路,岂能期其必皆直线前进?

第三,合以上两点来说,即承认事情发展是有其于**势为顺**之

第十五章　人的性情、气质、习惯，社会的礼俗、制度（下）

顺序的，但固非有拘束力于其间。犹之人的思想有的合于逻辑，有的不合于逻辑，其不合逻辑者且相当多。（不必致其诧讶，更不宜认为必无其事。）

第四，人在创造之中有学习，在学习之中有创造；各方文化交流，彼此传习，是全人类文明发展进步的最大因素。事实上既不少此相互启发传习的机会，则对于各单位的进程次第何能多所泥执？

总结一句话：人类文化若从其整体来看，或言其历史的总趋势，那自是在不断地有所前进中，但非所论于个别单位、个别时期。

（十四）于此，又遇有值得提出讨论的一个问题。有人说，生活用具何者为进步的，何者为落后，从乎吾人既定之实用观点便不难加以评定。例如铁斧优于石斧，汽车胜于牛车，任何一套器械耗费省而效率高的，即属比较进步的器械。这一切都是很明白的。但人生目的何在，难于论定，即无以为评定社会生活规制（礼俗制度）之准则。试介绍其说云：

> 社会生活的最终理想何在，最前列的诸大哲学家就不一致。在最近百年中，西方的思想与行动已从一极端荡到另一极端，从曼彻斯特派的个人主义转变到国家社会主义；（中略）民主政治已经成了现代社会的口号，却也引起天才论者和反动生物学者们的愤慨抨击；又如无限的妇女解放运动似

为个人主义趋向之鹄的,但以个人欲望而悖于人类前途志向,将不为实行优生学目的者和保存传统家庭理想者之所许。(中略)似此聚讼纷纭,只能各凭主观定其高下,而在科学上则惟有认为不可较量(incommensurable)①。

人生观以各自好尚和信仰为中心,常常表现各有各的人生观,颇难强同。但果真就莫衷一是吗？不然,不然！请回看第一章前文：

> 吾书既将从人生(人类生活)以言人心,复将从人心以谈论乎人生(人生问题)。前者应属心理学之研究,后者则世所云人生哲学或伦理学或道德论之类。其言人心也,则指示出人心有如此如此者,其从而论人生也,即其事实之如此以明夫理想上人生所当勉励实践者亦即在此焉。人心,人生,非二也；**理想要必归合乎事实**。

你懂得了人心是怎样一回事,你便懂得人生道路该当怎样走。凡在人生观上莫知所准,"从吾所好"(古语)者,正为其于人心——亦即人之所以为人——尚无认识故耳。

(十五)从乎生物演进而有人类出现,原非有目的有计划之

---

① 此见于罗维著《初民社会》一书之吕叔湘译本第526—528页。但节省取其词意以省篇幅。

第十五章　人的性情、气质、习惯，社会的礼俗、制度（下）

事，则人生良非有其目的可言者，但人类非无前途归趋之可瞭望。其远者且容后文论及宗教时再谈，这里为讨论礼俗制度问题，只需就人类社会发展前途所归来讲已足。

马克思主义是所谓科学的社会主义，其有别于空想的社会主义者，盖为其所主张不徒从主观理想要求而来，更且指示出客观事实发展前途趋归在此，具有道德与科学的一致性，理性与理智的合一性，所以完全正确。从乎此种社会发展观点我们即可准以评价一切礼俗制度。

（十六）但一般谈社会发展者，大抵着眼在社会生产力从低向高发展，推动着社会一切文物制度相应地向前发展升高。我以为此所见者偏乎一面，未为周全。人类历史上社会单位是从其最初很小的群体，慢慢向着规模扩大而发展前进的。当其成部落，每求部落之联合；部落进而为国家，每求国家之联合。过去之国际联盟，今日之联合国，皆在谋求国际间的和平共处以至种种合作，即是以国家为其小单位的一大组织。他日共产主义实现，国家消亡，将见有世界大同、天下一家的局面。那便是合全人类而为一浑整大社会了。此种从小向大之社会发展与其从低向高之发展，固很有关联，譬如原始狭小人群与其蒙昧未开化相联，他日共产主义实现则与世界大同相联；但两面究非一事。在发展史上所见，有时高者或不必大，大者或不必高，其间相关系非定成正比例。所以然者，文化发达升高主要在智力强锐有以征服自然，利用自然，而社会单位之展拓恢宏却系于民风和厚有以同化融合乎邻邦外族。前者如近代欧美人是其好例,后者则自古以来中土汉族著其成绩。旧著《中国文化要义》曾指出:人口数最土地面积我们与欧洲皆相埒,而在欧人卒必裂为若干单位者,在我却混成一大汉族而不可分。更从经济发达来看,欧洲不同国度间其经济生活往往彼此关系密切,交织相依,但在我们内地农村一向犹多淹留于自然经济状态,各求自给自足。又在彼水陆空交通发达,等于地面为之紧缩,而我们却犹然地面辽阔,山川修阻。是则形势上在彼可以不分裂,在我可以不统一者,事实结果乃相反焉。是何为而然?盖中国传统文化虽未能以**理智制胜于物**,独能以**理性互通于人**;他们尽管身近而心不近,我们虽则身远而心不远。此非社会发展一则从低向高,一则从小向大,显然各有所偏,不相同乎①?

(十七)社会发展从低向高及其从小向大是两种可资考验和评价的尺度标准,尚有第三标准,那就是个人与群体之间关系如何问题。社会或云群体为一方,社会的组成员或云个人为又一方,在此两方关系上有一个应该孰居重要的问题:以群体为重乎,抑以个人为重乎?这实在是社会生活规制上的极大问题。例如上文引录的那段话中所说,"近百年来西方的思想与行动,已从一极端荡到另一极端";又说到对民主政治的疑问;又说到妇女解放运动及其疑问;那全不外是这么一个问题。社会发展史上近

---

① 请参看旧著《中国文化要义》一书及近著《中国——理性之国》一书之第十二、第十八、第十九、第二十三、第二十四各章。

代资本社会的出现，不是从争取人权自由、反对中古封建制度而来吗？现代社会主义不是又掉转来反对个人主义而重视社会集体吗？

自有人类以来便有群体与个人这两方面，便存在着这一问题，历史时时都在这问题上演变，数说不尽，原非始自近代，不过映现在人们意识上而兴争聚讼则非甚远之事耳。问其间轻重如何为得宜，事实上是随时随地而异其宜的，必不容待定言之。第从道理上讲，却亦有可言者。

甲、人之所以可贵在其头脑心思作用（兼括理智与理性），必尽其头脑心思之用乃不负其所以为人。如其在群体中的个人恒处于消极被动地位，不得尽其心思之用而只役用其体力，那显然不对，深可嗟惜。但似此情形不是历史上所恒见的吗？历史上特从阶级分化后总是只见一小部分（一层级）人在发挥着心思作用，多数人得不到机会，经过社会发展进步乃逐渐扩展其机会于较多之人，而至今犹缺憾极大，将必待进入共产社会而后人人方才各得尽其头脑心思之用而不虚。——此从个人说。

乙、再从群体一方面来说，社会发展要在其社会所由组成的各个成员都很活泼积极主动地参加其社会生活，夫然后其社会乃为内容充实，组织健全。人类今后将从近代个人本位的社会转入社会本位固可无疑，但转入社会本位后并不意味着个人将被看轻。人的个性及其社会性在未来新社会中将同得其发展和发扬。这是社会发展的实质问题，不同乎前两标准只形见乎外者。

总起来说，评量社会发展的尺度标准盖有如上三者。三者信乎互有关联，却非一事，此必须晓得。

（十八）人类社会发展史是大自然界生物发展史的继续；我们就从这一贯下来继续不断的发展上，认识出活动不已的宇宙大生命。宇宙大生命的活动不外基于宇宙内在矛盾争持而来。其争持也，似在力反乎闭塞隔阂不通而向着开通畅达灵活自由而前进。生物演进终于出现了人类者在此，人类社会发展前途将必进达共产主义世界大同无不在此。明乎此，社会生活规制只有符顺于此方向的才算对（好），否则，不对（不好）。不对者一时所难免或不可免，是其负面，不是正面。一切礼俗制度都应准此予以评价。不是没有标准，而是有其明确不易之标准；不是有许多标准而是只有此惟一的标准。

（十九）这惟一标准统括着上面所说三个标准。上说三个标准要必从此理会其精神意趣以为应用，即是说：必须依从社会发展观点来看问题，不能脱离（忘掉）社会发展观点而有所执着呆板地加以肯定或否定。

例如古代奴隶社会制度，若单从上文所云第三标准来衡量，显然不对，深可嗟惜。然而此种制度较之远在其前还没阶级分化的社会却是一大进步。阶级分化实从社会分工而来，既为社会生产力有所发展之征，又为其向前发展创造了必要条件。恩格斯《反杜林论》于此言之，极其明畅，他指出：

> 只有奴隶制才使农业和工业之间的更大规模的分工成

为可能，从而为古代文明的繁荣即为希腊文化创造了条件。没有奴隶制就没有希腊国家，就没有希腊的艺术和科学。没有奴隶制就没有罗马帝国。没有希腊文化和罗马帝国所奠定的基础，也就没有现代的欧洲。我们永远不应该忘记我们的全部经济、政治和智慧的发展是以奴隶制为人所公认又为人所必需这种状况为前提的。在这个意义上，我们有理由说：没有古代的奴隶制就没有现代的社会主义。（《反杜林论》，1970年版，第178页）

第三标准来自吾人理性要求，偏乎主观；而一视乎社会生产力高低的第一标准则从不可抗的伟大自然动力和理智计算而来，偏乎客观。若执着于前者而忽视了后者，且不明白二者之间的关系，便脱离社会发展观点，不为通达有识。

因此我们可以说：没有任何一种社会制度可以肯定是好的，或绝对否定之的，而只有当其有进于前，有合于其历史新陈代谢方向者方才肯定是好的。每见有人梦想一种最好的制度到处都可适用，那真乃糊涂思想！

（二十）第二标准盖以吾人好恶之情相喻相通为其本；此与第三标准有类同之处，不能求之过早。理性虽为人所固有，而在人群社会间显发其作用却恒有待于历史发展进步。中国汉族事例吾夙认为它理性早启、文化早熟者以此。

这里为了稍加说明，须得重申身先心后、心随身来的话。人类生命从其得解放于动物式本能，心乃超乎身，而理性于是乎现。人与人之间从乎身则彼此分隔着乃至有排他倾向，从乎心则好恶之情可以相喻相通，乃至彼此亲合无间。人们所赖以互助协作共同生活结成其若小若大之群体者不端在此心乎？然而心情之相喻相通，起初只能见于狭小族群之内，行于亲近习熟之人。远古之时，"外人"与"敌人"曾为同义语，此正是身体笼罩乎心，分隔之势强也。古日耳曼人有言"凡能以血赢获者不欲以汗而赚取"；近世欧人犹且海盗行为与商业可得而兼。对待外人同于外物，惟恃强力以相见，殊非情理之所施。情理之所施，只能一步一步扩大其范围。大约讲理之风先见于一国之内；在国与国之间则有强权无公理，事例昭昭。然而今日看来，范围扩大之时期殆不在远。今日交通发达，异域远邦经济关系密切交织，文化生活接触频繁，在彼此相与之间其势迫得要渐渐出现情理取代强力之局。言其势所由必变者，特在原子能之战争利用与和平利用两面的相抵相迫。当其和平利用于增高社会生产力，生活物资供应丰盛有余；过去物贵是以人贱，及兹物贱而人命乃弥觉可贵之际，若用之于战争为大规模地彼此屠杀，自取人类毁灭，当不其然。在彼此都勉求其所以相安共处者，强力即被情理所取代矣。强力为身之事，情理为心之事。人心作用之显发流行远后于其身的作用，社会发展固要在漫长自发阶段之后乃始转进于自觉也。

（二十一）说到制度，大约战争亦可算一种制度。何以言之？从古以来，人类历史舞台总在不停地演武剧，在不同族群之间、在

第十五章 人的性情、气质、习惯,社会的礼俗、制度(下)

不同部落之间、在不同国家之间、在国内不同阶级之间……一句话:在种种不同集团之间的战争至于今而未已。彼此间的争议往往以决斗定是非,此不独见于过去社会习俗,即今世界列国之间不犹且公然行之有效乎[1]?战争久已成为在国际间解决问题的办法,或不言而喻的制度矣。再如国家非一种通行的制度乎?从古以来国家恒建立于阶级统治,而阶级恒必有藉于武力乃得行其统治,以至于今未改。"战争是流血的政治,政治是不流血的战争。"试加寻思,强霸之力在人类社会生活规制上所起作用,盖无在而不可见。吾人对此应作何评价乎?

往者圣雄甘地反抗英国殖民统治,争取印度独立,有所谓"不合作运动";作为其中心思想的"非暴力主义"实代表着人类至高精神[2]。通常彼统治阶级以暴力来,我革命阶级以暴力往(武装革命),那完全是必要的,肯定是对的。但耻于用暴则更伟大、更崇高、更纯洁,此惟在古印度文化陶冶下的甘地能倡导之,印度群众能勉行之,既不会出现于中国,更不会发生于西洋,或其他任何地方。鄙弃一切暴力,屏除一切暴力,人类将来可能有这一天,固不能用来衡量从古到今的礼俗制度。

---

[1] 1972年春末吾行文至此,正是从巴基斯坦分裂出来新成立的孟加拉国得到国际上广泛承认之时。东巴要求独立起因盖远,其事之成,固因苏联支持印度发动战后第三次印巴战争。故尔文中为言如此。

[2] 甘地倡导的"不合作运动"。又云"不抵抗运动"是对于强霸的英国一种彻底不妥协精神,一种大无畏精神,每受到暴力摧残愈见坚卓刚大,当在得到广大印度人民群众响应起来时,英国卒不得不让印度独立焉。往者二三百年多次武装暴动所未能奏效者,乃以此收其功;此实为自有人类历史以来惟一无二的奇迹。

（二十二）暴力——强霸之力出于身而施之于身，欲望实导其先，怒气冲起于后，此斗争本能为人类同于动物所未能免。当其掩覆着理性、理智而行动，即属愚蠢可悯。人类原不是只有聪明，绝不愚蠢的呀！请回顾此章前文的一些话：

> 身体的需要形著为种种欲望，而欲望在人从来不会满足，同时人口不会不繁殖。这种来从宇宙大生命而发乎个个人身汇集以成的伟大自然势力，就是社会发展史所称为"自发性发展"的根本。论一切礼俗制度所由形成，此实为其原始动力。

> 礼俗制度的创造、形成、沿革、变化，要莫非人类生命的活动表现，既见出人类的聪明，亦复时时流露愚蠢于其间。

人的聪明（理智、理性）是有待于渐次开发显现的，当其开发不够，就流露出愚蠢。愚蠢原本伏于伟大自然势力中，不从外来。申言之，人心的势力信乎将必渐次制胜乎其身，但是有其一定历程的。

（二十三）衡量从古到今的礼俗制度，必须莫忘社会是在发展中那个大前提，时刻留意三个标准有其关联性，而准据乎统括三个标准的那惟一标准来说话。那么，你将给予古今礼俗制度各以其历史上适当的位置，肯定多于否定。大抵一种礼俗制度的兴起畅行皆基于其时代需要与环境可能而来，有利于有秩序地进行其社会生产和生活；虽则今天看它不免愚拙幼稚乃至横暴残忍，却总是当地当时人们的创造表现，有行乎其不得不行者在；殆庄子所云"意者其有机械而不得已邪？"

反之，假如你像恩格斯《反杜林论》中杜林那样，对于古奴隶制度以及其他类似现象，全不了解其制度怎样发生，为何存在，历史上起何作用，大发其无用的高度的义愤，将不为你聪明正直之征，却只见得你于客观事理不够通达了。

再翻转来说，假如你是历史事件中的当事人，或今天事件中的当事人，面临着某种制度感觉不能忍受下去而指斥而反抗……这或者出于自发性（发乎伟大自然势力），或者出于自觉性（个人理性的苗露），都是值得同情赞扬以及赞助的。即或在历史上你非直接感受压制的当事人而是处于能压制人的一方面，却毅然批判和反对当时的社会制度并力求其改善，有如西欧空想社会主义者圣西门等三个大人物那样，其批判和反对不是都值得钦佩的吗？——总之，在衡量一种礼俗制度的是非好坏价值时，要看其人站在什么地位说话而应有所不同。

（二十四）强霸之力这一成因，若为种种礼俗制度所以恒受讥弹反对的由来，它在社会发展上将随着历史而渐次减退，以致最后可能退出于历史；这是不错的。但它本身非绝对可恶之事，如上已明。从社会经济不能不有剥削被剥削来说，亦即从社会秩序不能不有统治被统治来说，它之被决定于社会生产力尚不够发达是主要的，而不是相反：它在主要地阻碍着社会进步、文化进步。虽则有时看上去似是社会进步受阻于强力,而其实不在它,乃是由于惰性之力。

(二十五)前文曾举出凡礼俗制度所得以有效存在的三种力最:理智之力,理性之力,强霸之力;那是为暂先作一小结提出来说的,实则论其力最固不止此。虽云不止此数,其他却不妨统括之曰惰性之力。世间礼俗制度在其发生或建立之后,惟借惰力以存在者恒见不鲜。举其特别昭著之例,有如印度、日本等处的贱民制度,北美南非各地的种族歧视风俗,在社会尽有自觉地要求其革除的运动历时很久很久,或在国家以法令条文三番五次地明示其废除之后,竟然余势犹存,极不容漠视①。其他不如是昭著的事例更多不胜数。

(二十六)生命本性是要自由活动的,但同时却有其势若相反而恒相联不离的惰性。所谓惰性与活动势若相反而恒相联者,它既表见为活动之余势而活动实即原起于反惰性也。上文曾说了,非预定的(自由)活动却必建起于一些预先安排好的成分条件之上,即必先有些预定者为基础;例如在个体生命之有其与生俱来的本能气质,有其降生后养成的习惯能力皆是也。一个人的气质与习惯为其一生活动所不可少的凭借,离了它,任何一息的

---

① 1972年4月曾有"日本部落解放同盟"代表团来北京参观访问,当时《人民日报》第六版曾有资料说明。从明治维新"身份解放令"以来法律上不再有歧视,但八十余年至今社会仍存在歧视——在就业、通婚、受教育等方面有所歧视。印度的贱民制度更举世闻名,远从两千五百年前佛教即予破除,近则甘地领导其破除运动,竟然余势至今犹存。全世界各地大约无处不有此陋俗,中国亦尝有之,梁任公《中国文化史》中曾述及。

第十五章 人的性情、气质、习惯,社会的礼俗、制度(下)

活动亦不可能。但个人后天习惯无不是从社会生活中养成的,这就关联到社会生活规制问题上。如前所说,生活规制必从身体实践养成习惯,乃得落实巩固。所以群体生活中的礼俗制度正和个体生活中的气质、习惯是同一样的东西,自始便有些惰性(指其预先规定下来)而愈到后来惰性愈重。有它,原是为便利于进行生活的,而不利即伏于其中。因此,一切礼俗制度莫非利弊互见,略分早、中、晚三期来说,早期利多弊少,中期利弊各半,晚期弊多利少。大抵推行尽利之后,总要转入末路,难于维持。正为任何规制(死的)不足以适应社会的发展变化(活的),不能维持,犹想维持,惰性毕现,只应斥为愚蠢而已。

(二十七)聪明出于头脑,愚蠢却与身体大有关系。这里说身体,盖指气质与习惯。礼俗制度之在群体生命同于气质习惯之在个体生命,原为吾人所资以进行生活的方法、手段、工具(或云必要条件)。说它惰性愈趋愈重者即指其愈来愈僵硬化,末后几于失去任何意义,既不能起有利作用,就转落于不利而为病。然问题固不在它,——它原非是自己表见作用的。问题在人心有失其自觉灵活,未能为之主也。所谓愚蠢者岂有他哉,即此灵明有失,惰性露头是已,非二事也。

虽然强暴多有为惰性之表见者,但惰性既非恒必借于强力而见,更且强霸之力从智勇所出者岂在少乎?(例如武装革命及一切正义之战。)是故惰性愚蠢决定非二,而强霸之力之为愚蠢或否,要当视乎其来从惰性或否而定。凡此必须明辨莫混。

第十六章　宗教与人生

宗教之为物，饥不可以为食，渴不可以为饮，夏不祛暑，冬不御寒，对于此身生活问题不见有任何用场。然它从远古发生在人群社会间，势位崇高，虽经历近代资产阶级革命前夕之批判思潮，现代无产阶级革命中的反对运动，竟尔根深蒂固，既不见消亡，且时复肆其活动，是何故耶？是即人生非若动物之囿止于身体存活而已，更有其超乎身体、主宰乎身体的精神一面，必精神安稳乃得遂顺地生活下去之故耳。宗教虽于身体不解饥渴，但它却为精神时多时少解些饥渴。①

宗教无疑地是人类在其文明史上所有的一伟大作品，犹之乎人类生活中恒有国家和政治之出现那样。它们（宗教、国家）既出于人的聪明，亦来自人的愚蠢；既各有其有利于人、造福于人的一面，亦各有其有害于人、为祸于人的一面（随时随地不同）。不论其为利为害、为祸为福，总之皆人之所自为，不从外来。一味致其赞颂，或一味加以诟骂，皆不免类似梦中人说些梦话，不为明

---

① 精神一词，指离身体稍远乃至颇远的人心活动而说，它代表着那种灵活自由的人心活动事实，此外无它意义。见第十章前文。

达。宗教之出现既早于国家,而如我所测,消亡将远在其后。宗教殆且与人类命运同其终始(此语似若惊人,但不容终闷)。吾书若非于此一大事有以剖说明白,则人心与人生是怎样一回事,便终不得明白。然此非简短数言可了。此章有待论述者既多,将分为数节言之如后。

第一节 世界文明三大系

这里宗教一词概括广泛,自远古初民许多巫术禁咒,各种崇拜迷信(拜生教[animism]、拜物教[fetishism])及其发生较后而传布于今世界各地的各伟大宗教,一统说在内。此其间高下悬殊、等差甚多,所不待言,却性质上自有其一贯线索的(详后)。设若从事调查研究,则世所共知在往古印度社会最为大观,至今其旧风遗迹犹可资学者采访考证。宗教之至者必数佛教,正为在印度无比发达繁盛的宗教群中乃得有之。印度文明素被列为世界文明三大系之一。三大系之云,盖从大地上早期发生的人类文明向外辐射扩展之三大中心而言。人类有所发明创造先后早晚不齐,为事所恒有;其居先者辄从而传播扩展于四周外,盖亦自然之势。却有不少一度居先而未能持续发展之文明,如所见于史籍者,则今不足举数。若其在空间上扩展既远,在时间上绵延且久,卓然成为世界文明三大辐射中心者,则惟在西方之希腊、罗马,东方之印度与中国焉。

所谓文明辐射中心者,试以中国为例:中国文字不素为其左右邻近各族所传习采用乎?迄今朝鲜、日本、越南各国之地名、人名犹依用汉字从可征已。中国学术载籍同为彼邦所传习讲求;以此之故,往往吾国失传之书转得借以收回。中国医术传于日本者,号之曰汉医,其在朝鲜则对西医而名之为东医。乃至有关立国之法制典章亦率多取则于我。杨鸿烈著《中国法律在东亚诸国之影响》一书指出日本法律受中国法律影响者凡一千六百年之久。且言"距今百余年前东亚大地之文化殆无不以中国为策源地,法律特其一端耳。"又如物质文明虽近代西洋所擅长,然其十六世纪以前正多资赖中国之火药、造纸、印刷等技术之西传,其十八世纪法国启蒙思想家又实受启发于中国。而北美之立国又非启导自西欧此一新思潮乎?

古印度文明之传播于其域外者,不必多举其事,只就佛教广远地流传世界各方(主要向南、向北、向东传播)之一端可以概见。

再就古希腊、罗马文明来说,我们不能不承认人类现代文明实从欧美发端后乃扩展到全世界的;而此欧美文明固明明导源于希腊罗马也。所不可不补明一点的:古希腊、罗马文明初则遭日耳曼族之摧残,继为基督教徒所抑压,几于澌灭者,而卒有文艺复兴之机运,在宗教改革、政教分离之后,遂得发皇鼎盛以成就出近代欧美文明。其所由成就也,世称二希(两个H)——希腊、希伯来；盖如鸟两翼，如车两轮，非单独希腊一元耳（容后论及）。

有此辐射中心出现于世，未足异也；最为奇妙者，乃在此出现辐射之三方在应付人生问题上竟自各有其特殊精神，或云有其人生活动的不同方向（态度）彼此略不相袭，斯则可注意者。

如上所云此文明辐射中心之三方各本于其人生活动的致力方向不同而有其不同成就之说，愚发之五十多年前旧著《东西文化及其哲学》一书，其后《中国民族自救运动之最后觉悟》、《中国文化要义》各书重有申论，皆可以参看。但兹为便于指点认识，在行文上将不循旧辙。

今将先指明人类文明内实有其为主为从之两不同部分。试看今日世界上不即有资本主义国家与社会主义国家之两大类型乎？如所周知，西欧、北美诸国及日本属前一类型，后一类型则首数中国。此其间主要分别在于社会制度和社会人生的一切是非取舍价值判断上，或总括之曰：精神面貌不同。至如俗所称物质文明的那些生活资料、生产资料和有关自然界的科学知识、技术种种却不妨彼此从同；而且这些社会主义国家每每要向先进资本主义国家追踪学习（这里追踪学习证实其彼此不妨从同，更无它意义）。一经对照不难明白，其彼此不妨从同者正不外是人生生活上居于从属地位的那些方法、手段、工具等等，为文化上从属部分。

人类文化上明显地有此主从两部分固然不错；然却有时在同一事物上表见两种作用，未可单单归入那一部分去。上文从两大类型国家彼此的社会制度不同（主要在产业私有与产业公有之不同）来说话，应知此社会制度在一面看固为其社会上种种是非取舍价值判断所由表著者，而在另一方面看此制度同时恰亦是其生活上的一种方法、手段①。

此即是说：人群生活上大多数事物是可以分别其为主要为从属的，却有时同一事物在人群生活上兼具主从两意义。于是就要问：对于事物之为主为从将如何分别它呢？此其分别就看一事物本身具有目的性呢，抑或不过为达成目的而有之一项方法、手段。说"目的"有至高、至上，乃至绝对不易之意味，或至少意味着最主要吧。凡说方法、手段、工具、途径等等，那就看为达成目的而怎样方便怎样利用，没有一定的了。此其为从属，不居重要可知。但有时方法、手段被重视起来，变得好似目的一样，亦世所恒有。

凡作为一项方法、手段者，其价值如何就是从其费力多少、效率高下之间加以比较、商量来决定，而上文所言为一社会人生表见其精神面貌不同的那种是非取舍、价值判断则不是这样。那是极其严肃郑重不苟的。前者可随其所宜，灵活运用；后者则为原则，在所必遵。

申言以明之，此所说严肃郑重的是非取舍，乃指道德上那种是非取舍而说。不过，道德观念在远古野蛮人尚缺乏，那时他们似只有宗教迷信敬畏之心情。后世的道德其物，原从宗教分离发

---

① 上文第十五章曾说，礼俗制度之在群体生命同于气质、习惯之在个体生命，原为吾人所资以进行生活的方法、手段、工具。

第十六章　宗教与人生

展而来，有待人类头脑大进于开明。不论是道德、是宗教，总皆人类社会生活中极其紧要成分。地不论东西，时不论今古，设若一社会人心竟尔丧失其严肃郑重不苟的是非取舍，其结果未有不陷于混乱灭亡者。

道德和宗教良非一事，其分判将于后文言之。而彼此相联通几若不可离者，盖以其表见在是非取舍上同此尊严绝对意味，而在人类生命深处实属同一根源之故。

但历史迄今为止，俗常所谓宗教，所谓道德至多隐约地通于人类生命深处，而实则形成于人类生命浅层，浑涵于礼俗、风尚、法制仪文之间，难以语乎宗教之真、道德之真。以其植根不深，故尔随时随地转变更易，却亦自有其权威，为其时其地的社会生活所赖以维持进行之具。

此俗常所说的宗教、俗常所说的道德，在马克思主义中即其所谓上层建筑者。上层建筑是筑起在社会经济基础之上，为其时其地服务的。人类社会发展史主要不外是社会生产发展史；由于社会生产力的发展前进，而此上层建筑亦就在不断发展变化中。此其为说，发前人所未发，确有见地，而宗教、道德在人们心目中的尊严意味却不免黯然有失。

从西欧文艺复兴、宗教改革以来，近四百多年间的西方文明势力向外扩张特见强烈，竟有征服全世界之大观；同时以社会生产力之发展来说明一切历史发展的唯物史观，在衡论古今，以至测论今后世界局面上，颇若处处说得通而可信；于是世界文明三大系原各有其不同贡献者,遂被掩盖而不彰。此即对于人类文明只从纵的时间发展上来看,而将横的空间上东方两大系文明业绩皆纳入其中,一若没有什么特殊贡献之可言。原夫印度的特殊贡献在宗教,中国的特殊贡献在道德,其为人生所需切固不若衣食住行之直接地迫在眼前,又具体而可见,是其落于忽视、漠视中的一个由来。再一个由来,则是二者在理论上概属社会上层建筑之列,一般地固将随着社会经济基础而来,殊不料想竟有此早熟而冒出之事。如其说尚有第三个由来:则宗教之为物,难索解人,一般视同人类历史过去事物,不在今后文明中有其位置。而于道德则自谓解人者又太多,一般认它为任何社会生活所恒有,要不过随社会所需切者以形成出现而已。总之,无见于古佛家之学、古儒家之学,莫得窥见宗教和道德之底蕴故也。

第二节　有关宗教问题的疏释

是宗教,不是宗教,其分别何在?如我从事实归纳所得理解,宗教不拘大小、高下、深浅,要必具备两条件如次:

甲、宗教在人的理智方面恒有其反智倾向,即倾向神秘超绝,总要在超知识、反知识之处建立其根据;

乙、宗教在人的情感意志方面恒起着慰安勖勉作用,俾人们感情动摇、意志颓丧者,重自振作生活下去。如所云安心立命者是。

凡于此两条件缺一不备者,便不为宗教。上文所说宗教高下悬殊,等差甚多,而性质上自有其一贯线索者,即指此。

若问此贯乎一切宗教的线索者,究从何来?此盖从人类生命既超离禽兽类型,其心乃不必为身而用,出世倾向即隐伏于此,不可免地有时发露,且在螺旋式的发展中,卒必贯彻而来也。昔年旧著有云:

> 宗教者出世之谓也。方人类文化之萌而宗教萌焉。方宗教之萌而出世之倾向萌焉。(见《东西文化及其哲学》1999年版,第一一七页)

> 宗教的真根据是在出世。出世间者,世间之所依托,世间有限也,而托于无限;世间有对(相对)也,而托于无对(绝对);世间生灭也,而托于不生灭。(见《中国文化要义》2003年版,第一一六页)

世间宗教复杂万状,其中实有一贯不易者在,此为一方面。另一面,从其出世倾向表见的高下等差来说,则约可区分三大等级:

初级者——此总括通常所云多神教,其所崇信而仰赖的对象,或为族姓祖先,或为乡邦神祇,或为一山一水之神乃至具有神灵之任何一事一物,总若超居现前知识和推理界域之外,而能为福为祸于人,一经奉祀礼拜、致其祈祷之后,便觉有希望可恃,乃至梦寐亦得安稳焉。此其人生活是在现实世界固所不待言,而精神上所依赖以生活者,却超出现实世界,是即萌露有出世倾向矣。费尔巴赫的一句名言"依赖感乃是宗教的根源",正谓此耳。

高级者——大有进于前,其所崇信而仰赖者在主宰全世界之惟一大神,如所云"上帝"、"天主"、"真主"者,基督教新旧各派,伊斯兰教各派即为此级之标准型。人类生命的卓越伟大精神和慧悟能力往往于此表现发挥,殊非前此多神教之所及。试分析言之:

(一)生物生命原不限于其个体,人类生命尤见廓然恢通,其情乃无所不到。于是而有"上帝如父,人人如兄弟之相亲",平等、博爱之教。其教恒能传播普于世界各方者在此。

(二)仁必有勇,更加以相信死后升天永生,自不难舍身命以赴义。其教义信一神反多神,悍然与旧社会为敌,既惨遭杀戮迫害,其势乃如火益炽。基督教因以大兴,莫之能御者在此。

(三)在宗教本义自是信神超自然而临于自然。但慧悟之士不难从宇宙万有惟一大神转入泛神思想,涵宗教于哲学,恰亦通达无悖。其所以人无贤愚每每一皆信从者在此。

(四)人生意味最忌浅薄;反之,宗教上的贞洁禁欲主义和慷慨自我牺牲精神(例如清苦循世的修道院和不避艰险去蛮荒传教),正代表着人类生命力之高强,颇能吸引志趣不凡之人。此一级昭著的出世倾向,远超一般多神教之上者在此。

第十六章 宗教与人生

最高级——惟从佛教中可以见之。佛教原不简单（例如有大乘、小乘、人天乘），既传播远近各方，历时二、三千年之久，其随时随地转变复杂更不可阐述。然有识者固不难得其真，是诚惟一圆满之出世法也。下节将试为指明之。

前章讲到社会礼俗制度时，宗教既在其中，对宗教为一般的考察论断大致均可适用。却另有下列三大问题：

（一）宗教与迷信鬼神问题，

（二）宗教与科学，

（三）宗教与道德，

尚待特加分疏申论于后。

（一）关于宗教与鬼神种种迷信问题主要存在初级宗教中，高级宗教同亦有之，在最高级则涉及不多。（详后）

人类为何需要宗教？宗教又何为迷信鬼神几若相关不离？此可分从数点说明如次。

（甲）我们可以说，当人类有文明创造之初便有宗教，甚且可以说人类有宗教乃有其文明创造。何以言之？社会（群居）生活是先天决定于人类生命本质的，必在群居中乃有文明创造，而赖以维系团聚此人群者，总少不得某些对象的崇信礼拜。申说其理约有数端：

（1）远古初期人群无疑是血缘族姓之群，固可能从身体本能方面理解其成因，但既经发达了头脑心思的人类必要更在心理上（精神上）得其凝合维系之道才行。群内统一的崇信礼拜便应运而自然发生建立起来。只在建立起群内统一的崇信礼拜时,群的生活乃得以稳固顺利进行去。盖为人们言语行事何者为可,何者不可,在群内少不得有些规矩准则。此规矩准则恒必归之神秘乃具威严而人莫敢犯。此即宗教之为用于早期人群,甚且长时延续到后来者。

（2）初生婴儿于母乳知吮吸追求、于灼痛知退避而外,其他无所知,然却知道恐惧。试用双手托之掌上,猛然向下撒手,儿身若将失手坠落者,彼即顿现惊恐。初民蒙昧无知,而其心灵脆弱,对于外界威胁到此身特别敏感,正亦犹是。特别是于威猛的自然现象（雷、电、洪水、地震、疫疠等）,时来时去,莫知其所以然,辄幻想其有神灵作主;而惊骇畏惮之余,祈祷从之,遂为各方各族之所同然。人类早期某些宗教迷信,大抵即应合此种感情脆弱不安的需要,而形成于此时知识幼稚无能之上。

（3）生死、祸福,事最莫测难知,而事之最牵动扰乱人的感情意志者恰恰亦即在此。费尔巴赫有绝妙的话说"若世上没有死这回事,那亦就没有宗教了";又说"惟有人的坟墓才是神的发祥地。"此所以鬼神观念与夫祈祷禳祓的行为乃为一般宗教所不可少。我们正不妨据此以为判别何者是宗教,何者非宗教的标准所在。宗教实即借此以起到其在人群中的作用,建立其大无比的影响势力。

（4）人生所不同于动物者,独在其怀念过去,企想未来,总在抱着前途希望中过活。时而因希望的满足而快慰,时而因希望的接近而鼓舞,更多的是因希望之不断而忍耐勉励。失望与绝望于他是太难堪。然而所需求者不得满足乃是常事,得满足者却很少。这样狭小迫促、一览而尽的世界谁能受得?于是人们自然就要超越现前知识界限,打破理智冷酷,辟出一超绝神秘的世界,使其希望要求范围更拓广,内容更丰富,意味更深长,尤其是结果更渺茫不定,一般的宗教迷信就从这里产生。人们生活更靠希望来维持,而它(宗教)便是能维持希望的。——此情况既见之甚早甚早,亦将延续及于久远之后世。

(5)费尔巴赫曾说"惟弱者乃需要宗教,惟愚者乃接受宗教";此其言自是有所见。同一人也,当其意气壮盛时所绝不置信者一旦突遭变故嗒然沮丧,困惑无措,他便即信受了。一切迷信之得势,大都舍弃智力而任凭感情之所致。反之其鄙薄迷信者,每每不过意气自雄而已,未必悉出智虑之明。在个人如是,在社会亦复如是。近代以来,宗教在欧美社会人生所为失势者,正以征服自然、利用自然之技能猛进,人乃从前此感受大自然威胁压迫下翻转过来,意态高强,气势豪雄,一若无所需于宗教者。可知宗教所以与迷信密切相联之根本缘由在此。

(乙)以上说明人们情感意志零弱,是其落归迷信鬼神而走向宗教一途的由来。世上初级宗教——多神教类,多建立于此。乃至高级宗教——惟一大神教几乎亦莫能外。但这里有三层必须申说明白。

第一层——有出于人类主观幻想虚构的鬼神,亦有非尽由主观虚构者,不可一概而论。鬼神仍然是有的,但事属难知。将来学术大进可能所知渐多、渐深于今日。今日于所未及深知者,固宜付之阙疑。阙疑之意不足,斯难免迷信成分在内。

应当承认我们对于人类生命的认识远远不足——认识得还很少、很粗浅。信乎"Man, the Unknown","人"尚在未了知中。一个人决不是死了就完事的。"相似相续,非断非常"是人生实况。不晓得他息息变化不停,只在相似相续中生活,而前后之非一也,便落于"常见"。以为此相续变化曾不稍停者,竟可以一朝戛然中绝,便落于"断见"。人从结胎到身死,只不过其生命一段落的起讫。生命即非于此起始,亦非于此告终。人生活动不能无借于此身,然此身死,生命不遽绝也,特其活动难见耳。吾书一向说心与生命同义,而指明心大于身。世之落于断见者,其有见于身,无见于心乎?鬼神之所以非尽由主观虚构者,要即在此。

一般说来,人大约是死于此即生于彼;其介在死后生前者,或暂或久,在佛书谓之"中阴身"。小乘各派论典于此,为说互有出入,不尽同。其在中土则俗所谓鬼者、所谓神者(如非幻觉虚构),当即谓此耳。鬼神每有稍多之灵活自由,亦曰神通,为人所不及。

神通有由报得者:如鬼神,其自由是有限的。有由修得者:如印土诸宗派及中国道教之修行家,其自由多种不同。有由证得者:如证佛果者,一切神通不期而自具。

神通其事初非不可理解者,一言括之,要不外隔碍解除,不通

第十六章 宗教与人生

者得其通耳。生命本性在求通,在一贯地、逐步地、千方百计地扩大升高其活动能力。从生物界演进中形形色色、千态万变无奇不有,不可见乎?再试就吾人此身一为解剖检视,其组织,其结构,其机能,何等精微灵巧,何等神妙可惊!是谁设计出来——谁实为之?若云上帝,那不过是笑话。此宇宙大生命内在矛盾争持逐渐发展之结果耳。是自然之力,非超自然之力。

当其矛盾发展也,路向诸多不同,不同之中又有不同,遂尔纷纭变化莫可计数。然趋向此一路者,即违离彼一路,隔碍由斯形成。凡有所注存,便有所亡失,得于此者失于彼,事理所在,应该晓得。从脊椎动物发达头脑,一路前进不懈而出现的人类,开发了理智的计划性于后天,凡见于其他动物先天具有的种种神巧本能遂以不见。此即是说:当其活动能力将在后天知识进步而得无尽地开拓之时,就隔断了不假思索、不靠经验知识的直觉功能之路。然在宇宙生命最大透露的人心即密迩生命本原矣,又何难返本归原,得其豁通无碍乎?——神通其事初非不可理解者在此[①]。

凡此者,是迷信,非迷信,辨之非易,不可不知。此为第一层。

[①] 一般说神通有五:一天眼通,二天耳通,三他心通,四宿命通,五身如意通(神足通、眼耳等五根可互用)。亦有加漏尽智证通为六通者。漏尽智证通为一切自在无碍之最高境界,前五通不在其外,固无取乎与前五通并列也。在前五通中一一各有其高下等差,不可同语。例如能知他人心念之他心通,在无修无证之凡夫亦见有其事例(姑不述)。其他各通偶一流露人间者事亦不少。在催眠术中,在弗洛伊德派精神分析所遇中,在某些变态心理中,在魔术(印度最盛)中,……多有出乎常情似不可解之事,其实皆为生命固有可能性之一发现。又如在大地震中,或火灾急变中,人的举重气力猛然奇大无比;又如疯狂似中魔之人纵跃猱升之飞捷可骇,突破恒限。不外生命无限可能性偶一变更其一向铸造的惯例而已,岂有他哉!

第二层——然在信仰宇宙惟一大神的高级宗教，试审查其所信——如信上帝创造此世界、主宰此世界——却全属迷误，此又不可不知。盖吾人感觉、知觉之所及者只现前一事一物耳。一事一物可界划其始其终，以为知识对象；宇宙浑然讵有其究极之可言耶？统合万事万物无所不包的宇宙观念，但出于假设想像而已，不在知识范畴内，应是哲学所有事，非科学之事。于此二者不加辨别，乃对于所不及知之事，辄信以为事实若何，其为迷误也审矣！

质言之，多神教的神，倒可能有些是事实，不尽虚；惟一大神教的神非事实，只是迷信。——此为第二层。

第三层——最高级的宗教即圆满的出世法，具见于佛教中者，迥异于前二者。前二者嫌于智力屈从乎感情，概难免"惟弱者而后需要宗教，惟愚者而后接受宗教"之讥。然在全生物界惟一能代表生命本性，迄今无尽无休地向上奋进、自强不息的人类生命，在创造其人类文明上，其势岂能留滞在此阶段？隐伏于人类生命中的出世倾向，在高级宗教既大大显发于初级宗教矣，其卒必发展进达于圆满也复何疑乎？——圆满的出世法之出现自是一定的。

宗教是社会的产物，自一面言之，有不能不随社会经济的发展而发展者；另一面，凡属于上层建筑领域的各部门仍各有其自身之发展，非机械地一切在被限定着。古印度佛教就出现了圆满的出世法，如我夙昔所指出，正是人类未来文明的一种早熟品。

否定人生，志切出世，似非人世恒情，顾乃风行于古印度人之间。寻其人厌弃生活的心情，殊非苦于生活为艰，却宁为生活易于给足，而后其趣尚乃移耳。其风尚所以绝不于北方寒带见之，而出现于土沃气暖、稻谷易熟之印度者在此。古印度社会生产力自是不会高的，顾何能成就得高深精密的思想学术（此属上层建筑）？而卒有此成就者，盖于当时众多清修僧侣犹供给不难。

佛教创始人释迦牟尼以享受丰厚的净饭王太子，即有室家之乐乃弃家远走者，深有感触于人生问题而必求其解决也。此一大心大愿非生命本性向上奋进不已之表见耶？夫亦曰人类要求彻底认识其自己而已，岂有它哉[①]！

上文曾有最高级宗教在迷信问题上涉及不多的话，是否说其间犹有些许迷信呢？在这里即有必要对迷信一为剖析。

说迷信，是说人自蔽其明。人何为而自蔽其明？心有所牵于外，则蔽生而明失也。人是富于感情的动物，而任何少许隐微的贪着、恐惧、恚恨等等诸般心情均将构成一丝牵挂而自失其明，况其情念又重者乎？世人之落归迷信恒在此。此是浅一层的分析。更深一层言之，从乎向上心而否定人生志切出世者宜为正信而非迷信了。然人的欣厌好恶皆根于俱生我执而来。此与生俱来的

[①] 著者年十六七辄不胜其出世之思求，初非受外来启发指引，只因在苦乐问题上深究不舍，卒悟烦恼在自己不在环境，乃于人生致其疑问，觉得惟独佛家有合于我耳。夫然后觅取佛典读之。展读难于索解，犹自暗中摸索。年廿四受聘北京大学忝任印度哲学讲席，直至年廿九始放弃出家之念。回想当年父母钟爱顾复，一切不劳自谋；师长嘉赏，学业不后于人，其出世之念恰苦露在世俗需要均不成问题之时，是亦可为前说之一具体例证。

深隐我执（不是现于意识上的分别我执）完全是迷妄的，其由此而来的厌离世间之念同属迷妄也何疑？

"佛陀"为梵音，其义则觉悟之意。"心、佛、众生"三无差别，是佛家恒言。众生与佛原自无别，其别只在迷与悟之间而已。然迷惘岂有实在性？譬如迷于东西方向者，东西何尝为之易位？众生自性是佛，固未尝以迷而改；一朝觉来，依还是佛。问题只在无始以来习气重重，积习难返耳。出世之念仍身处迷中，正信不异迷信——此为深一层分析。

（二）宗教与科学——此一问题与一切宗教均有关系。关系简单明确，即二者在人类文明中各有其领域是已。

宗教与科学同为社会的产物，既同构成于人们的心思，又同为人生而服务。但在心思活动上既不同其动机，更且不同其对象。科学知识以现前个别事物为入手对象，虽步步深入研究，有所联通，蔚成体系，但不及于浑全宇宙，不做最初、最终任何究极之谈。解决当前疑问是其动机。疑问解决，达于实用，又复促其前进。此中大有人制胜乎物的主动精神在。社会生产力发达升高有赖于此，同时亦即推动着历史车轮。反之，震于外界无边广大威力，自己每处在胁迫被动中，心神不安，却是宗教信仰起因。此即其早期出现的动机不相同矣。其后则有进于此者：伟大宗教显示出人类的一种深切关怀憧憬，若不容已。其所憧憬者若在当前万物流逝之外，又实隐寓其中，既尔真实不虚，却又若有待实现。盖人生自我对神秘的无边宇宙之依存究竟若何，有不容恝

第十六章　宗教与人生

置。此其动机显然复不同前。再言其构思中之对象,外则泛及一切,内则反躬自省,莫得而限定之。特于宇宙究极不能不涉想幽渺,其或出以幻构,落于迷信仰赖,抑或深有会悟,得其安心立命之道,则种种各有可能。社会的生产和生活必有礼俗制度乃得进行,而此则为礼俗制度奠立基础,又辅翼之①。宗教也,科学也,事实上各有其领域,岂不昭昭乎?

人类文明发展恒由简而繁,由浑之划,在古人头脑思路中固无科学与宗教之分辨,则其以此滥施于彼,信有神灵主宰,幻想世界若何创始,实有不可免者。此所以多神教盛于早期社会,惟一大神教则盛于中古之世也。入于近代,科学骤兴,凡知识之所及,迷信自破。三百年来宗教对科学只取守势,而且是脆弱的守势。同时大自然界为科学技术所征服利用,人们意气甚豪,如今繁荣的资本主义大国,宗教衰退,在社会上只起一种门面作用,粉饰太平,固其宜矣。

中古欧洲宗教势力强横暴虐,而卒为科学所胜者,科学家本乎人心自觉之明以治学,出其所认识者公之于世;世人谁不好真而恶伪?其胜也,人心自觉之不可昧胜之也。站在宗教立场,不应怯懦于科学攻势。——这是于宗教大有好处的。宗教而有其真,愈经刮剥其真愈显。宗教无前途则已耳。宗教而有其光明前

---

①　日本天皇根原于宗教而有万世一系之观,其社会礼俗制度屡经更代,尤以明治维新为一大变,至第二次世界大战后又有所变。此天皇者未来远景难说,似在今天维系一般人心仍自有些效用。所谓社会秩序有赖宗教奠基又辅翼之者,此其显明之一例。

途，亦惟有本乎人心自觉之不可欺、不可昧——这是人类特征所在——而得开展，莫能外也。其所不同者：科学家心向外用之于物，宗教家反用之生命本身，有如第十三章前文之所说而已。

（三）宗教与道德——此一问题与一切宗教均有关系。关系是简单明确的，即二者在人类文明中密切比邻，虽非一事，却相联通也。

道德之真义应在人莫不有知是知非之心，即本乎其内心之自觉自律而行事。但俗所云道德却不如是逼真。盖因人生活于社会中，而各时各地的社会恒各有其是非之准，即所谓礼俗者，为通常所循由而成习惯，合者为是，不合者为非；道德于此，乃与礼俗几有不可分之势。社会礼俗率由宗教演来，是则宗教与道德之所以密切为邻也。素昔欧洲社会每于不信宗教之人辄视为不道德之人，或视为道德上可疑之人正为此耳。

更有进于此者：宗教信徒每当对越神明，致其崇仰、礼拜、祈祷、忏悔的那一时刻，心情纯洁诚敬，便从尘俗狭劣中超脱出来。这实在是一极好方法来提高人们的德性品质，也就是提醒其知是知非的理性自觉，稍免于昏昧。一般人的德性品质常资藉信仰宗教而得培养，是所以说道德宗教二者实相联通也。

更深入地说明其故，则在人类生命深处宗教与道德同其根源是已。此根源即人心之深静的自觉。心静与自觉分不开，早经指说于前（第六章第六节）。心静之深浅度颇多等差，而自觉之明度随以不等，殊难用言语区划之。这里浑括说"深静的自觉"，其

第十六章 宗教与人生

间犹且涵有等级。大抵体貌恭肃,此心诚一不二,庶几得之。粗浮之气仍待渐次消除,乃可步步深入静境,非可期于一朝。人之能自主其行事,来从自觉之明,所以成其自觉自律的道德在此。非此不为真道德。宗教信仰要在必诚必敬,一分诚敬一分宗教信仰;否则,尚何宗教之可说?宗教、道德,二者在人类生命深处同其根源者谓此①。

然此二者当其表见在社会人生上却不相同。兹引用旧著之文如下:

> 宗教最初可说是一种对于外力之假借,此外力却实在就是自己,其所仰赖者原出于自己一种构想。但这样转一弯过来,便有无比奇效。因为自己力量原自无边,而自己不能发现。宗教中所有对象之伟大、崇高、永恒、真实、美善、纯洁原是人自己本具之德,而自己却相信不及。经这样一转弯,自己随即伟大、随即纯洁于不自觉。其自我否定每每就是另一方式并进一步之自我肯定。

质言之,(高级)宗教是一种方法,帮助人提高自己品德,而

---

① 友人王星贤见示印度诗人泰戈尔英文论著中有 inner conciousness 一词,且在俄国文豪托尔斯泰之英文书札和论文同亦有之。又泰戈尔文中且见有 our inner most being 一类之词语。此两家皆于人生有体认,于宗教有深识,宜乎其言正可佐证吾说。凡宗教必有礼节仪文,在行礼之前或且有斋戒沐浴一日至三日者。所有这些礼文条件我简括地用"体貌恭肃,此心诚一不二"一句话表之,要知道其意义全在引导人心神静穆和虔敬,勿驰骛于外而后自觉得明也。

道德则要人直接地表出其品德,不借助于方法。佛教所谓人天乘、小乘、大乘者,其乘即乘车、乘船之乘,正是明显点出来方法工具之意。道德则要人率真行事,只要你一切老实率真,品德自然渐渐提高也。二者之不同在此。

若再申明其不同则宗教倾向出世,而道德则否。二者于此,有时可发生很大抵触。圆满的出世法惟于佛教大乘见之,如我旧著所云:

> 宗教最后则不经假借,彻达出世,依赖所依赖泯合无间,由解放自己而完成自己。(见《中国文化要义》2003年版,第一一七页)

须知出世是佛教小乘,偏而未圆;大乘菩萨"不舍众生,不住涅槃",出世了仍回到世间来,弘扬佛法,利济群生,出而不出,不出而出,方为圆满圆融。

有关宗教的问题固不止此,今我分疏解释姑止于此。

第三节　世间、出世间

说世间,主要在说人间;然人固离开其他众生不得,说世间即统宇宙生命现象而言之耳。生物既不能离无生物而有其生,则

第十六章 宗教与人生

世间者又实浑括生物、无生物为一体而言之也。

然则说出世间又何谓乎？世间生物、无生物统在生灭变化、新陈代谢、迁流不已之中，似乎无从出越得，而实不然。有此即有彼，有世间即有出世间；出世间者，世间之所托；世间生灭也，而托于不生灭。然二之则不是，世间、出世间不一不异。宇宙万有森然只是现象，其本体则一耳。现象、本体可以分别言之，而实非二事，是即不一又不异矣。世间、出世间即哲学家所说现象与本体也。现象是生灭的，本体则无生灭可言。从乎佛家言语，"即一切法"而"离一切相"，那便是出世间了。

然佛家所谓出世间，非徒存乎想像言说如彼哲学家之所为也。世间原是生灭不已的，必也当真不生不灭乃为出世间。不生不灭，不可以想像——想像本身恰是生灭法——却非不可以实践。假如许可世间生灭是事实，那么，出世间不生不灭，毋宁是更真实的事。

在前东西学术分途一章，不曾说过如次的这些话吗：

> 学术是人类生活中所倚以解决问题的。
>
> 说问题，亦即是生活中遇到的困难或障碍之谓；解决了困难障碍，便取得了自由；不断地争取得自由，正是人类生命所以代表宇宙大生命本性者。有什么问题，产生什么学术；当社会发展前进到了不同阶段，那时人生问题从而有所不同，便自有其不同学术出现。

东方三家之学——佛家其一——各为一种生活实践功夫（不徒在口耳之间相传说），都是解决真问题的真学术。

兹为进行必要的解说，下文将分三段，各标小题如次：
一、要知道出世间有其的解。
二、假如承认世间的真实性，那么出世间就更真实。
三、略说次第深入的人生三大问题。
要知道出世间有其的解，见于《成唯识论》，试摘取如次：

（上略）此智远离所取能取，故说无得及不思议；或离戏论，说为无得，妙用难测，名不思议；是出世间无分别智，**断世间故，名出世间。二取随眠是世间本，惟此能断，独得出名。**

世俗总以为人生天地间，世代更换不已，而天地——大自然界——则外在固定，只可仰观俯察，如何出得去？此无知误解，须待分层逐步来解说，乃得明白。

前在第六章第五节不曾为如次之阐明乎：说生物是不能局限于其机体的，即不当脱离那关系着生物机体所赖以生活的自然环境条件而孤立地、静止地来看它，而是应当联系着那机体和其环境关系，总合为一整体的。那么，一个人不就同样地应当如是来认识吗？马克思尝谓"自然界是人的非有机的躯体"（见前第八章）。其义盖在此。佛家所以称一个人的身体为"正报"，而其所依存的大自然界则为"依报"。一个人是其正报、依报所合成,分离不得。这是必须承认的第一层。

前在第五章不又曾为如次之阐明乎:从原始单细胞生物以至后来进化出的高等动物,虽同有其知觉运动,而其间等差悬绝,要视其知觉所及之广狭繁简,而活动力之大小强弱随以分殊。此知觉所及的广狭繁简则又各视乎其机体感官的分工进化、神经脑髓的发达程度而定。质言之,动物由于物种不同,其所生活的世界是各不相同的,莫认为是在同一世界内生活。本能生活的动物,于其生来特定相关之事物情味浓烈,而于此外漠不相关。动物愈低等,其生活境界愈狭隘,生命发展高至人类而境界大辟。现前世界之广大、富丽实随人类生命之发展创进而来,且正在不断开辟之中,前途是莫得限量的(见第六章第四节)。盖人类生命发展出计划性,不徒依恃乎其生来的感官肢体,更能创制种种工具,资藉以知觉和活动之故。因此可以说,社会文明不同等者,其世界即不相等;在个体生命,其资质不相等者,其发育成长不等者,乃至其官能健全或健康状况不等者,便各自生活在各自世界中。此为第二层必须明晓和必不容否认的。

从上两层可进而言第三层,即是前在第八章"人与自然界之间的关系"中述及佛家唯识学的眼等五识生,但由自识变生相见二分,所取能取固是一体之义。这是把人类知觉所及的世界收合集中到人的感觉来讲。感觉为知觉之造端;知觉资始于感觉,顺从生命趋势和生活练习而发展出来,为一切知识之本。要晓得吾人通常现有者只是知觉,而总把知觉当成感觉来说,其实感觉乍现即逝,把握不及。惟独佛家从其瑜伽功夫的实践,逆着生机体向外逐物之势,深入人心内蕴自觉静境,乃于感觉有所体认①。唯识学盖出于瑜伽师(修瑜伽功夫者)之所宣说。如其所说,人的感觉即眼耳等五根,色声等五尘之间所生的五识是也;感觉中所感一方面,谓之相分;能感一方面谓之见分;合相见二分为识自体。或从其根而曰眼识,或从其尘而曰色识,均无不可。五识生时——感觉出现时——所有其色声等相分,实为自识之所变生。相分为所取,见分为能取,二取固是一体,即此之谓也。《成唯识论》上说明云:

(五识)识生时无实作用,非如手等亲执外物、日等舒光亲照外境,但如镜等似外境现。名为了他,非亲能了;亲所了者,**自所变故**。

眼等五识是了境识,其亲所了者曰亲所缘缘;尚有疏所缘缘,指其间接所缘之物。五识各待众缘和合而生,缘缺不生;其缘之多少各不等,此不及详。

或问:唯识家言是今所谓唯心论否?可答云不是。如唯识家说,五识所有色声等属性境故,属现量故。言性境者,明其有别于独影境、带质境。言现量者,明其有别于比量、非量。有颂云"性

---

① 参看旧著《东西文化及其哲学》第四章及《唯识述义》第一册。

境不随心,独影惟从见,带质通性本"。性境义同实境,非可随心而有;带质即于妄情中带有本质(第八),此指第七缘第八识说;独影则指第六识时或有任意虚构之观念。现量如镜照物,没有分别计度;比量必依据因明(逻辑)以立宗;若其似现量或似比量者即属非量。此其区别甚严,谁复得而斥其唯心乎?

然从另一面来说,则唯识家固自言其唯心也。此心指第八识。("心"、"意"、"识"三名字分别相当于第八、第七、前六识。)所谓第八识者实即谓吾人生命整体;其曰"一切唯心所造"者,一切惟吾人生命之所造耳。世间万象森然,总不出吾人了境取相之前六识;前六识则来自眼耳鼻舌身五根和第六意根(分别计度之头脑)。此六根者吾人所用以适应环境、争求生活之工具,远从生物进化不断发展而来,涵于吾人生命整体之中,同时其主体亦即在此(八识)焉。既然六识相分为自所变,能所非二矣,则主客一体,一切在吾人生命中,不在其外,便可肯定。

更进一层说明:不独六识亲缘非外也,其疏所缘者还即第八识变。森然万象皆从变有,时时刻刻在变中,而**所变不出能变**。此能变者析言之有三,即心、意、识三者。识(前六)不过是其浅表,根本则在意(第七)和心(第八)。心即生命整体,而所有生命活动则全由意来。所谓意者,谓第七念念缘第八以为"我",隐默地、不息地在转之无已时也。我执是生命活动根源。有现于第六识中之我执,谓之"分别我执",不过是粗浅的,有间断的。惟此第七识中之我执与生俱来,乃所谓"俱生我执",恒转不已,隐伏不显,三能变之能变的动力全在此焉。前六识所变者名"异熟生",第八所变乃曰"真异熟果"。真异熟果是其人正报、依报的综合体。——"一切唯心所造"的话,其理由如是。

若问:为什么唯识家既不唯心矣,而卒又唯心起来?答曰:其不唯心者,实事求是;其卒又近若唯心者,仍是实事求是。他们始终在解决人生问题的实践中,不实事求是便解决不了任何问题。他们原不是在谈哲学,无所谓唯心、不唯心。同时要注意:前之不唯心,后之唯心,其心之意词意义宽狭不同。前之不唯心即不唯主观意识之义;后之"唯心所造"者,即一切惟生命之所造之义。

如我夙昔之所说明:人的眼耳等感觉器官活动,原是从其求生存、避祸害的立场出发,对外界的各式各样"探问",其色声等感觉,即其收到之"情报回答"。自己随问随答,便是相见二分出于识体自变之理。情报回答固必出于外界状况有所反映,却非一如其实,而是涵有很重主观成分的。其所以主观成分很重者,不难粗略指出如次:

1. 色、声、香、味、触,人的一切纯真感觉(且不谈其后来发展出的知觉)均涵有适意、不适意的感情成分在内。此感情成分在唯识家即属之于前五识相应俱有的"心所"(心所有法之简称)。

2. 人的视听等感觉来自外界光波、声波等刺激,但非是所有的光波、声波皆为人所感觉得到。其过强过弱,过高过低者,便或超于能觉度或不及能觉度了。此即证明感觉有取有舍,未尝一如

第十六章　宗教与人生

其实地反映了外界①。

3．吾人资始于感觉而后天发展出来的知觉，相当于巴甫洛夫学派之所谓条件反射，其无条件反射，则属于先天本能的。条件反射从个体经验习惯而人各不同，称之为"个体的反射"，以别于无条件反射之为"物种的反射"。吾人感觉有其颇重之主观成分，如上已明，吾人知觉的主观成分乃更重于前者。从唯识家来看，感觉是现量的，知觉却间杂许多比量、非量在内了。

4．人的机体构造于其所遇环境刺激，恒有天赋高度适应性能，随时伸缩变化以为应付。此盖由生命总在自求协调平衡之理，医家知之最详。眼之感光，体之感温，于其明暗冷热骤然有变恒得调节裕如，是其粗浅之例。从而感觉上之明暗冷热，就不可凭信以为外界实况。

5．如前第六章第一节所说。要必于固定少变之事物，乃适合人心计划性之发挥运用；若不可得，则惟取其约略相当的，亦可资之以订计划。但世间一切均在迁流不住、瞬息万变之中，捉不到固定不变的局面，人心的计划性将何以施其计呢？所以从人的感觉到知觉惟有摄取其间片段而固定化之，以约略相当（大致不差）的为其代表。人们一切应付外界行动皆准于所感知者而行，虽然亦大都效用不虚，而实则其前提皆假定以所感知者（固定化

---

①　光波中之红外波、紫外波，声波中之超声波、次声波即属于超出感觉，或感觉不及者。由于物种不同，生活各异，人与各高等动物的感觉器官便种种不一样。人的听觉极限是每秒时 50000 振次，而狗耳则能感受到每秒 100000 振次。狗的嗅觉灵敏，鸳鸟猛禽的视觉锐利，皆为人所远远不及，世所习知矣。

的片段)为真实耳。

唯识家所说的识自体变生相分者,其为修瑜伽者静中发见的事实,而非同哲学家的那种思想议论,其不明白矣乎?事理如此,既然明白,那么,何谓出世间便不难明白。出世间者:从乎佛家逆着生机体向外逐物之势的瑜伽功夫,断离二取,不再"探问"便不再变生相分,万象归还一体(宇宙本体、空无一切相),生命卒得其解放,不复沉沦在生死中之谓也。

生死从何来?从最简单的生命存在方式如蛋白质体者,便见有新陈代谢之自我更新过程来也。——请回看第十二章前文所引恩格斯《反杜林论》中讲说生命四点特征等等那些话。一切生物总在息息不断地有所吸取于外,消化于内,又排泄于外,从而有其生长,有其生殖焉。新陈代谢既见于其个体之内,又且见(陈)个体(新)个体之间者是已。

这里最根本重要的是自我更新之**自我**,生命之为生命在此。吾书开首便讲自动性、能动性,其动是有主体地动,不同于风之动、水之动。佛家以人生为迷妄;其所以为迷妄者,即在"我执"上。我执于何见?如佛家说,本来清静圆满,无所不足者(宇宙本体),乃妄尔向外取足;即在此向外取足上见出了外与内,亦即"物"与"我"相对的两方面,而于内执我,向外取物,活动不已焉。从原生物一直发展到人类出现,要无非从"我"这里发展去的。——就发展出万象纷纭偌大世界来。

生命从最低级升达最高级如人类生命者,其我执乃最活跃,

第十六章　宗教与人生

最顽强。活跃者,其显露于第六意识上的分别我执也;顽强者其隐伏恒转无已之俱生我执则在第七识缘第八识上,人虽沉睡若死,或大脑震伤闷绝,而其体内生理活动不停息者,为此俱生我执在也。如佛家所说,由我执有"烦恼障",由法(物)执有"所知障"。二障原于二执,于是而有变生万象的能取、所取那二取。破二执,除二障,断二取,便从生死无休中超脱出来。

八识是沦在妄情中的:佛家瑜伽功夫要在消除妄情,转识而成"智"。此所以前引《成唯识论》云"此智远离所取、能取……是出世间无分别智;断世间故,名出世间。二取随眠是世间本,惟此能断,独得出名"也。

依次进行第二小段:假如承认世间的真实性,那么出世间就更真实。

对人生持否定态度厌离生死,曾是印度突出的古风,表见在倾向出世的许多宗教之流行,从而都把世间看成是不真实的。及至佛教出现,多方适应群机,既包有各不相等的教乘(如大乘、小乘、人天乘等)在内,又且渐渐发展出许多派别分歧,其间争讼纷纭总集中在空有问题上。空有问题,盖即从世间真实不真实问题递衍下来者。

平情论事,世间的真实性又何妨予以承认,却是出世间就更真实耳。《瑜伽师地论》中有四真实之义,既一面认许世间真实,更一面显示出世间的真实,最值得称述。试以浅近易晓言词述之如次。

一者世间极成真实。——此即肯定现在通称的感性知识是有其一面真实性的。原论文云：

> （上略）谓地惟是地，非是火等。如地如是，水、火、风、色、声、香、味、触、饮、食、衣、乘、诸庄严具、资产什物、涂香华鬘、歌舞伎乐、种种光明、男女承事、田园、邸店、宅舍等事，当知亦尔。苦惟是苦，非是乐等；乐惟是乐，非是苦等。以要言之：**此即如此，非不如此；是即如是，非不如是**；决定胜解所行境事。一切世间从其本际展转传来想自分别共所成立，不由思惟筹量观察然后方取，是名世间极成真实。

世间生活首先是建立在分别对立中的事物上，亦即在人们常识中那些观念、概念上；正如恩格斯在《反杜林论》内说到形而上学的思维时所说"**是则是，否则否，除此以外即是鬼话**"那样；然而它却为当初科学所由分门别类来研究，大踏步前进的基础者。这些感性常识虽未深入事物本质，自有其真实性之一面。

二者道理极成真实。——此即肯定现在通称的理性知识有其真实性。它较之感性知识盖为透过现象深入事物本质而通达其内部联系者。一切科学家实事求是地研究之所得（包含辩证唯物主义、历史唯物主义观点的认识）应属在此中，虽每或违远一般常识，却较近达乎真际。在古佛家自非如近今科学家那样向外致力观测实验之所为，而是从生命自反的方向寂默觉照中见得一些事实，遂亦同样地于一般常识俗见多所纠正（或增益）①。虽然一则是顺着生命发展趋势，而一则是逆着的，但一本于实事求是却彼此无二致；从而各自所识得就每能互相发明印证。这些极成道理均属生命内事，非属出世间，顾可为修出世间法者之所发见耳。

上列两项皆属世俗真实性，盖在俱生我执之妄情的生活中，各有其效用而不虚，便且以真实许之也。但惜世人多从第六意识所起分别法执、分别我执的作用上惯常地加重了执着之势，违远事物真际，使得贪、瞋、痴的烦恼转陷益深，以致造作出许多愚蠢罪恶来。所以佛先从小乘教就开喻人们之所谓"我"者，不过是来从"色、受、想、行、识"五蕴上的一种误认，以解破其我执。后在大乘《般若经》最善说空说幻，进而解其相缚。相缚者，谓不了达六尘境相之空幻，重为相分见分之所拘，不得轻舒自在也。果然破执解缚，则真自显；古人云：不用求真，只须息妄。

三者烦恼障净智所行真实。——此及第四"所知障净智所行真实"之所说便均属于出世间了。

前曾说，烦恼障从我执来，主要是在末那（第七）识俱生我执上的四根本烦恼：1. 我痴（冥顽无明），2. 我见（于非我上计我），3. 我慢（傲慢），4. 我爱（耽爱）。在末那我执上相应不离地具有此四心所。心所者，心所有法之简称，乃指其相应的情趣

---

① 此例如俗常以为色声香味触等感觉是外界的，而事实上乃是自识所变相分，不在外；又如变生相分时，有相、见、自证、证自证等四分那样精细深微，俗所不晓等是也。凡此皆合于科学，属于世间事物之列。

或意向而言。"我"之为义，原是常一主宰之意；而其实常一又何可得，亦不可能说什么主宰。具此情趣意向更是迷妄，障蔽着真理，陷于烦扰昏乱，故曰烦恼障。净除此障，染识转成净智，真理斯见。——第三真实人意如此。

上一项只破我执，在破除迷妄上犹未彻底。世人从自家身心上计执有常一主宰之我，其实不外因缘凑集所生之色、受、想、行、识（解析一人的身心不外此五者）五蕴而已，既非常一之体，更难起主宰之用。"我"归于空矣，而法（五蕴）犹在。"法"为佛家用于一切事物之通名。认为事物实有其事，是谓法执。法执不除，妄云何澈？

四者所知障净智所行真实。——此即佛家所说"真如"、"法性"，如我领会即是宇宙本体。净除法执之为障蔽，乃臻斯境。法执亦曰"法我执"；如上文之我执亦曰"人我执"。人我执依法我执而起，通是我执，法我先于人我。喻如夜间迷杌为人，人之误认起于杌。晓悟是杌非人较易，必且进而晓悟杌之非真。兹摘取《瑜伽师地论》原文一小段，以见大旨：

> （上略）又安立此真实义相，当知即是无二所显。所言二者，谓有、非有。此中有者，谓所安立假说自性，即是世间长时所执，亦是世间一切分别戏论根本，或谓为色、受、想、行、识，或谓眼、耳、鼻、舌、身、意，或谓为地、水、火、风，或谓色、声、香、味、触法，或谓为善、不善、无记，或谓生灭，或谓缘

第十六章 宗教与人生

生,或谓过去、未来、现在,或谓有为,或谓无为,或谓此世,或谓他世,或谓日月,或复谓为所见、所闻、所觉、所知、所求、所得意随寻伺,最后乃至或谓涅槃,如是等类是诸世间共了诸法假说自性是名为有。言非有者,谓即诸色假说自性乃至涅槃假说自性无事无相假说所依一切都无,假立言说依彼转者皆无所有,是名非有。先所说有,今说非有,有及非有二俱远离,法相所摄,真实性事是名无二。(下略)

这里极需注意两点:小乘佛教亦被列入"是名为有"之中而加否定;乃至说到"有及非有,二俱远离",信非思议所及。这是一点。再一点,这全然不是哲学思辨的极致——那是被斥为戏论的——而是实践出世,出世的实践。

末后进行第三段:略说次第深入的人生三大问题。

此所云人生次第深入的三大问题者,在前第十三章讲"东西学术分途"时,既经提出说过:(一)人对物的问题,(二)人对人的问题,(三)人对自身生命的问题。

如前所说,真的学术皆为解决真的问题而产生的,要解决问题都要通过行动实践才得解决,殊非徒在头脑、口、耳之间像西洋哲学家那样想一想、说一说(只解释世界而非改造世界)而止。所谓问题,就是生活中所遇到的障碍或困难之类;解决了困难障碍,就获得了(某种)自由、自在。不断地这样争取前进,将是有其浅、深、先、后次第的。一问题的解决,恒即引入其进一层的问题。人生不外如是无穷无尽地走着,人类历史不外如是逐步地发展着。请试审思之,难道不是吗?

距今六十年前的我,志切出世,便发觉一般人所要解决的问题总是生活上的问题,而相反地我却不是要生活下去,我要从生命中解放出来。这里显然是两个在性质上不相同的问题:前一是顺着走,后一则是逆着行的;前一障碍在外物,后一则障碍即自身。那么,还有没有性质上为第三问题的存在呢?多番审思,四顾观察,乃知确有介乎此二者之间的一个问题,这就是:人对人的问题。

人和人之相处始于亲(父母)子、兄弟、夫妇、一家人之间,其彼此将顺照顾,自属常事,但彼此相忤,大成问题者夫岂少见?面对这样问题,能否像因外物为碍的那样来对待,譬如排除之、消灭之来解决呢?首先主观感情上不许可(不忍),更且客观事实上不许可。说事实上不许可者,就在人是天然离不开旁人而能生活的。从事实上就决定了你必须有与人相安共处之道才行。此即见其性质殊不相同。当然有不少走向决裂的,尤其常见于人群与人群之间的决斗、战争。以决斗、战争来解决人对人的问题,不是号为文明的人类直到今天依然行之未已吗?却须知得、却须注意:此时相斗的两方正是彼此互以对外物的态度来相对待了,即是转归于第一问题去了。至于人对人的这个问题,其不同乎人对自身生命之求解放自由,很显明,无须多说。因此总结下来人生实有此性质不同的三问题存在,即不能减少,亦无可增多。

此人生三大问题之说，愚发之五十多年前，为旧著《东西文化及其哲学》全书理论上一根本观念。从今天看来，此书多有错误之处，其可存者甚少，然此根本观念却是不易之论。所以后来旧著《中国民族自救运动之最后觉悟》更有所申说，其文视初著较妥切明白，又有为上方所未及详论者，兹录取如下，用作结束。

人类生活中所遇到的问题有三不同；人类生活中所秉持的态度（即所以应付问题者）有三不同；因而人类文化将有次第不同之三期。

第一问题是人对于物的问题，为当前之碍者即眼前面之自然界；——此其性质上为我们所可得到满足者。

第二问题是人对于人的问题，为当前之碍者在所谓"他心"；——此其性质上为得到满足与否不由我一方决定者。

第三问题是人对于自己的问题，为当前之碍者乃还在自己生命本身；——此其性质上为绝对不能满足者。

第一态度是两眼常向前看，逼直向前要求去，从对方下手改造客观境地以解决问题，而得满足于外者。

第二态度是两眼常转回来看自家这里，"反求诸己"，"尽其在我"，调和融洽我与对方之间，或超越乎彼此对待，以变换主观自适于这境地为问题之解决，而得满足于内者。

第三态度，——此绝异于前二者，它是以取消问题为问题之解决，以根本不生要求为最上之满足。

问题及态度各有浅深前后之序；又在什么问题之下，有其最适相当的什么态度。虽人之感触问题，采取态度，初不必依其次第，亦不必适相当，而依其次第适当以进者实合乎天然顺序，得其常理。人类当第一问题之下，持第一态度走去，即成就得其第一期文化；从而自然引入第二问题，转到第二态度，成就其第二期文化；又将自然引入第三问题，转到第三态度，成就其第三期文化。

此章共分三节，是前后互相照应的。不难明白世界文明三大系之出现，恰是分别从人生三大问题而来。现代文明仍属在第一期中，但正处在第一期之末，就要转入第二期了。社会主义取代资本主义的世界大转变行将到来，那正是把人生第二问题提到人们面前，要人们彼此本着第二态度行事，而其第一态度只用于对付大自然界了。

第十七章　道德——人生的实践(上)

道德一词在较开化的人类社会任何时代任何地方可以断言都是少不了的。但它在各时各地不免各有其涵义,所指不会相同,却大致又相类近耳。这就为人们在社会中总要有能以彼此相安共处的一种路道,而后乃得成社会共同生活。此通行路道取得公认和共信便成为当时当地的礼俗。凡行事合于礼俗,就为其社会所崇奖而称之为道德;反之,则认为不道德而受排斥。礼俗总是随其社会所切需者渐以形成出现,而各时代各地方的社会固多不同,那么,其礼俗便多不相同,其所指目为道德者亦就会不同了。然而不同之中总有些相同之点,因为人总是人,总都必过着社会生活。

然人类特征固在其自觉能动性,道德之真要存乎人的自觉自律。其行事真切感动人心者,所受到的崇敬远非循从社会一般习俗之可比。有时举动违俗且邀同情激赏,乃至附和追从焉。此又不论古今中外所恒见不鲜者。正惟此之故,社会风尚遂有转变改良乃至发生革命。

是故有存乎一时一地的所谓道德,那是有其不得不然之势的;但那只是一方面,而另一方面则道德原自有真,亦人类生命之势所必然。

兹就有关道德的一些问题简要地分别进行阐明如后——

1. 敢问道德之真如何？如我所理会:人类生命是宇宙大生命从低级生物发展出来的顶峰。凡过去发展中那些生物以至高等动物最接近人类者既莫不各自止于其所进达之度,陷于盘旋不进,其犹在发展前进不已者今惟人类耳。如吾书前文之所云"生命本性就是莫知其所以然的无止境的向上奋进,不断翻新"(见第四章),人在生活中能实践乎此生命本性便是道德。"德"者,得也;有得乎道,是谓道德;而"道"则正指宇宙生命本性而说。

2. 生命寄于生物而见,那即是从一切生物的生活上见之,而生命本性既从生物进化史的大势上昭然可见,又赓续表见于从古至今的人类社会发展史。试一回顾前瞻,当必憬然有悟。人生于此,岂不当率性而行乎!

3. 既曰率性而行便是道德,则其事当不难,顾何以道德乃若稀见可贵,而人之不道德却纷纷然充斥于世邪？此盖以人类发达了头脑心思作用而降低其他官体作用,亦即反乎动物各依种族遗传本能生活之路,而特依重理智于后天;此一突出的绝大进步,正得之有所减损而非得之于有所增益。第十二章前文不云乎:

> 人身——人脑只是给人心(生命)开豁出路道来,容得它更方便地发挥透露其生命本性耳。论其措置是消极性的,而

所收效果则将是积极的伟大无比的。

对照动物来看,彼依本能为活者,行乎其所不得不行,止乎其所不得不止,落于刻板文章,既少奋进创新之机,违失生命本性矣,更无率性不率性之可言,亦即谈不到什么道德不道德。惟人类得从动物式本能解放出来,为宇宙间惟一能代表生命本性者,斯有率性不率性问题,斯有道德不道德问题焉。说有所减损者,即指动物式本能的减损,为生命本性留出空白活动余地也。正为率性非定然,其向上奋进乃可贵。道德者人生向上之谓也。

4. 人或向上或堕落,大有可以进退伸缩者在。此其所以然就在身心两极之分化(见第十章)。人之一言一动乃至一念之萌,皆来自身心无数次往复之间(见第十一章)。头脑心思大大发达了的人类,自是应当心主乎其身的,但事情却不必然。往往心从身动,心若无可见者。必若心主乎此身,身从心而活动,乃见其为向上前进;反之,心不自主而役于此身,那便是退堕了。

5. 说至此,须更剖析言之:

人心即从原始生物所见有之一点生命现象不断地发展而来,虽优劣不等,只是一事。应当说心与生命同义,又不妨说一切含生莫不有心(回看第四章)。

从生物进化史看去,总是心随身而发展的,身先而心后,有其身而后有其心(回看第十章)。

事物的发展总是渐次量变而有突然质变。依重理智于后天之人心出现，正是一绝大突变，其特征在人心之能静，在其有自觉于衷（回看第六章第六节）。

说心从身动，心若无可见者：如新生婴儿有身矣，人心之用未显，未有自觉故也。未开化之初民社会，其人行事亦有类似情形者皆以自觉之贫乏。故必有自觉乃可言心。说向上前进必在心主乎此身，身从心以活动者，有自觉乃有自主之可言也。

6. 心是灵活向上的。人心要缘人身乃可得见是必然的；但从人身上得有人心充分表见出来，却只是可能而非必然。现成的只此身，人心不是现成可以坐享的（回看第五章）。此即是说：心寻常容易陷于身中而失其灵活向上。

7. 心为身用，自觉昏昏不明，殆为人类生活常态。此时若无违其社会礼俗，即无不道德之讥评。然而既有失其向上奋进之生命本性，那便落于失道而不德。

8. 古人说过"形色，天性也。惟圣人乃可以践形。"（见《孟子》）形色是指身体。人身（包括人脑）原为生命本性开拓出路道来，容其充分发挥表露。人之未能率性者辜负此身矣。古代儒家不外践形尽性之学；固自明白言之。

9. 吾书之言人心也，则指示出事实上人心有如此如此者；其从而论人生也，即其事实之如此，以明夫理想上人生所当勉励实践者亦即在此焉。人心与人生非二也，理想要必归合乎事实。——此第一章之文正点明伦理学的实践与自然科学社会科学所阐发之理合一。

第十七章 道德——人生的实践(上)

10. 科学的社会主义家马克思、恩格斯资藉于科学论据以阐发其理想主张,不高谈道德而道德自在其中。"因为在理论方面,它使'伦理学的观点'从属于'因果性的法则';在实践方面,它把伦理学的观点归结为阶级斗争"。(见《列宁全集》第一卷《民粹主义的经济内容及其在司徒卢威先生的书中受到的批判》一文)。虽外表上从头至尾没有丝毫伦理学气味,却不失为一较好的伦理学说。

11. 从必然中争取自由,原是生命一贯的活动表现。毛泽东论用兵要归于争取主动,同样地整个人生亦正是要归于争取主动而已(见第四章)。文学上、艺术上、农工生产技术上……种种方面的创造发明,莫非生命灵活自由的表现,莫不表现了人的主动性创造性,而道德则是其更伟大更可贵的创造奉献。

12. 总结说来,道德不离开事实而高于事实,在原有基础上有所提高,自新不已。

13. 说事实即指此身及其可能性。说身,指机体、机能、体质、气质和习惯(回看第十四章)。上文说人寻常容易陷于身中者,即囿于自己气质、习惯之谓。个人的习惯和社会礼俗相关联,多半随和礼俗,此庸俗的道德,缺乏独立自主;古人说:"乡愿,德之贼也。"(见《孟子》)非讲求真道德者之所取。"学至气质变化方是有功"(语出宋儒程明道),是讲求真道德者之言。

14. 一言一行独立自主,方显示生命本质,其根本要在内心自觉之明强。自觉贫弱便随俗流转去了。或不无自觉而惮于违俗,皆由心不胜习,苟从身以活动。对善而言恶,昔人(王船山)有言俗便是恶者,虽严厉哉,固有以也。

15. 世上既惮于违俗,不认真以求是者,亦有悍然违俗而作恶者,此两面似乎差距甚大,而其实不然。人之一言一行皆循从其气质和习惯而活动的。各个人当时现有的气质和习惯是其活动的基础条件,活动只在这上面发生,既离开不得,亦非止于原样不动。庸俗与大恶见为差异甚大者,只是现前表面耳;迫近察之,其不同全在各自基础上。(注意:其阶级不同,处境不同,其气质习惯不同。)革命家率先行其所是,众人附从有先有后,卒成革命之功。此革命伟人及其先后附从之人,一一各基于其秉赋和习染而有率先与附从之别,附从又有先后之别(当然其因素中还有环境关系在),理无二致。一切都是逐渐而来,这是生命规律。

16. 大恶人与革命家似乎甚相远,其实亦不然。革命家自是生命力强大之人,而造作大恶者往往亦就是这样的人。正以其同具有强大生命力,世间颇有恶人转变而贤智出众者,亦有先是革命家而堕落为恶者。若问:生命力强大何谓邪?其内在矛盾大耳。心身是矛盾统一的两面,身在心中,心透过身而显发作用,一般莫不如是(回看第十三章)。身的开豁大,心的透露大,其矛盾争持大,是谓生命力强大。

17. 人的生命力大小强弱不同等和人的体质气质各有所偏,皆有其生来秉赋(比较是主要的)之一面及其后天养成之一面。但道德不道德之分,全从向上抑或堕落而分,不在其他。向上或堕落总是一步一步乃至一寸一分而来的。虽则其间亦包含由量变而突变的变化,乃至忽上忽下时进时退的事情,然向上者更容易向上,堕落者更容易堕落。

18. 在向上与堕落的问题上,防微杜渐靠自觉。此在尚乏内心自觉的幼儿一时谈不上,却慢慢亦就有了。当其慢慢有自觉的同时,亦就慢慢进入后天养成一方面来,亦就是渐从气质问题趋重于习惯问题。

19. 习惯固然亦有好习惯坏习惯之别,但气质和习惯皆是生活中所必要的工具条件而已,生命初不在此。世俗之见以为道德即是好习惯之谓,德育就在养成好习惯,那是错误的。德育之本在启发自觉向上,必自觉向上乃为道德之真。习惯和社会环境总分不开,好习惯往往不过是社会所需要的道德非真道德。

20. 道德要在有心,要在身从心而活动。说身,正是在说气质和习惯。所谓堕落就是落在气质习惯上不能自拔。凡此之义,上文已有明示。现在要指出者:懈惰是背离生命本性的,从一点小事以至罪大恶极者皆由一息之懈来。问题极其简单。

21. 远从生物进化史看去,在进化途程中惟独后来有人类出现的脊椎动物那一脉络,始终在争取自由,争取灵活,层层上进不稍停歇,乃得有至今犹代表宇宙生命本性的人类奔向前程;其他物种所由千差万别者正为其各自歇止于所进达之度,遂落于盘旋中了。何为而有歇止有不歇止?歇止者在个体图存种族繁衍两大问题之得解决上自安自足,从而亡失其向上不断争取自由争取灵活之生命本性也。不歇止者反之,不自安足于现前的存活传种,从乎生命本性赓续奋进也。问题只在一则懈(松劲)一则不懈(不松劲)(请回看第六章第五节前文)。一息之懈便失道而不德。在人生实践上,其理犹是生物进化史上所见之理也。

22. 造作很大罪恶者,总经过许多心计和凶狠魄力,表面看去极不简单了,而我却说它问题极其简单,因其全副生命工具(头脑智力,体魄精力)用在邪路上去,其几惟在一息之懈也。一息之懈而主(心)从(身)易位矣,气质、习惯于是用事。一息又一息,容易相续,不容易回头,而大恶以成。

23. 一切恶出于自私,而通于一切之善者就在不自私,以致舍己而为公。此理至浅,人人晓得。更须晓得是公非私,是私非公,皆于当前情景比较对待上见之,非可孤立看待者。自私者惟局于其一身是固然矣;若其范围虽大于此身,却仍然联系在此,如局于一家一国者,便仍然是自私。往往有人把较大范围的自私也看成道德,那是错误的。反之,若当前不存在其他较大问题,则照顾一身的病痛岂得为自私乎?一句话:善本乎通,恶起于局。盖为生命本性是趋向于通的。

24. 行止之间于内有自觉(不糊涂),于外非有所为而为,斯谓道德。说"无所为而为"者,在生命自然地向上之外,在争取自由灵活之外,他无所为也。体认道德,必当体认"廓然大公",体认"无私的感情"始得,请回顾第七章各节。

25. 隐伏身中而为恶行之本者非一,而势力强大莫如下列三因素：

(1) 发乎男女性欲本能；

(2) 发乎愤怒仇恨的斗争本能；

(3) 争夺强霸权力的欲望。

人类虽从动物式本能大得解放，但仍为动物之一，犹留有一些本能，而如上两种本能为最强，当其冲动起来，便会不顾一切。末后权力欲则特见于生命力大的人，在一般人较差①。

---

① 人性恶之说，盖出于一种误会。要晓得气质（本能属此）、习惯原为应付个体图存种族繁衍两大问题的工具手段；工具手段原居从属地位而心为之主；恶行之出现，不过主从关系颠倒之所致耳，非其本然。正为此心一懈即失主了。

第十八章　道德——人生的实践(下)

人类生命既有其个体一面,又有其群体一面,人生的实践亦须分别言之。上章主要从个体一面申说道德之真在自觉向上,以身从心。此章将申说人类群居(社会)生活中的道德则在务尽伦理情谊(情义),可以"尽伦"一词括之。

人类生命与动物生命在本质上不同,是先天之所决定。决定了一个人从降生下来很长时期不能离开旁人而得存活;即便长大成人还是要生活在许多人事关系中,不能离群索居。因为必脱离动物式自然生活,而向文明开化前进方才成其为人类。这些都说在第六章第四节,可回看。故尔就人类说,其社会生命一面实重于其个体生命一面。一切文明进步虽有个人创造之功,其实先决条件都来自社会。人类社会的文明进步正是宇宙大生命的惟一现实代表,一个人在这上面有所贡献,就可许为道德,否则,于道德有欠。

所谓贡献者,莫偏从才智创造一面来看。人类由于理智发达乃特富于感情(远非动物所及);感情主要是在人对人相互感召之间(人于天地百物亦皆有情,顾无可言相互感召);伦理情谊之云,即指此。伦者,伦偶;即谓在生活中彼此相关系之两方,不论其为长时相处者抑为一时相遭遇者。在此相关系生活中,人对人的情理是谓伦理。其理如何?即彼此互相照顾是已。更申言以明之,即理应彼此互以对方为重,莫为自己方便而忽视了对方。人从身体出发,一切行动总是为自己需要而行动;只在有心的人乃不囿于此一身,而心中存有对方。更进一层,则非止心中存有对方而已,甚且心情上所重宁在对方而忘了自己。例如母亲对于幼子不是往往如此吗?举凡这轻重不等种种顾及对方的心情,统称之曰伦理情谊。情谊亦云情义;义是义务。人在社会中能尽其各种伦理上的义务,斯于社会贡献莫大焉;斯即为道德,否则,于道德有欠。

这里需加剖辨或申明的几点如次。

1. 在母亲的心情中,幼子最为所重,往往为了其子不顾自身安危;这种事不可一例看待。盖各人的气质不同,有的出于父母本能,有的行动中不失自觉之明。道德应属于后者,不属于前者。此一辨析不可少,却甚微细不易辨别。

2. 旧中国有五伦(君臣、父子、夫妇、兄弟、朋友)之说,其所指说偏乎此一人对彼一人的关系。今说人对人的关系应当包含个人对集体、集体对个人那种相互关系在内,亦包含集体对集体的关系在内。此例如工厂的工人对工厂、工厂对工人和工厂对工厂之间,以及工厂对国家、国家对工厂,皆事同一理。乃至国际上国家与国家之间,国家与联合国之间,既然同是在生活上互相依存的两方就同属于伦理,都有彼此顾及对方,尊重对方之义,都有道德不道德问题。

3. 处在彼此相关系中,其情其义既若规定了的,却又是有增有损,转变不定的。此即因彼此在生活上互相感召,有施有报,要视乎其事实情况如何,顺乎生命之自然而行。若看成死规矩,被社会礼俗所束缚,那至多有合于一时一地的社会道德,不为道德之真。

人对人的问题虽存于彼此之间,但人身有彼此而生命无内外,浑包对方若一体。从乎自觉能动性,采取主动解决问题,自是在我。若期待对方,责望对方,违失于道矣。惟责己者为不失自觉,是以古人云"反求诸己"(语出《孟子》)。但问题或未易得到解决,则"尽其在我"是曰尽伦。

伦理道德上的义务是自课的,不同乎国家法律所规定的那种义务是集体加之于我的。后者具有强制性,而前者是非强制性的,正为其出于生命自由自主之本性故耳。法律上的义务恒与权利相对待,而道德上的义务则否,义务只是义务而已。为什么只讲义务不提权利?此可从两面来讲明。人非有所享用享受不能生活,而生活是尽义务的前提,显然生活权利不能没有。其所以不提来说,正为事先存在了。须知这义务原是从伦理彼此相互间生出来的;我既对四面八方与我有关系的人负担着义务,同时四面八方与我有关系的人就对我负担着义务;当人们各自尽其对我的义务时,我的权利享受不是早在其中了吗?具体指点来说:父

第十八章 道德——人生的实践（下）

母之情义在慈,子女之情义在孝,子女的生活权利不是早在父母慈爱抚育的义务之中了吗？父母年老,子女负责奉养,父母的权利也就在子女的义务中,不是吗？——此是讲明的一面。

情也,义也,都是人类生命中带来的。生命至大无外；代表此至大无外之生命本性者今惟人类耳。古人有言"宇宙内事乃己分内事"（宋儒陆象山语）。若远若近对一切负责者是在人（人类生命）,在我自己。这不是说大话。这是懍懍危惧,不敢怠慢之言。今天说的"无产阶级负担着解放全人类的使命",颇合此意。权利观念近代资产阶级实倡之,那是反对往时集团权力过强而来的个人本位主义。近代以至现代的资本主义社会都是个人本位社会,在人类社会发展史上属于前半期。从远古以来,人类在这前半期内,大都借助宗教以培养其社会所需的道德而已,难语乎道德之真。只有古中国人理性早启,文化早熟,颇著见道德的萌芽。他们广泛推行家人父子兄弟间的感情于社会生活的各方面,形成了特有的伦理本位社会（忽视集团亦忽视个人）,流行着人生的义务观（详见旧著《中国文化要义》）。这恰好为人类前途进入历史后半期社会本位的社会,即将强调个人对集体的义务预示着一点影子。而且从古语"人不独亲其亲,不独子其子……货恶其弃于地也不必藏于己,力恶其不出于身也,不必为己"（见《礼记·礼运》篇）看去,似乎早具有社会本位的理想①。总之,从乎

---

① 古中国人文化早熟之说,愚发之五十年前（见《东西文化及其哲学》）,至最近乃明确其在社会发展史上实属于马克思所谓亚洲社会生产方式。既另有文申说,请参看。此早熟之文化不免有其偏失,《中国文化要义》曾指出之：

（接下页）

人类生命的伟大,不提个人权利是很自然的事情。——此是又一面的讲明。

生命是活的,所以道德——生命力量的表现——也是活的。伦理互相以关系之对方为重,而不执定具体之某一方为重,实在其妙无比。举例言之,西洋人往世集体势力过强,引起反抗而以人权自由相号召,近世以来重点乃移于个人。抬高个人,卒又引起反抗,法西斯、纳粹,从种族主义出发,乃又重集体而轻个人。如是相争未已。虽云立场不同,而其从身出发,各自站自我一方,而非从通而不隔之心顾及对方则无不同也。从乎伦理之义集体与个人孰重非有一定不易之则。譬如国家(集体)在危难中则个人非所重;若在平时生活中则国家固应为其成员个人而谋。总之,视乎一时一事环境条件如何,而各有其适宜者在焉。执定一偏将动有窒碍,每每事实上行不通,死理终必归从活事。

情理是随人所处地位不同而有所不同的。说话要看谁说,不能离开说话的人而有一句话;此即所谓"相对论"。彼此互以对方为重的伦理思想就是一相对论,今后必将通行于大小集体与其成员之间。处在平时自能得其均衡,不偏一方;而遇有必要时,却又能随有轩轾,自动伸缩适合情况。

(接上页)

"中国文化最大之偏失就在个人永不被发现这一点上。一个人简直没有站在自己立场说话机会,多少感情要求被压抑、被抹杀。'五四'运动以来所以遭受'吃人礼教'等诅咒者,事非一端,而其实要不外此。"(见《中国文化要义》第十二章)

第十八章 道德——人生的实践(下)

"义者,宜也",此古语明白点出义即适宜之意。古人又说要"由仁义行",不要"行仁义"(见于《孟子》)。情理原不存于客观,若规定一条情理而要人们践行之,那便是行仁义了,往往不适当,不足取。世或以"三纲五常"的教训——那正是以行仁义为教——归咎孔孟,固非能知孔孟者。

孔孟论调太高,只能期之于人类文明高度发达之共产社会。一般说来,在社会生命一面之所谓道德既要在尽伦,而人与人的关系随历史发展和各方情况却不一样,则以适合其时其地的社会要求为准。一时一地社会虽不相同,但从宇宙大生命来看,要求秩序稳定(社会生产顺利进行),又要求有所前进(改良乃至革命)却是同的。当需要稳定时,力求有助于稳定的行事,当需要改革时发动改革,那便合乎时宜,便是道德。总之,义各有当,不可泥执一格。

人类的道德在不断迁进中,亦正为人的理智理性时在开发长进中。除中国印度各以文化早熟有些例外,一般总是后胜于前。然而论罪恶恰亦是与时俱进。往者章太炎先生有《俱分进化论》之作,指出世间乐在进,苦亦在进;善在进,恶亦在进;那完全正确。

智、仁、勇三者是道德的内涵素质,或云成分。三者都是人类生命中所有,发而为人群中可敬可爱之行事,是曰道德。三者既相联带而其在人又各有所长短厚薄不同;同时亦随社会发展和文明进步而各有风尚表见不同。除个别人或少数人外,人类心理且是随其社会发展而有其发展变化的。

是非善恶恒随不同的社会生活规制（礼俗法律）而变易其标准。在人既有其不能不随事之所宜者在，又当视乎其行事中的道德成分而异其道德评价。例如欧洲中古宗教威力下之科学家反迷信的发明发现，往往有智、有勇，亦且有仁也。反之，有如恩格斯自然辩证法中所云"许许多多自然科学家已经给我们证明了，他们在他们自己那门科学范围内是坚定唯物主义者，但在这以外就不仅是唯心主义而且是虔诚的正教教徒"；其头脑明智似不足，而其笃实虔诚不又为任何时代任何地方道德上之所取乎。

草昧之初原始人群头脑心思发达不足，身体本能冲动颇强，其生活规制大抵有赖虔诚的迷信禁忌以资维持，彼此间信托心理很高，是其团体所以凝固之本；论道德应属幼稚阶段。

比及阶级分化之后，头脑心思发达，暴力与诈伪乃并时而兴，迄于今而未已。此际各方各族社会生活规制种种不一，盖难概括言之。勉强概括之，则此漫长历史时期中，其社会秩序所由维持大抵有赖于武力强制和宗教训诲之二者。武力强制恒以国家名义行之，宗教则未定然。由于国家武力之一因素而大有影响于道德问题，试分别言之。——

1. 任何个人总出于集体（族群），集体总重要过个体；于是有持国家至上观念者，服从国家即是道德上一种必要。虽在人类前途上国家将归消泯，然此一信念仍然在一定历史时期内是可予肯定者。这是以国家占有正大名义而来，非必屈从于武力。

2. 然在社会发展史上国家总构成于阶级统治,阶级的存在既有必要时期,亦且将有其不必要时期。在临于末后无产阶级世界革命时际,便有"工人无祖国"之一义,代表工人阶级革命的政党而附从帝国主义战争便背叛了无产阶级立场而为不义。

3. 一般说诈伪原非道德所许,然在武力统治下从事革命者又当别论。

4. 从乎某些社会礼俗——此礼俗的形成实有强制成分和不开明的信仰在内——有可视为愚忠者,其愚不足取,其忠犹不失于伦理。

要之,自脱离天真幼稚阶段以来,一般地说,古时人仍然性情淳厚心地朴实,较为近道,而难免明智不足;近代人则智力较长,知识进步,却嫌仁厚不足。自非出类拔萃自觉能动的极少数人外,大多在人与人关系上顺从其时其地生活规制以行事,不出乎庸俗道德。前者于社会发展固自著有创进之功,后者亦非无助于其间。从人类道德发展史来说,此可譬如个体生命身体头脑在发育,尚未达成年。必从人类历史的自发性进入自觉性,由社会主义革命而实现共产主义的社会人生,乃见其为道德的成长期。成年期的发展将是很长很长的,其长数十倍于前不止。究竟有多长,非今测虑所及,何必妄谈。

任何事物有生即有灭,有成即有毁,地球且然,太阳系且然,生活于其间的人类自无待言矣。然人类将不是被动地随地球以俱尽者。人类将主动地自行消化以去,古印度人所谓"还灭"是也。此即从道德之真转进于宗教之真。道德属世间法,宗教则出世间法也。宗教之真惟一见于古印度早熟的佛教之内,将大行其道于共产主义社会末期,我之测度如此。

第十九章　略谈文学艺术之属

真、善、美三词常见于世,三者固皆人生所有事。真与善,吾书既多言及之,而未及于美,此章将略为一谈。

治科学者意在求真,其真不出吾前文所云四真实品之前二者。然真莫真于破除所知障,是则非世人想像所及矣。世间一切相幻妄非真也。

分别善恶属人世间事;出世间法则进一层尚谈染净。染净问题是佛法小乘所必不能放过的问题。然小乘必归宿于大乘乃完成其为佛法;染净之谈即不能外乎最后真实之义得其归结。

文学艺术总属人世间事,似乎其所贵亦有真之一义。然其真者,谓其真切动人感情也。真切动人感情斯谓之美,而感情则是从身达心,往复心身之间的。此与科学上哲学上所求之真固不同也。

说文学,涵括诗歌、词曲、小说、戏剧、电影等等。说艺术,涵括音乐、绘画、舞蹈、雕塑、建筑等等。凡此者大抵可以美或不美为其概括地评价。美者非止悦耳悦目,怡神解忧而已。美之为美,千百其不同,要因创作家出其生命中所蕴蓄者以刺激感染乎众人，众人不期而为其所动也。人的感情大有浅深、厚薄、高低、雅俗之不等，固未可一例看待。但要而言之，莫非作家与其观众之间藉作品若有一种精神上的交通。其作品之至者，彼此若有默契，若成神交，或使群众受到启发，受到教育。上溯远古，自有人类历史便见其肇始于社会文化中，随文化之渐发达而发达，多有变化以迄于未来之世。如我所测，未来之世其必更将居于社会文化最重要地位。

人的个体生命即人身，通过其种种感觉器官与环境相接乃发生感觉、感情，一切文学艺术总都建立在这上面。所谓文学艺术包罗宽广。今不妨先加如次之分别：

一、依照巴甫洛夫分别第一信号系统第二信号系统之说，文学艺术作品极大多数当是从第一信号系统以与人类生命发生交涉，其动人感情是直接的真切的，但亦有些作品形之于文字符号或口语者，如小说诗文书籍及弹词说书等等，只能间接地通于人，其动人力量应逊于前者。

二、人的各感觉器官通常是在各不同等条件下生出各种感觉的。譬如光线不足则视觉不明，而在没有光线刺激下听觉却更敏；视觉、听觉各可及于相当之远，而味觉、触觉必生于接近之际。味觉、触觉密切联系于身，视觉听觉更能感通乎心。前者只引生低级趣味，后者则远不止此。如是，各种感受在人的心理上生命上所产生影响，所起作用乃大不相等。这里特别要提出来说的是听觉，亦即是音乐给人的影响作用最大。试引录两则说明如下：

> 音乐能影响脑细胞及全身血液的循环，愉快活泼的乐曲能使心脏活动加速，缓慢平静的乐曲能使人心脏减慢其跳动；而随着此加速或减慢，人的情绪即有不同。此即音乐能以治病的秘密所在。
>
> 音乐起治疗功用是因为音乐能镇定大脑视觉神经床。视觉神经床是人脑最先成熟的一部分。它是一切情绪的中心。视觉神经床一安定，病人便能产生一种轻快安闲之感，把一切幻想焦虑都排斥了。

三、文学艺术有孤单一项若音乐演奏，若绘画展览者，更有文学而藉歌唱、音乐、舞蹈和合为一事以演出之，如中国京剧者，对于听众观众其所能起影响作用孰大孰小颇难衡论，然其不同则十分明显。

再则徒事观赏或读书，未免偏于被动亦未免只通过头脑，而缺乏全身地主动地活动。假如自己奏乐，或自己歌咏，或自己舞蹈，则感情抒发，其在生命上所起作用，应大不同于前者。再进一层言之：假如整个社会人生艺术化——从人的个体起居劳动以至群体的种种活动，从环境一切设施上主动被动合一地无不艺术化之，那应当是人类文化最理想优美的极则吧！下一章将讨论及之。

这里且就我对于文学艺术的一些见解分条陈述如次：

（1）巴甫洛夫曾有人的"艺术型"和"思维型"二者分别不同之说。大意谓，有的人属艺术型，其人在高级神经活动上接近乎动物以直接感受器感知外在世界的那一切现象而来活动。换言之，即其人活动偏于本能性质。另有一种人则优于理智而依从第二信号系统来工作，那便属思维型。因为人类头脑是由具动物大脑功能和能以表现于语言的人脑两部分所组成者。可以设想有的人主要是运用第一信号系统，有的人主要是运用第二信号系统：这就把人分成两个类型，一则恒在具体形象上着眼，一则恒从抽象理智上用心。当其各自陷入极端病态时，前者相当于歇斯底里的病人，后者相当于患神经衰弱症者[1]。就笔者自己来说，我恰属思维型，平素于绘画音乐极见拙钝无能，而在理论思维工作上颇不后于人；虽好动笔为文，却从来不作诗词。

（2）基于生理上男女性的本能之强，凡有关乎此的第一信号如某些彩色，某些声音，某些气味等等，或第二信号中如某些词句语调，乃最能引诱人的兴味，最能招致人的美感。试看文学艺术任何一方面自古至今的创作，如其不全是围绕在此，至少亦必涉及乎此。但此一本能既经过种族遗传逐渐升华，又经过后天教育（社会礼俗在内）的陶冶，便多变化隐约文饰，非必那样直接粗率耳。

---

[1] 此据北京科学出版社 1955 年译出的《巴甫洛夫选集》内《人的艺术型和思维型》一文撮举大意。

第十九章 略谈文学艺术之属

（3）前一本能而外，仅居其次的莫如斗争本能，极能引发人们兴奋豪情，具有刺激美感、快感之力。盖动物为求生存，少不得斗争本能，传至人类争强好胜深蓄于生命中，其力量特大。世俗于美人而外便数到英雄，正为此耳。画家常取题材，于娇美花卉而外，每及于雄猛之狮虎者亦在此。又如武侠小说，惊险影片，某种舞蹈姿式，球类竞技等等，其引发人们兴趣，成为群众娱乐之事者，要莫不在此。

（4）本能之形成皆因为个体图存、种族繁衍两大问题所切需之故。其稍远于两个问题仍不远离者，如探究之本能、游戏之本能、自由冀求之本能（见第六章第四节前文）种种，亦皆为文学艺术各方面创作中所常利用，兹不一一举例。

（5）然须知生命本性在于流畅。生命得其畅快流行则乐，反之，顿滞则苦闷。是故文学作品（小说、戏剧）引人嬉笑固俗所欢迎，其使人堕泪悲泣者乃具更大吸引力。二者同样促使生命流行，然前者（嬉笑）之动人感情不免浅薄，而后者（悲恻）之动人却深得多也。

（6）艺术技巧与科学知识迥然两事。后者要待经验积累总结以得之，属理智；前者要靠本能，视乎天资之所近，殆有不学不虑者。试看世间不少音乐之才、绘画之才早早显露于童稚之年，又如古初蒙昧之民绝少知识，而其图画雕刻遗迹之存者却能生动有致，可知也。不过初民身体势力方强，其所为音乐往往粗猛激烈耳。

（7）以上多从本能一面来为文学艺术之属作说明，然在人类生命中随个体之成长，随文化之进展，理智、理性渐以升起而本能势力则降下，或受到约束。理智、理性是从反本能的倾向发展而来的，其特征在内蕴自觉有以反省回想，不徒然向外活动而已。因此，有如下两点应当晓得：一、凡如上所说确能动人的文学艺术作品，其创作者必于自身和他人的本能活动深有体察会悟而后能刻画入微以动人。换言之，他们都是很好的心理学家。二、信如心理学家詹姆士所说，一般感情冲动无不密切关联于身体脏腑者，但如前第十章、第十一章所指出身心之间固可以有很大距离，那便有一种感情离身体颇远而联属于心。

联属于心云者，即指说那些意境甚高的文艺作品，感召高尚深微的心情，彻达乎人类生命深处。提高了人们的精神品德。比如陶渊明的诗，倪云林的画，恬淡悠闲，超旷出尘；又如云冈石窟，龙门造像，静穆柔和，耐人寻味；或如欧洲中世纪建筑仿古罗马式哥特式大教堂，外高耸而内闳深，气象庄严，使人气敛神肃，起恭起敬，引向神秘出世之思。如此其例多不胜举，总皆由人心广大深远通乎宇宙本体，前文早经阐明，请参看。

（8）从乎身心之两极分化而文学艺术或联属于身，或联属于心，既有所不同，便可进而指出：西洋文艺界有所谓写实主义、印象主义者，有如西画力求逼肖实物实景之类；而中国人反之，以为作画不在摹拟外界对象求其形似，却在能创造地表现自我内在精神或意趣，故尔盛行写意一派而轻视"画匠"。此其趣尚不同十分明显。除在末流上彼此各有所短而外,较核论之,西洋未免浅薄却踏实,中国可能入于高深却嫌空疏。其分别正在前者从身出发而后者则向往乎心也。

（9）在文化早熟之古东方每见有上三千年或更古的陶冶、铸造或雕塑建筑,艺术价值极高,大为后世之所鉴赏者。盖其人方当开化非久,身体既浑朴雄壮而又内慧早发,生命力卓越,后世难可企及也。

笔者才非艺术型,平素于文学艺术方面甚少用心,兹所能剖论者止于如上所陈。但于早熟的古中国文化实预兆着人类未来社会人生之艺术化窃有所见,试论之于下一章。

第二十章 未来社会人生的艺术化

人世间的事物莫非因有其需要又有其可能两面结合而出现,及至时移势易则又随其需要与可能之渐尔失去而消逝。宗教在世界各方之兴衰变化正不外此理,试寻之可得。今天雄冠世界之欧美文明从希腊罗马以来,在过去数千年间宗教势力常居首位,庇荫着一切经济发展,卒因人类理智的发扬,征服自然,利用自然,而宗教乃浸浸失势,虚有其表。其他亚、非、拉各方宗教不必同,而其衰落失势殆莫不同。情势既然如此,不少人便以为宗教只有没落下去,将不复有其前途。实则事情不这样简单,而是大有曲折的。如我所测,当资本主义被社会主义所取代之后,更且共产社会实现之时,宗教衰亡将十分明显。社会主义时期甚长,共产社会时期更长至难可估计。在此漫长时期之后半或晚期,将从道德之真转入宗教之真而出世间法盛行。此即是宗教在迫近衰亡之后重复兴起。何以言之?盖人类入于社会主义时期以至共产社会时期,是最需切道德而道德又充分可能之时。那时道德生活不是枯燥的生活,恰是优美文雅的生活,将表现为整个社会人生的艺术化。正在如此生活中,客观条件更无任何缺乏不足之苦，人们方始于苦恼在自身初不在外大有觉悟认识，而后乃求解脱此生来不自由之生命也。一面主观上有出世觉悟，一面客观上亦备足了修出世法的可能条件，而后真宗教之兴起，此其时矣。正如我五十多年前之所说：世界最近未来将是古中国文明之复兴，而古印度文明则为远远的人类前途之预兆且预备下其最好参考资料。

兹为阐说如上之所测想，分为如下两节进行之：

一、宗教失势问题；

二、以美育代宗教。

第一节　宗教失势问题

宗教失势在今天科学发达和经济繁荣的国家是最明显的事实，正如上文所云虚有其表而已。然亦有不可一概而论者，如当前之苏联等是已。苏联等国情况之奇特，一面在其执政党标榜无神论，鼓行反宗教运动，另一方面在其社会群众间乃表见出宗教热。有的国家主张无神论多年，但现在不断有报道说又出现了宗教热，不只是老年人而且在青年中也有此种现象，且似有影响及于其领导。

解答此问题，首先一句话：人不是动物，不能过动物那样的生活。动物生活完全由其机体生理因素来决定，紧紧系属于个体图存、种族繁衍两大本能系统，超越不出。尽管人的生活也好像为此而忙碌一生。却无奈他发达了头脑心思作用，就有超越于此之上的意识和感情。意识会把自己"客观化"，在生活中或顾盼自喜，或自觉不耐烦而生厌，或自觉无聊，甚且不想活下去。难道这不是人世间的事实吗？

再进一层确切言之，逐求享受和名利者不过是人心牵累于身之庸人耳。人心广大深远通乎宇宙，生命力强的人在狭小自私中混来混去是不甘心的，宁于贞洁禁欲，慷慨牺牲，奔赴理想，一切创造有其兴味。中世纪欧洲的修道院和冒险受苦去蛮荒传教，便是人心的一种出路。入于近代非惟其社会上经济界政治界奋力创业的人不脱离宗教信仰生活，就是科学界的人物也是出入于实验室和教堂之间，维持着一种心理上的平衡。换言之，近代资本社会原是在宗教——特别是新教——庇荫下兴隆起来的。

临于资本主义末期之现代，行且社会崩溃改组，一般道德陵夷，宗教既失维系之力。此时若能出之于奔赴社会主义远大理想，那原是人心一条出路，（在一定意义上）足以取宗教而代之。但现代史演来，却又不是这样。列宁本其所见，不等待无产阶级世界革命到来，而实现其单独一国获取社会主义革命胜利的局面。这局面在今天却又出现许多列宁所无从预见的演变而有待人类继续探索。

当初西欧个人发财致富的那样社会人生，原在借助宗教而取得人们精神上一种调剂平衡的，而今天东欧有的国家一面既缺失社会主义高尚远大精神领导,而一面又武断地唱其无神论要废除宗教,其势就非反激出人们的宗教热不可了。

在各外国通讯社报道中可注意之点,是在报道苏联青年如何羡慕西方资本主义社会的享受娱乐之同时,也报道苏联青年出现宗教热的情况等,这恰是貌似矛盾两歧而正是互相补充的事实。尤可注意者,以思想自由持不同政见而被逐出国的著名小说家索尔仁尼琴在给其国人书信中乃竟表示他信仰固有东正教而不信马列主义!

简捷说一句话:在社会风尚中,在人们头脑中,必先有宗主以换取宗教,而后宗教方将自行消退,否则,是不行的。似乎在"苏联老年的宗教崇拜者"也有人见到此,指出说"这是一部分青年人不满足于意识形态的现状而在寻求精神价值的新源泉"。(1974年5月21日《参考消息》)

不要轻视西欧北美仅存门面的宗教,它在人们精神上失掉着落时难有弥缝之力,却依然在弥缝。费大力气消灭宗教是笨伯,是历史的插曲不是正文。正文将是在人类奔赴共产主义的同时社会上兴起高尚优美的道德生活。

第二节 以美育代宗教

人的思想中既有知识成分,又受情感的支配。知识虽足以影响情感，有时且转变之，但行止之间恒从乎情感之所向。这是一般人的一般情况。近代以来西洋人科学知识猛进之后，对于宗教信仰卒若依若违，不能遽然舍弃，正为情感上远有不能断然出之者耳。此恍忽依恋之情，则在教堂每周礼拜生活直接感受者实具维系之力。感受或深或浅，当然视乎其人与客观之所遇而非一定。但一般说来，其所感受尽在不言之中，而非神父或牧师的说教。质言之，教堂一切设施环境和每周礼拜生活直接对整个身心起着影响作用，总会使你（苟非先存蔑视心理）一时超脱尘劳杂念，精神上得一种清洗，或解放，或提高。这得之什么力量？这得之于艺术魔力，非止于种种艺术的感受，而且因为自己在参加着艺术化的一段现实生活。这种生活便是让人生活在礼乐中。礼乐是各大宗教群集生活所少不得的。宗教全藉此艺术化的人生活动而起着其伟大影响作用，超过语言文字。

距今五十多年前，我在《东西文化及其哲学》旧著中，便有如下的指出：

1. 个人本位生产本位的社会经济改归为社会本位消费本位，这便是所谓社会主义；西方文化的转变萌芽在此。

2. （从个人立场）计较个人利害得失的心理，根本破坏那在协作共营生活中所需的心理。

3. （国家）法律（借着刑赏）完全利用人们计较利害得失的心理去统驭人……废除统驭式的法律之外，如何进一步去

第二十章 未来社会人生的艺术化

陶冶性情自是很紧要的问题。

4. 近来谈社会问题的人如陈仲甫(独秀)、俞颂华诸君忽然觉悟到宗教的必要(原文见《新青年》及《解放与改造》各刊物)……。我敢断言一切宗教都要失势有甚于今。成了从来所未有的大衰歇……

5. 从未有舍开宗教而用美术做到伟大成功如同一大宗教者,有之,就是周孔的礼乐。以后世界是要以礼乐换过法律的。

以上各点散见于原书第五章谈世界未来文化之中,读者不难查看。

当世界进入社会主义以至共产社会实现之时,如吾书原文之所云:

一、随着改正经济而改造得社会不能不从物的(享用)一致而进为心的和同——总要人与人间有真的妥洽才行;

二、以前人类似乎可说物质不满足时代,以后似可说转入精神不安宁时代;物质不足必求之于外,精神不宁必求之于己;

三、以前就以物质生活而说,像是只在取得时代,而以后像是转入享受时代——不难于取得而难于享受!若问如何取得,自须向前要求,若问如何享受,殆非向前要求之谓乎?

揭开来说：人与人的协作共营生活不是那么随随便便容易成功的！人生不是生活资料丰足便会没有问题的！人生天天在解决问题,问题亦确乎时时有所解决。但一个问题的解决就引进一个更高深的问题而已；此外无他意义。

宗教在过去人类历史上是大有助于社会人生之慰安行进的,而种种艺术——礼乐——则是其起到作用的精华所在。今后很长时间宗教落于残存,而将别有礼乐兴起,以稳定新社会生活。试为剖说如后。

礼乐是什么？礼乐原不过是人类生活中每到情感振发流畅时那种种的活动表现,而为各方各族人群一向所固有者而已。人们当欢喜高兴时就会有欢乐的活动表现；人们当悲痛哀伤时,就会有哀悼的活动表现。心里有什么,面容体态表现出什么。个人如是,群体则更有所举动。这都出自生命的自然要求和发作。但因人非是动物式本能生活(行乎其所不得不行,止乎其所不得不止),其伸缩,起落,出入的可能太大,就有过与不及的问题。过与不及都不好,皆于生命不利。中国古人(周、孔)之所为制作和讲求者,要在适得其当,以遂行人情,以安稳人生就是了。岂有他哉！

有典礼之礼,有生活上斯须不离之礼。前者见于古今中外一般习俗中,后者则为一种理想生活,即我所云完全艺术化的社会人生。前者例如一个人从降生到死亡,有几次较重要关节,中国古代就有冠、婚、丧、祭之礼,外国宗教就有洗礼、婚礼、丧葬等礼,其在群体生活中,则有如建国或大举出师、行军或会议开幕,或各种纪念日皆各有其不同礼文仪式。而有礼必有乐,说到礼,便有乐在内。其礼其乐皆所以为在不同关节表达人的各式各样情感。扼要说明一句:礼的要义,礼的真意,就是在社会人生各种节目上要人沉着、郑重、认真其事,而莫轻浮随便苟且出之。

人们为什么恒不免随便苟且行事?随便苟且行事又有何等弊害?

应当指出:倾身逐物是世俗人通病。这亦难怪其然。人一生下来就要吃,要穿,要宫室以蔽风雨,……总之一切有待于外物以资生活。既惟恐其物之不足,又且拣择其美恶。重物则失己,生命向外倾欹,是其行事随便苟且的由来。当其向外逐求不已,惟务苟得,在自己就丧失生命重心,脱失生活正轨,颠颠倒倒不得宁贴;而在人们彼此间就会窃取争夺,不惜损人利己;人世间一切祸乱非由此而兴乎?说弊害,更何有重大于此者?

人生是与天地万物浑元一气流通变化而不隔的。人要时时体现此通而不隔的一体性而莫自私自小,方为人生大道。吾人生命之变化流通主要在情感上。然逐求外物,计算得失,智力用事,情感却被排抑。自财产私有以来,人的欲念日繁,执着于物,随在多有留滞,失其自然活泼;同时,又使人与人的情感多有疏离,失其自然亲和。礼乐之为用,即在使人从倾注外物回到自家情感流行上来,规复了生命重心,纳入生活正轨。

人生活在身心内外往复之间,一般地说,便是巴甫洛夫所谓刺激反射。礼乐是直接刺激到感受器而起作用的，其间或有诗歌而主要是属第一信号系统的刺激反应关系，感应神速，不由得情感兴起而计较心退去。人们习惯逐物向外跑的心思立可收回。——这是说明其根本所在。

礼乐的根本作用既是要人精神集中当下，为了加重其收敛集中，古时在某些重大典礼之前，负责行礼之主要人物（譬如天子或其他人）每要斋戒沐浴（甚至连续三天）净除身上浮躁之气，而现出人心之正大诚敬来。——这是继续上文所作的说明。（这极似宗教而实不必然，说明见后。）

日常生活自不须如此严重，《礼记》中且有"无体之礼，无声之乐"之说。因为"礼者，理也"；"夫礼者，因人之情而为之节文"（均见《礼记》）。礼的内容实质是情理，是情理之表出于体貌间者。所以衷心敬重其事，不待见之于行礼；衷心和悦不待见之于奏乐。《论语》上，孔子一方面指斥"为礼不敬，临丧不哀"的不对，同时其答弟子"问礼之本"便说：——大哉问！礼与其奢也，宁俭；丧与其易也，宁戚。所谓称情而立文，如其情不足而礼有余，那种繁文缛节是不足取的。——这仍然是继续上文的说明。

下文分条更为一些层次曲折较细地说明。

一、先要晓得中国古礼是出于我素来所说的理性早启，文化早熟，原为当时统治阶层而设者，却大可为今后人类新社会所需要的文化设施作参考。且试举古时冠礼来说明一下。兹节录《礼记》一些原文：

第二十章 未来社会人生的艺术化

冠者礼之始也,是故圣王重冠。(中略)已冠而字之,成人之道也。见于母,母拜之;见于兄弟,兄弟拜之;成人而与为礼也。(略)成人之者,将责成人礼焉也。责成人礼焉者,将责为人子,为人弟,为人臣,为人少者之礼行焉。将责四者之行于人,其礼可不重欤?!故孝悌忠顺之行立而后可以为人;可以为人而后可以治人也。故圣王重礼,故曰冠者礼之始也,嘉事之重者也。是故古者重冠。(下略)。(见《礼记·冠义》第四十三)

往古社会生产力当甚低弱,这些礼文一方面便无可能于社会普遍行之,一方面却要求在统治阶层行之。上层建筑与社会经济基础高下不相称,此见出其为早熟者一。从如此礼文上可见对于成人的贵重,完全不像西方宗教之看人微末、有罪、不洁的那样;此见出其为早熟者二。早熟的文化自难于传布,遂不久有"礼崩乐坏"之叹,更且不适合国际竞争的近代;然却正可为今后新社会作参考。说参考,当然不是模仿采用。将来的事情留待后人为之,此不多言。

二、再谈到今后的婚礼,此殆无可取则于古者;因那时的礼俗(如古书《仪礼》、《礼记》所传者)是阶级社会的,又是宗法社会的,情势自然不相合。今后婚姻将只是男女两个人之间的事情,结合或分离将甚自由。有人设想未来社会中无所谓家庭、无所谓婚姻者,那不过是由于一种对婚姻和家庭之累的反感而生的幻想。却不晓得人类心理发展趋势和社会文化发展趋势均不如是。从人类心理发展言之,已往的历史均属人的身体势力强大,而心为身用的时代,今后则转入身为心用的时代。盖从社会主义取代资本主义便是社会发展史上从以往自发阶段转入今后自觉阶段了。正为人心抬头用事,在社会主义文化上道德将代宗教而兴。男女两性尽可自由结合,却不会出之以轻浮随便。相反地,必然看成是一件大事(一生大节目),各自认真郑重而行。我们用不着设想其婚礼是如何如何,但相信必然有文雅优美的一次典礼,双方亲友群众齐来致贺的。在这样郑重其事的结合上,家庭将必稳固和美,而其子女首先受益。

三、人生不免有时而病,医药之外,在昔宗教就要祈祷(有体之礼),在今后则戒慎反省(无体之礼)。人生不免有死,则丧、葬、祭祀为与他相关系之人所有事。今后其礼如何不必多所推想,要之,此在人情固不容草草。"慎终追远,民德归厚"(语出《论语》),礼不为一人一家而设,而实为社会之事。上面所云与他相关系之人,其范围宽狭没有一定,要视乎他生前在社会上贡献如何,影响如何。试看《礼记·祭法篇》之所说:

> (上略)法施于民则祀之,以死勤事则祀之,以劳定国则祀之,能御大菑则祀之,能捍大患则祀之。(中略)此皆有功烈于民者也。(中略)非此族也,不在祀典。

又《论语》上说"非其鬼而祭之,谄也"。凡此皆见出人们各祭自己的先人亲人和其他值得共同纪念之人而外,用不着滥祭其他鬼神。多祭其他鬼神,无非为了求福赎罪的宗教迷信;而此则抒发感情,自尽其心就是了。

四、就一人一生节目言之,大略如上;就社会群体生活来说,一年四时不可少地总有几个节日或纪念日,必将各有其礼,这里用不着为今后演变多所设想。世界大同之世各方各族于彼此同化之中仍自有从其地理历史衍下来的风俗,无可疑也。

世界各方礼俗今后虽不是整齐划一的,却在社会文化造诣上或先或后进达一种高明境界当必相同。亦就是将必有共同的精神品质。试为一申说如下:

1. 有礼俗而无法律,因为只有社会而无国家了。这亦就是没有强制性的约束加于人,而人们自有其社会组织秩序。此组织秩序有成文的,有不成文的,一切出于舆情,来自群众。旧日的刑赏于此无所用之,而只有舆论的赞许、鼓励或者制裁。

2. 主管经济生活、文化教育生活而为群众服务的各项研究、设计、行政事务机关及其领导人当然都少不得。此领导人物的产生,则一出于社会尊尚贤智以及人们爱好互相学习之风。(《礼记》、《学记》篇所谓"能为师,然后能为长,能为长,然后能为君"者,其言早为人类理性在未来社会高度发达的预兆。)

3. 人在独立自主中过着协作共营的生活,个人对于集体,集体对于个人,互相以对方为重,是谓伦理本位主义。伦理本位云者，既非以个人为本位而轻集体，亦非以集体为本位而轻个人，而是在相互关系中彼此时时顾及对方，一反乎自我中心主义。此盖由人心通而不隔的自然情理，亦正为如此，社会所由组成的各个成员都能很活泼地积极主动地参加其社会生活，其社会乃内容充实、组织健全，达于社会发展之极致。（伦理之义为中国古人好讲礼让之所本。此并请回看第十五章前文。）

4. 如上三则而外，诸如消灭三大差别——脑力劳动与体力劳动之差别，城市与乡村之差别，农与工之差别的消灭；生活乐趣寓于生产劳动，从事劳动无异自娱享受；人们各尽所能，各取所需；如是种种，凡往昔科学的社会主义家之所推测者，信必一一实现，非为空想。但惜前人只着眼政治经济方面，而于社会文教方面顾未及详。一若教育之普及提高不言而喻，在阶级泯除、国家消亡之后，社会公共生活的条理秩序如何形成与维持，自有一切无难者①。殊不知事情不那样轻易简单。凡从政治经济方面所推测信必实现之种种，无不赖有人们精神面貌转变为其前提。信乎旧日宗教此时将代以自觉自律之道德，然为人们自觉自律之本的高尚品质、优美感情，却必有其涵养和扶持之道。否则，是不行的。

此为人们行事自觉自律之本的优美感情、高尚品质，如何予

----

① 列宁著《国家与革命》一书中有如下的话，道理很简单：人们既然摆脱了资本主义的奴役制，摆脱了资本主义剥削制所造成的无数残暴、野蛮、荒谬和卑鄙的现象，也就会逐渐习惯于遵守数百年来人们就知道的数千年来在一切处世格言上反复说到的起码的公共生活规则，自动地遵守这些规则，而不需要暴力，不需要强制，不需要服从，不需要国家这种实行强制的特殊机构。原书类此的说话不止此一段，皆从省，不录。

第二十章 未来社会人生的艺术化

以涵养和扶持的具体措施,且亦是在建设社会主义途程中定将逐渐出现的。这就是在生产劳动上在日常生活上逐渐倾向艺术化,例如环境布置得清洁美化,或则边劳动边歌咏佐以音乐之类。其要点总在使人集中当下之所从事,自然而然地忘我,自然而然地不执着于物,而人则超然于物之上。以其精神之集中也,勤奋自在其中,未必劳苦,劳苦亦不觉劳苦。人们于此际也,其为彼此协作共营的生活讵有不和衷共济者乎?

何以肯定说在建设社会主义途程,必然如此走向艺术化之路?前既言之,从社会主义革命以致建设社会主义是人类历史从自发性进于自觉性之一大转变。随着社会建设事业的进行,此自觉性无疑地亦将在发展提高,而大有进境。人类一向致力于认识乎物,利用乎物,却忽于认识人类自己者——如吾书开端所说在学术高度发达之今日,而人类心理学一门学问却最最落后无成——而当此际也,问题却已不在物而转在人,或人与人之间。人类如何自反而体认此身此心的学问势将注意讲求,从而懂得要有以调理身心,涵养德性,且懂得其道不在对人说教而宁在其生活的艺术化。惟其社会人生之造于此境也,人的自觉性发展乃进入高度深刻中,亦便是达于人类心理发展之极峰。

中国因其历史发展一向特殊,社会生产力长期延滞,今天要急起直追者自在发展生产上。在生产力大进之后,社会财富日增,将不失勤俭之度而往古的礼乐文明渐以兴起,此盖可以预料者。其风尚及设施随即为各方所取则而普及于世界,是又可以预料者。

积极革命精神即是道德精神。苏联倡言反宗教,却恰在全世界宗教衰退时而独独冒出宗教热来。难道这是宗教要复兴?这不过是为宗教道德两落空,人们不耐烦的表现而寻求其精神出路耳。走向社会主义是当前世界主流,其所需要、其所可能者惟是道德之路而非宗教之路,此其形势明白可睹。

"以道德代宗教"创见于中国往古之世,其风流衍数千年,旧著《中国文化要义》第六章既有陈述。我早年(1921年《东西文化及其哲学》)敢于倡言世界最近未来将为古中国文化之复兴者,意正指此。此其关键转捩所在,即在人类文化生活将从人生第一问题——人对物的问题转换进入人生第二问题——人对人的问题是已。人生三大问题之说,备见于旧著各书,请参看,此从省。此处且略分疏从宗教向道德过渡之理。

宗教本身原是出世的,却在人世间起着维持世间的一个方法的作用。它有助于循从一时一地的庸俗道德,或且能提高人们的精神和品质。其道全在假借着超然至上的一个信仰对象,即视乎其皈依之诚而著其人品提高之度焉。道德本身在人世间具有绝对价值,原不是为什么而用的一种方法手段。宗教在人每表现其从外而内的作用,反之,道德发乎人类生命内在之伟大,不从外来。人类生活将来终必提高到不再分别目的与手段,而随时随地即目的即手段,悠然自得的境界。此境界便是没有道德之称的道德生活。

第二十章　未来社会人生的艺术化

宗教所起作用从来有藉于具体的艺术影响（见前文），而往古中国的礼乐制度原从（古宗法）宗教转化而来，纳一切行事于礼乐之中，即举一切生活而艺术化之。所谓"礼乐不可斯须去身"（语出《礼记》）者，不从言教启迪理性，而直接作用于身体血气之间，便自然地举动安和，清明在躬——不离理性自觉。

宗教是社会的产物，一切无非出于人的制作。人们在世俗得失祸福上有求于外的心理，是俗常宗教崇信所由起，亦即宗教最大弊害所在。此弊害以学术文化之进步稍有扫除，但惟礼乐大兴乃得尽扫。即惟恃乎此，而人得超脱其有求于外的鄙俗心理，进于清明安和之度也。要之，根本地予人的高尚品质以涵养和扶持，其具体措施惟在礼乐。

不有以美育代宗教之说乎？于古中国盖尝见之，亦是今后社会文化趋向所在，无疑也！

我所谓社会人生的艺术化指此。

第二十一章 谈人类心理发展史

此章为吾书临末结束之文,非有前此未曾道出之新意,要在汇合前后各章有关论点而重温之,从而读者可得一非新而似新之概括观念:人类心理时时在发展中,其发展趋向所在若有可睹。

为行文方便分条来进行如下。

1. 吾书第一章即揭出人心实资藉于社会交往以发展起来,同时,人的社会亦即建筑于人心之上,并且随着社会形态构造的历史发展而人心亦将自有其发展史。此人心之随社会发展而发展,则第九章以"人资于其社会生活而得发展成人如今日者"为题,略有所阐说,可参看。

2. 说人心是总括着人类生命之全部活动能力而说,人的全部活动能力既然从生物演进而得发展出现,且"还在不断发展中,未知其所届"(见第三章),是则必有其发展史之可言。但社会形态的发展古今较易比观而得,人心之发展史惜尚未能明确地细致地分析言之耳。

3. 恩格斯有《劳动在从猿到人转变过程中的作用》一文,即是略说人类身心由于生产劳动而得其发展。第八章援引其文,就

第二十一章　谈人类心理发展史

人与自然界相互间的影响关系，申论人的身心在发展，同时，自然界亦为之而改变，便有了整个宇宙从古至今的演化史。

4. 人心的一切发展皆见于其身，身心发展相应不离。心的活动主要在大脑神经，第五章引据《神经系的演化历程》一书，指出人的机体构造在今天曾未成定型，是即人心时在发展中之一明征。

现存各大洲偏远地带一些未开化之民或浅化之民，其视历史悠久富有文化文明之国民所不同者，既在文化文明上，更且见于其身体肤发间。例如见其头颅型式，指纹型式，以致见于其体表胸前四肢甚或颜面之多毛。人类学家于此多有研究。其文化文明之浅陋是即其心的发展历程短浅，而其浅也同见于其身矣。

5. 然须晓得：论知识积累，智力开发，在往古虽不逮后世，而论心地感情则古人诚实笃厚又大非后世人所及。世界各方各族情况不可一概而论，但于此则大抵不相远。此亦犹之个体生命，人当幼小时的天真无欺乎？风俗人情古厚今薄，万方同概[①]。

[①] 录取恩格斯一段以资参考——
在爱尔兰住了几天，我重新生动地意识到该地乡村居民还是如此深刻地在氏族时代的观念中过着生活。农民向土地所有者租地耕种，土地占有者在农民眼目中还俨然是一种为一般人利益而管理土地的氏族长；农民以租金方式向他纳贡，但在困难时应得到他的帮助。该地并认为，一切殷实的人，当他的比较贫苦的邻人有急需时，须给予帮助。这种帮助，并不是施舍，而是较富有的同族人或氏族长理应给予较贫苦的同族人的。经济学家和法学家抱怨爱尔兰农民不能接受现代资产阶级财产观念，是可以理解的；只有权利而无义务的财产概念，简直不能灌输到爱尔兰人的头脑中去。当具有这样天真的氏族制度观念的爱尔兰人突然投身到英国或美国的大城市里，落在一个道德观念和法律观念都全然不同的环境中，他们便在道德和法律问题上完全迷惑失措，失去任何立足点……（见《马克思恩格斯文选》[两卷集]，第二卷，第284页小注2）

（接下页）

6. 原始人群长期为小集体生活，紧密于内，疏隔于外，个人完全沉浸在集体中，恒若只有其群的意识而难有各自人的意识之可言。氏族社会的历史甚长甚长，入后而内部渐有分化，抑或以被侵夺于外而有分化，个人意识之萌茁发达终不可免。由此而人情风俗渐起变化，欺诈与暴力俱时而兴，其势有可以想见者。当然亦就有了其反面的否定欺诈，否定暴力。

7. 然集体由小而大，或始于族姓之别，或渐属阶级之别，大抵界别分明严著；在集体内部总是不许可欺诈与暴力的，而在对外时则无所谓，甚且认为当然之事。此所以集体（或社会）范围之步步扩大，正是社会形态发展可见之一面。此一面之历史发展在今天尚滞留在一国之内，或且一阶级之内。其在国家对国家，阶级对阶级，则方在发展中，方在容许不容许之疑似间。是必在未来共产社会大同世界乃举世公认地不许可欺诈，不许可暴力耳。

8. 马克思所为社会发展史分五阶段之说，是就社会生产方式次第升进以为分判，而社会生产方式不同，则决定于财物（主要是生产资料）归谁掌握享有——氏族共有，或奴隶主享有，或贵族僧侣享有，或资本家享受，最后为社会公共所有。财物者，吾人所资以生产和生活之物也。凡物之于人有二义焉：人类一切手脑创

（接上页）

这段话是同《共产党宣言》指出资本社会"使人与人之间除了赤条条利害关系之外，除了冷酷无情的现金交易之外，再也找不出什么别的联系了"恰相印证的。从而见得：（1）世界各方各族风俗人情的厚薄总是有今不如古之叹；（2）同在十九世纪同在欧美而各地区之间，城市与乡村之间风俗人情竟然大不相同，不容漫然不加分判。至于在东方，在中国，更又当别论者。

造活动之对象,一也;人类所资取依赖以存活者,二也。由此二义转生第三意义:当人类脱离自然状态而进入一定社会组织关系后,一个不能掌有物,对物不能自由利用的人,便失去独立自主,恒将听命于控制着财物的人。换言之,此时谁控制了物亦将控制乎人。奴隶制社会中奴隶全失去独立自主,封建制社会中农奴半失去独立自主,资本主义社会中劳工势必听命资本家。惟在今后历史发展出共产主义社会中,人乃归复其原初自主地对物活动焉。心为主动,物为所动,一切活动莫非出乎此心而有资于物。社会发展五阶段者,人对物的关系先后转变不同之五阶段也,即从而显示着人类心理活动的发展变化史。

9. 此人类心理活动的发展变化史概括言之:自古历来的社会发展直到资本主义高度发达时,均属身心自发性的发展时期;必待社会主义世界革命起来乃进入人类身心自觉活动时期,发扬其自觉性以创造其历史前途焉。

身心不可分而可分——见第十、第十一、第十二各章。自发性的社会发展盖发乎身体而心为身所用的时期。反之,科学的社会主义革命正由人类自己认识到其社会发展的前途所在,主动地负起历史使命而行,自觉性取代了自发性,恰便是进入了身为心用的时代。

人类所不同乎动物者,原在其有意识;但初时意识尚在曚眬,比及资本主义时代人的意识可谓明利矣。顾其明利者个人意识耳。社会生产陷于无政府状态,造成周期性的经济恐慌,人人各自为谋而缺乏社会整体意识也。是故前期历史不名自觉,自觉之云,惟在后期。心理发展,分划昭然。

10. 人在个体生命上,随着身体发育从幼小成长起来的同时,有其心理之开展成熟的过程。此表见身先而心后的过程,在社会生命上同样可见,如上所云社会发展史自发在前自觉在后者是已。盖远从低级生物之进于人类,一切生命现象原是随身(生物机体)的发展而后见出心来的。

11. 心随身来是固可见之一义,然在身心关系上其趋势却是此身卒因心之发展而随以降低到身为心用之地位。人类活动率皆以外物为对象,甚且以对外物者对其身。如西方医家治病,是其显例。此盖从吾人意识活动之常途而务为冷静察考外在之所遇者。其探讨精明,积渐深入,成就得近代至今的各种科学,全赖于意识内蕴之自觉不忽。古东方学术有异乎是:不务考究外物而反躬以体认乎自家生命,其道即在此自觉心加强扩大,以致最后解脱于世俗生命,如第十三章述及古东方三家之学者是。此盖文化之早熟者(如我所屡屡阐说),正为世界未来文化之预备。其中如古道家之学,古儒家之学之复兴正不在远。此学术发展史,非即人类心理发展史乎?

12. 人类原不过以自然界之一物而出现于地上,顾其后以文化文明之发达进步乃逐渐转而宰制乎自然界浸至腾游天际攀登星月,俨若为自然界之主人如今日者,此人类能力之日进无穷,岂非就是人类心理发展史乎。

13. 就人类心理涵有理智、理性（见第七章）而分别言之：科学技术之发明创造，人得以制胜乎物而利用之者在理智；社会人情渐以宏通开朗而社会组织单位益见扩大以至"天下一家"者则要在理性。此其两面相资有不待言；合而言之，便是人类心理逐渐发展史。

14. 人类是由脊椎动物界趋向于发达头脑（见第五章）卒于成就得其理智生活之路者。理智由其萌苗而成就，自始得之于有所减损而非有所增益（见第十二章）；减之又减而理性即不期而然地从以出现（见第六章第四节）；人类生命之特殊在此焉（见第六章第五节）。就人心——人类生命——言之，理性为体，理智为用（见第七章）。而言乎人类文化文明之创造也，理智为科学之本，理性为道德之本。言科学，则从自然科学进而有社会科学；言道德，则先有循从社会礼俗的庸俗道德，至若自觉自律成风其惟著于社会主义进入共产社会之世乎？社会主义思潮先为空想的，后乃进而为科学的，即是偏乎理性要求的进而为理性与理智合一的，亦即主观理想与客观事实合一的。道德原不外人生之实践而已（见第十七章），正为其事实之如此也，人生所当勉励实践者亦即在此。"理想要必归合乎事实"，早在吾书第一章指出之。人类负起其历史使命，勉励为共产社会之实现，那便是向着道德世界努力前进。而其前途则将从道德之真转进于宗教之真（并见第十八章第二十章）——一部人类心理发展史至此说完。

15. 人类心理发展史其有完乎？无完乎？吾不能知，不能说。

这却是为何？道德惟在人类乃有可言，为其惟一能代表向上奋进之宇宙本性以贯彻乎争取主动、争取自由灵活也（见第十七章）。比至社会主义世界革命，达成全人类大解放，社会上自觉自律成风，呈现了真道德，却总不出乎世间法。世间法者，生灭法也；生灭不已，不由自主。争取自由者岂遂止于此耶？有世间，即有出世间。宗教之真在出世间。于是从道德之真转进乎宗教之真。前不言乎，人类有出现即有消逝，却是人类将不是被动地随地球以俱尽者，人类将主动地自行消化以去（见第十八章末尾）。此在古印度人谓之还灭，在佛家谓之成佛。然而菩萨不舍众生，不住涅槃，出世间而不离世间。夫谁得为一往究极之谈耶？然尽一切非吾人之所知，独从其一贯趋向在争取自由灵活，奋进无已，其臻乎自在自如，彻底解放，非复人世间的境界，却若明白可睹。不是吗？

书成自记

　　《人心与人生》一书一九七五年七月初间草草写成,回想其发端远在五十年前,中间屡为人讲说,时有记录,作辍不常,且以奔走国事不暇顾及者实有多年,而今卒于告成,殆非偶然。记其颠末于此,有许多感喟歉仄的复杂情怀亦并记出之。

　　一九二一年愚即有《东西文化及其哲学》讲稿发表,其中极称扬孔孟思想,一九二三年因又于北京大学哲学系开讲"儒家哲学"一课。在讲儒家伦理思想中,辄从我自己对人类心理的理解而为之阐说。此种阐说先既用之于《东西文化及其哲学》,其中实有重大错失,此番乃加以改正。其改正要点全在辨认人类生命(人类心理)与动物生命(动物心理)异同之间。此一辨认愈来愈深入与繁密,遂有志于《人心与人生》专书之作。

　　一九二四年愚辞去北大讲席,聚合少数朋友相勉于学。自是以后,数十年来不少相从不离之友,既习闻我"人心与人生"的讲说,因之有记存其讲词至今者。据计算我以此题所作讲演约有过三次。一次在一九二六年五月,一次在一九二七年二月,一次在一九三四年或其前后。

一九二六年春初愚偕同学诸友赁屋北京西郊大有庄（其地离颐和园不远），现存有讲词一抄本，记明其时在五月。此一次也。一九二七年二月即为旧历腊尾年初，北京各大专院校的学生会联合举办寒假期间学术讲演会派人来访，以讲演相邀请。愚提出"人心与人生"为讲题，声明讲此题需时一个月，未知是否适宜。来访者欣然同意。愚又提议印发听讲证件，向各听讲人收费银币一元之办法。此办法意在使人耐心听讲，不忽来忽去，且因那时交通非便，我每次入城需要车资。似此收费取酬的讲演在外国原属常事，在国内似乎前所未闻，乃亦承其同意照办。据我今天记忆听讲证计发出一百有余，开讲地点在当时北京大学二院大讲堂（各排座位次第升高，可容一二百人），讲期约近一月，所讲原分九个小题目，仅及其五。此又一次也。第三次，则在邹平山东乡村建设研究院为研究部诸生所讲者，今存其记录而未标明年月，推计约在一九三四年或其前后。

如上所叙，多年只有讲词记录，迄未正式着笔撰文。不过现存有一在一九二六年五月，有一在一九五五年七月，先后两度所为自序之文两篇。从可见其时时动念著作。此书撰写实开始于一九六〇年，顾未能倾全力于此一事。至一九六六年夏，计写出第一至第七各章，突遇"文化大革命"运动，以自己所储备之资料及参考用书尽失而辍笔。一九六七年遂改写他稿。从一九七〇年乃重理旧绪，日常以大部分时间致力于此，虽间杂为其他笔墨，而今卒得偿夙愿于暮年。

书虽告成，自己实不满意。他且不说，即以文笔有时简明顺畅，有时则否，亦可见其学力才思竭蹶之情矣。盖少年时因先父之教既耻为文人，亦且轻视学问，而自勉于事功。其后知事功犹是俗念，不足取；惟于社会问题祖国外患则若无所逃责，终不屑脱离现实，专事学问。一生学识既疏且隘，写此书时屡有感触。谈古中国文化则于古来经籍未曾一日用功。甚且不能通其文字章句。谈及现代学术，则未能熟习一种西文，尤短于自然科学知识。若问其何以于自己所不能胜任的学术上根本性大问题，——人心与人生——竟尔勇于尝试论述者，则亦有故。第一，年方十六七之时对于人生便不胜其怀疑烦闷，倾慕出世，寻究佛法。由此而逐渐于人生有其通达认识，不囿于世俗之见，转而能为之说明一切。环顾当世，此事殆非异人任。第二，生当世界大交通之世，传来西洋学术，既非古人囿于见闻者之所及，抑且遭逢世界历史大变局、祖国历史大变局的今天，亦非生活在几十年前的前辈人之所及。当全人类前途正需要有一种展望之际，吾书之作岂得已哉！

一九七五年七月十五日
漱溟自记